EL TEMA DE LA SOLEDAD EN LA NARRATIVA DE SOLEDAD PUÉRTOLAS

Marguerite DiNonno Intemann

Mellen University Press
Lewiston/Queenston/Lampeter

Library of Congress Cataloging-in-Publication Data

DiNonno Intemann, Marguerite.
    El tema de la soledad en la narrativa de Soledad Puértolas /
Marguerite DiNonno Intemann.
        p.   cm.
    Originally prsented as the author's thesis (Ph. D.--Temple
University, 1993).
    Includes bibliographical references and index.
    ISBN 0-7734-2293-5
    1. Puértolas, Soledad--Criticism and interpretation. 2. Solitude
in literature. 3. Loneliness in literature.   I. Title.
PQ6666.U35Z65 1994
863--dc20   93-47113
                                                                              CIP

Copyright © 1994 Marguerite DiNonno Intemann

All rights reserved. For information contact

The Edwin Mellen Press   The Edwin Mellen Press
        Box 450   Box 67
    Lewiston, New York   Queenston, Ontario
      USA 14092-0450   CANADA L0S 1L0

            The Edwin Mellen Press, Ltd.
                Lampeter, Dyfed, Wales
            UNITED KINGDOM SA48 7DY

Printed in the United States of America

A Bob

Nota preliminar I

Approaching contemporary literature may be done in a number of ways, and the choice of method is often a problem: will the audience share the specialized knowledge on which the critic draws? And does the method fit the literature being studied?

Marguerite DiNonno Intemann's response to the issue in her sensitive analysis of Soledad Puértolas' fiction is practical, original and fresh. Drawing on her knowledge of contemporary art, DiNonno Intemann has selected and organized with a keen instinct, certain images of solitude, the subject studied in Puértolas' fiction.

First setting the theme of solitude in its literary-historical context — the Spanish tradition — DiNonno Intemann presents to the reader earlier significant Hispanic treatments, from Fray Luis de Leon to Octavio Paz. In the poetry and prose of Puértolas' literary ancestors, various kinds of solitude emerge: from the absence of the other in *Don Quijote*, to the Romantic's inevitably solitary quest for the impossible, to the Realist's concentration on the particular solitude of adultery in a bourgeois world, without love in its social institution of marriage.

Since existentialism, more modern forms of solitude have prevailed in Spanish fiction. Examples that serve as a prelude to the specific characteristics of solitude in the novels of Puértolas are Camilo José Cela's dehumanization of the other through violence and faithlessness; Luis Martín Santos' interest in the socially marginal figures of the scientist (in Spain) and the poor; Miguel Delibes' concentration on the lack of interpersonal communication in urban life; Juan Goytisolo's portraits of the internal exile; and Juan Benet's meditations on the inherently solitary nature of humankind.

Among Puértolas' contemporaries — Juan José Millás, José María Merino, Adelaida García Morales, Montserrat Roig, Esther Tusquets, "...la experiencia solitaria ya no se concibe como una búsqueda de Dios, ni una búsqueda del otro, sino que forma parte de un espacio psíquico dentro del que el hombre busca a su propio yo.", as DiNonno Intemann says (p.9).

After the thematic contextualization, this study offers a highly original and complex reading of Puértolas. Specific forms of solitude, following William A. Sadler's useful classification, are outlined, and illustrations of these types as they appear in the literary works analyzed, are given. The artists used most are Edward Hopper and Giorgio de Chirico. With this technique, the reader of DiNonno Intemann's study knows exactly which kinds of solitude are being visualized by the critic in her commentaries on the theme, one of the main themes in Soledad Puértolas' work.

It is not often that the visual and the verbal, art and literature, dovetail as finely as they do in this study, which organizes very clearly for the reader the eternal and universal theme of solitude as expressed by a talented Spanish woman writer of our times.

Professor Agnes Moncy
Temple University
Philadelphia, PA
October 9, 1993

Nota preliminar II

Hay obras literarias que también tienen la suerte de descubrir a su lector y es gracias a este feliz encuentro que ellas pueden revelar toda la oculta amplitud de sus resonancias. Tal es el caso del mundo narrativo de Soledad Puértolas que se despliega en este sugerente estudio de Marguerite DiNonno Intemann para establecer notables relaciones con la obra pictórica del norteamericano Edward Hopper. Las afinidades y diferencias de estas múltiples exploraciones de la soledad se desarrollan con intuición crítica y se acompañan de una lúcida sencillez que es reflejo de ese "encanto exploratorio" con el que nos habla la prosa lírica de Puértolas.

Las diferencias entre la escritora hispana y el pintor Hopper se destacan contra ese fondo aragonés de Puértolas cuya escueta sobriedad entronca con la tradición epigramática de Marcial y la refinada agudeza de Gracián. Y sobre todo, como lo señala DiNonno Intemann, esta autora revela un dinamismo esencial de "creciente introspección" y un "proceso de búsqueda personal" que trasciende la inmóvil soledad de los personajes de Hopper. Estos son en vez sombras de lo humano que parecen haber quedado impresas en los muros de la ciudad como después de un holocausto atómico. En este estudio se destaca el aspecto lírico de Puértolas cuya descripción detallada y minuciosa indaga en el misterio, pero sin abandonar la esperanza: "Si no me he resignado es porque todavía espero algo...." Marguerite DiNonno Intemann ejemplifica este aspecto fundamental en *Queda la noche*, donde los personajes se deslizan hasta ese último enfrentamiento humano al que se ha referido en profundidad el filósofo Martin Buber: "En el hielo de la soledad es cuando el hombre, implacablemente, se siente como problema, se hace cuestión de sí mismo...."

Los paralelos temáticos del aislamiento, la melancolía y monotonía convergen en una intención moral subyacente que DiNonno Intemann ilustra con múltiples coincidencias textuales entre narrativa y pintura. En esa oscura atmósfera de soledad los personajes femeninos de Hopper también leen y se aislan en un denso claroscuro de sensualidad y hastío donde no ha llegado el amor. Las relaciones formales se hacen patentes en el estilo visual de Puértolas y en ese "para siempre" de la monotonía que ahoga a estos personajes bajo las altas presiones de un mundo en crisis. Este estudio de Marguerite DiNonno Intemann es un valioso aporte crítico al diálogo comparativo entre las artes que supera distancias culturales y cronológicas para profundizar en este tema recurrente de la literatura hispánica que vuelve a ser "pintura verbal" (Vossler) en la narrativa de Soledad Puértolas.

Professor Hernán Galilea
Temple University
Philadelphia, PA
August 26, 1993

Reconocimientos

Quiero expresar mi profunda gratitud a la profesora Agnes Moncy, directora de este estudio, que primero fue mi tesis doctoral, presentada a la Universidad de Temple. La competencia de la profesora Moncy en la literatura hispánica, sus perspectivas críticas, y su cuidadosa lectura y redacción del texto me han guiado a lo largo del proceso de la creación de este libro. Arquitecta de la palabra, me ha inspirado con sus sugerencias iluminadoras, su entusiasmo, y su apoyo constante.

Estoy agradecida también por la ayuda, siempre generosa, valiosa, y significativa, que me ha proporcionado la profesora Adriana Lewis Galanes. Y, por abrirme los ojos a las interrelaciones entre la literatura y el arte, le agradezco al profesor Hernán Galilea.

Mi sincero agradecimiento a la profesora Mercedes Juliá de la Universidad de Villanova por su tiempo y lectura crítica del manuscrito.

Le doy gracias especiales a mi esposo, Robert L. Intemann, que ha sido una fuente extraordinaria de paciencia, aliento, y apoyo. Me ha facilitado la llegada a mi meta.

Índice

Nota preliminar I v

Nota preliminar II vii

Reconocimientos ix

Ilustraciones xiii

Prólogo xv

1 Introducción general 1

2 *El bandido doblemente armado* 37

3 *Burdeos* 57

4 *Todos mienten* 77

5 *Queda la noche* 97

6 *Días del Arenal* 127

7 Los relatos 161

8 Conclusión 199

Obras citadas 205

Índice alfabético 213

Ilustraciones

1.1 Edward Hopper, *New York Office*, The Montgomery Museum of Fine Arts, Montgomery, Alabama. 15

1.2 Edward Hopper, *Automat*, Des Moines Art Center, Iowa. 16

1.3 Edward Hopper, *Study for Solitude #56*, Whitney Museum of American Art, New York. 17

1.4 Edward Hopper, *Hotel by a Railroad*, Hirshhorn Museum and Sculpture Garden, Smithsonian Institution, Washington, D.C. 18

1.5 Edward Hopper, *New York Movie*, The Museum of Modern Art, New York. 20

1.6 Edward Hopper, *Room in New York*, University of Nebraska Art Galleries, Lincoln. 21

1.7 Edward Hopper, *Cape Cod Evening*, John Hay Whitney Collection, National Gallery of Art, Washington, D.C. 22

1.8 Edward Hopper, *Nighthawks*, The Art Institute of Chicago, Chicago. 24

1.9 Giorgio de Chirico, *Melancholy and Mystery of a Street*, Private collection. 26

1.10 Giorgio de Chirico, *Nostalgia of the Infinite*, The Museum of Modern Art, New York. 27

1.11 René Magritte, *Memory of a Voyage*, The Museum of Modern Art, New York. 29

1.12 Remedios Varo, *Celestial Pablum*, Private collection. 30

2.1 Edward Hopper, *Second Story Sunlight*, Whitney Museum of American Art, New York. 50

ILUSTRACIONES

3.1 Edward Hopper, *Office in a Small City*, The Metropolitan Museum of Art, New York. 65
3.2 Edward Hopper, *Blackwell's Island*, Whitney Museum of American Art, New York. 69
3.3 Edward Hopper, *Compartment C, Car 293*, IBM Corporation, Armonk, New York. 71

4.1 Audrey Flack, *Dolores of Córdoba*, Private collection. 83
4.2 Edward Hopper, *Morning Sun*, Columbus Museum of Art, Ohio. 84

5.1 Edward Hopper, *House at Dusk*, Virginia Museum of Fine Arts, Richmond, Virginia. 112
5.2 Edward Hopper, *Night Windows*, The Museum of Modern Art, New York. 113
5.3 Giorgio de Chirico, *Anxious Journey*, The Museum of Modern Art, New York. 115
5.4 Edward Hopper, *Hotel Room*, Thyssen-Bornemisza Museum, Madrid. 119

Prólogo

En el verano de 1990, durante una visita a la librería La Pluma en Madrid, el dueño, Manuel Martínez Azaña, me recomendó la novela de Soledad Puértolas que había recibido el Premio Planeta en 1989: *Queda la noche*. Habló de la destreza de la autora al presentar la soledad como algo dentro del individuo y personal. Los comentarios del Sr. Azaña y luego mi lectura de esa novela, fueron la chispa de este estudio, que me ha puesto en una peregrinación escolar y personal. El tema de la soledad, tan característica de la cultura y literatura de España, se asocia también con la cultura y producción literaria de los países latinoamericanos. Tema hispano y universal a la vez, es, además, un tema bastante explorado por escritoras de nuestra época, pues les permite revelar la tela de sus vidas.[1]

En el posfranquismo, ha surgido una proliferación de novelistas nuevos; muchos de ellos son mujeres. Soledad Puértolas pertenece a esa nueva narrativa española cuyos miembros han sido denominados los "novísimos."[2] Nacida

---

[1] En *Feminine Concerns in Contemporary Spanish Fiction by Women* (Manteiga, Galerstein, y McNerney, eds.), el tema de la soledad se examina por Janet Pérez en "Portraits of the *Femme Seule* by Laforet, Matute, Soriano, Martín Gaite, Galvarriato, Quiroga, and Medio" (54-77). Claudia Schaefer, en *La escritora hispánica* (Erro-Orthmann y Mendizabal, eds.), habla de la alienación de la mujer en la sociedad española en "A Simple Question of Symmetry: Women Writing in Post-Franco Spain" (279-285). El volumen *Women Writers of Contemporary Spain. Exiles in the Homeland* (Brown, ed.), también contiene varios ensayos que exploran este tema. Entre otros, se nota en particular, el estudio de Margaret E. W. Jones, "Dolores Medio: Chronicler of the Contemporary Spaniard's Interaction with Society" (59-71), el de Janet Pérez, "The Fictional World of Ana María Matute: Solitude, Injustice, and Dreams" (93-115), y el estudio de Elizabeth J. Ordóñez, "Writing Ambiguity and Desire: The Works of Adelaida García Morales" (258-277). Janet Pérez discute el predominio de este tema en "Contemporary Women's Brief Fiction in Catalan" (55-63).

[2] Los "novísmos" es un término adoptado de José María Castellet, *Nueve novísimos poetas españoles*. Barcelona: Barral Editores, 1970 (Díaz 114). Después, el término se aplicó a los novelistas nacidos después de la guerra civil: "...los propios 'novísimos' (nombre que, de aplicarse a los antologados por Castellet, pasó ...a referirse ...a toda la generación) ..." (García Martín 98).

en Zaragoza en 1947, donde pasó su niñez, Puértolas estudió periodismo en Madrid. Después, pasó un año en Noruega (1968-1969) y dos años en los Estados Unidos (1972-1974), donde obtuvo su maestría en lengua y literatura española y portuguesa por la Universidad de California, Santa Bárbara. Casada y madre de dos hijos, vive ahora en Pozuelo, un suburbio de Madrid, y se dedica exclusivamente a la literatura. Ha escrito crítica literaria, y vale mencionar aquí su estudio sobre Pío Baroja de 1971, *El Madrid de "La lucha por la vida."*

La producción literaria de Puértolas incluye: relato, novela, y ficción juvenil. Los relatos "A través de las ondas" (1980) y "El reconocimiento" (1988) han sido publicados por separado, en revistas, mientras que *Una enfermedad moral* (1982) es una colección de cuentos. Hasta 1992, ha publicado cinco novelas: *El bandido doblemente armado* (Premio Sésamo 1979), *Burdeos* (1986), *Todos mienten* (1988), *Queda la noche* (Premio Planeta 1989), y *Días del Arenal* (1992). La literatura infantil incluye dos libros: *La sombra de una noche* (1986), y *El recorrido de los animales* (1988). Persiste el tema de la soledad en la ficción juvenil, pero se presenta más suavemente. Los niños solitarios en-

---

Santos Sanz Villanueva ha identificado esta generación. Indica él: "...yo mismo he propuesto con anterioridad el marbete definidor de 'generación del 68' ..." (252). Y sigue:

A lo largo de los años sesenta, un conjunto de nuevas actitudes lleva a desbancar la concepción testimonial del arte, a alejarlo de los supuestos del realismo socialista; esas actitudes terminan por propugnar un relato autónomo de la realidad exterior e, incluso, como propone el narrador de *Recuento*, de Luis Goytisolo, una novela que cree una realidad que pueda ser objeto de una obra literaria. En este empeño participan los narradores del medio siglo pero sus protagonistas son los miembros de una promoción más jóven, que comparten una educación sentimental y unos presupuestos éticos y literarios coincidentes. Se trata de autores que han nacido entre el año que finaliza la guerra y el medio siglo y cuya nómina, provisional, y basada en cierta flexibilidad cronológica, puede estar constituida por los siguientes nombres: Mariano Antolín-Rato (1943), Juan Pedro Aparicio (1941), Félix de Azúa (1944), Juan Cruz (1952), Luis Mateo Díez (1942), José Antonio Gabriel y Galán (1940), José María Guelbenzu (1944), Manuel Longares (1943), Juan Madrid (1947), Javier Marías (1951), Jorge Martínez Reverte (1948), Marina Mayoral (1942), Eduardo Mendoza (1943), José María Merino (1940), Juan José Millás (1946), Vicente Molina Foix (1949), Lourdes Ortiz (1943), Álvaro Pombo (1939), Soledad Puértolas (1947), José María Vaz de Soto (1938), Manuel Vázquez Montalbán (1939). A ellos, y amparándonos en esa inevitable flexibilidad de la cronología, se pueden añadir Raúl Guerra Garrido (1936), Ramón Hernández (1935) y Pedro Antonio Urbina (1935). (253)

cuentran un refugio, o en una metamorfosis con animales antropomórficos (*El recorrido de los animales*), o en el compañerismo de amigos, que les ayudan a buscar el calor familiar que añoran (*La sombra de una noche*). El problema del vivir solitario se resuelve cuando los niños empiezan a entablar relaciones amistosas con otros. No es mi propósito en este trabajo de investigación, comentar la literatura infantil de Puértolas.

Toda la ficción de nuestra autora se marca por la problemática de la soledad. Tiene afinidades con la literatura española anterior, y en la introducción, echo una ojeada al tema de la soledad según aparece tratado por algunos escritores españoles del pasado. Asimismo, a continuación, identifico unos autores contemporáneos conocidos que exploran el tema. Analizo las novelas de Puértolas en orden cronológico en los capítulos siguientes, terminando con un examen de los relatos. En la conclusión, comento los descubrimientos y las implicaciones de este estudio.

En la narrativa de Puértolas, la soledad se interpreta esencialmente como valor negativo. La tristeza y la melancolía que marcan la vida de sus personajes, junto a su aislamiento, se observa por medio de una escritura a menudo lírica. Capta en sus narraciones con un estilo sencillo, realista, y sugestiva, las preocupaciones del español actual, que reacciona a los cambios vertiginosos del nuevo escenario nacional: la España libre. La desorientación y decepción en esa soledad tiene, en mi opinión, ciertas correspondencias literales y visuales con los cuadros "realistas" del norteamericano Edward Hopper (1882-1967). Al nivel subconsciente, en cambio, se detectan esas correspondencias con la *pittura metafísica* del italiano Giorgio de Chirico (1888-1978), y con los cuadros surrealistas de la española Remedios Varo (1908-1963). Los tres artistas se preocupan en su obra pictórica por el aislamiento del ser humano. Quisiera mostrar en este estudio que Soledad Puértolas comparte con estos pintores, y especialmente con el pintor americano, una visión paralela, y una perspectiva sobre el ser humano que va más allá de las fronteras nacionales.

Para llevar a cabo las comparaciones, me concentro en la creación de los personajes en cada obra, examinándolos bajo una lente psicológica para revelar las facetas de la soledad que ejemplifican, y que disfrutan o aguantan. Examino el espacio que ocupan (usualmente limitado), su reacción hacia el tiempo (con atención especial a sus reflexiones sobre el pasado), su lenguaje, y su relación con la autora y con el lector.

Antes de preparar este estudio para la imprenta, tuve la oportunidad de conocer a Soledad Puértolas y de entrevistarla. Durante mi visita a España, Puértolas fue galardonada con el Premio Anagrama de Ensayo por su libro sobre el arte de narrar, *La vida oculta* (Anagrama, 1993). Un poco después, la novelista me escribió en una carta (19 de abril de 1993): "Creo que la última parte del libro [galardonado] te interesará especialmente. En cierto modo, resulta un complemento a tu tesis." En un futuro próximo, cuando me ocupe de *La vida oculta*, comentaré este tema, entre otros.

No se ha estudiado apenas a esta autora importante. Hasta la fecha, no hay un estudio monográfico, así que me propongo suplir, con este estudio, esa falta.

Capítulo 1

Introducción general

"Mi soledad llevo dentro"

Mi soledad llevo dentro,
torre de ciegas ventanas.
Cuando mis brazos extiendo,
abro sus puertas de entrada
y doy camino alfombrado
al que quiera visitarla.
Pintó el recuerdo los cuadros
que decoran sus estancias.
Allí mis pasadas dichas
con mi pena de hoy contrastan.
¡Qué juntos los dos estábamos!
¿Quién el cuerpo? ¿Quién el alma?
Nuestra separación última,
¡qué muerte fué tan amarga!
Ahora dentro de mí llevo
mi alta soledad delgada.

—Manuel Altolaguirre[1]

La soledad es un tema eterno y universal, inherente en la condición humana. Puede ser positiva o negativa, bendición o maldición. También se la puede apreciar como una experiencia sintética que encarna múltiples facetas de la percepción binaria que normalmente atribuimos a esta sensación.

Generalmente consideramos este "dilema existencial," (Halpern vii), en la época moderna bajo la dicotomía que nos ha dado Octavio Paz: "La soledad es una pena, es, una condena y una expiación."[2] La circunstancia de estar solo puede engendrar la paz interna o un aislamiento doloroso; las dos condiciones están llenas de variaciones innumerables y relativas. En *Proverbios y cantares*,

---
[1] Gerardo Diego, 513.
[2] *El laberinto de la soledad*, 176.

Antonio Machado enfatiza la paradoja intrínseca en la experiencia:
En mi soledad
he visto cosas muy claras,
que no son verdad. (CLXI, xvii)
Para el hombre posmoderno, no es sino una ambigüedad: la quiere y la rechaza. Milan Kundera explica: "... what is solitude? A burden, a misery, a curse, as some would have us believe, or on the contrary, a supremely precious value in the process of being crushed by the ubiquitous collectivity?" (Kundera 12). Esta cualidad indefinible que traspasa este valor persiste hasta el mismo momento de nuestra muerte, experiencia que afrentamos solos.

1.1 España–país apartado

Durante el siglo XX, España ha sido un país casi incomunicado hasta 1975, cuando la muerte de Franco permitió el desarrollo de la nueva democracia. Históricamente, la religión oficial (la católica), junto al aislamiento geográfico de la península, han aislado a España del resto de Europa y también del mundo occidental. España era "diferente."[3] La España mitificada por el régimen de Franco ocupó una posición políticamente marginada en el mundo. Y dentro del país, el gobierno dictatorial era autoritario, represivo, conservador, provincial, cerrado: solitario. Tanto espacial como temporalmente, España se quedó apartada de la vida contemporánea. Su cultura no reflejaba, hasta hace pocas décadas, la europea.

Aunque ahora España se ha transformado en una nación moderna, cosmopolita, liberal, desmitificada, abierta y partícipe en la comunidad global, vestigios del legado de franquismo persisten, y en algunas partes, esa "diferencia" vibra aún. Bajo la cara extrovertida que presenta al mundo, España sigue cultivando sus tradiciones.

1.2 Contexto histórico-literario

El carácter históricamente marginal de España, debido a su aislamiento, se refleja en la tradición literaria nacional. El tema de la soledad es evidente

---

[3]Carmen Martín Gaite escribe en *Usos amorosos de la postguerra española*: "En la cinematografía, como en todo, España estaba orgullosa de ser diferente" (34).

en todas las épocas. Karl Vossler, en su libro clave, *La soledad en la poesía española*, (1941), lo traza desde las cantigas galaico-portuguesas, que se distinguen por el sentimiento de *saudade*, hasta la expresión del tema en los grandes poetas del Siglo de Oro.

Religiosos como Fray Luis de León y San Juan de la Cruz anhelan la vida retirada en su búsqueda de Dios. Anthony Storr, en su libro *Solitude. A Return to the Self*, explica: "Throughout most of Europe's recorded history, it was assumed that ultimate happiness was not to be expected from human relationships and institutions, but could only be found in man's relation with the divine" (Storr 82-82). El agustino, Luis de León, decepcionado por la vida mundana, halla refugio en una naturaleza ordenada que le ofrece paz y que sirve de camino para su contemplación de Dios. Sólo la naturaleza dulcifica su amargo vivir; pues sus armonías sensoriales reflejan la música de los cielos, ("A Francisco Salinas"). En "Canción de la vida solitaria," el poeta expresa su deseo de estar en su huerto, a solas con la naturaleza. La huida del vecino y del ajetreo social representa una aspiración a la vida meditativa, a la existencia tranquila con Dios:

> Vivir quiero conmigo;
> gozar quiero del bien que debo al cielo,
> a solas, sin testigo,
> libre de amor, de celo,
> de odio, de esperanzas, de recelo. (Blecua 185)

En esta poesía la naturaleza está íntimamente ligada con lo divino:[4]

> A la sombra tendido,
> de yedra y lauro eterno coronado,
> puesto el atento oído
> al son dulce, acordado,
> del plectro sabiamente meneado. (Blecua 186)

El lugar aislado es indispensable para el poeta dentro de su experiencia de soledad. "Su evasión, su torre aislante, es el pensamiento filosófico y la poesía" (Alonso, 169).

Para San Juan de la Cruz, la búsqueda de la luz de Dios en la tranquilidad de una noche oscura termina en una unión mística e inefable, "un no sé qué," con el Amado. La vida auténtica sólo existe en la reclusión espiritual con Dios:

---
[4]Ciriaco Morón Arroyo indica: "El humanismo de Fray Luis es un despliegue de la naturaleza anclada en lo sobrenatural" (13).

> Quedéme y olvidéme
> el rostro recliné sobre el Amado; (Blecua 303)

La intimidad experimentada con el Amado, expresada en el "Cántico espiritual" ocurre en "la soledad sonora" de "la noche sosegada." "Las 'flechas' [de amor] no salen de los ojos de lo Amado, sino de la imagen concebida en el alma" (Alonso 284). En el silencio de una soledad bendita, el místico experimenta el estado unitivo. La belleza de la circunstancia misteriosa se expresa como una embriaguez de amor:

> En la interior bodega
> de mi Amado bebí, y cuando salía
> por toda aquesta vega,
> ya cosa no sabía,
> y el ganado perdí que antes seguía.
>
> Allí me dio su pecho,
> allí me enseñó ciencia muy sabrosa,
> y yo le di de hecho
> a mí sin dejar cosa;
> allí le prometí de ser su esposa. (Blecua 306)

La comunión del alma con el Amado resulta en una excomunión, un apartamiento total del mundo real.

En *Don Quijote* la ausencia del otro, de Sancho Panza, provoca la melancolía en el caballero: "Cuéntase, pues que apenas se hubo partido Sancho, cuando don Quijote sintió su soledad; y si le fuera posible revocarle la comisión y quitarle el gobierno, lo hiciera" (Cervantes 850). La añoranza por su amigo, va acompañada por la consciencia de su pobreza—"dos docenas de puntos de una media," (Cervantes 852) que no puede remediar. La pobreza intensifica, efectivamente, su soledad: "Sin Sancho, Don Quijote no es Don Quijote, y necesita el amo más del escudero que el escudero del amo" (Unamuno 158).

Sancho deja el gobierno de su ínsula para reunirse con su amo: "...doy un salto del gobierno, y me paso al servicio de mi señor don Quijote; que, en fin, en él, aunque como el pan con sobresalto, hártome, a lo menos; y para mí, como esté harto, eso me hace que sea de zanahorias que de perdices" (Cervantes 942). El balance vital de su compañerismo está restaurado—Don Quijote, sanchizado y Sancho, quijotizado.

La añoranza y la búsqueda del otro se manifiestan en los últimos románticos y también en los poetas contemporáneos. La monografía, *La soledad y la poesía contemporánea*, de Biruté Ciplijauskaité, examina el tema en estos poetas:

"Creen en la posibilidad de una comunión humana, y se quedan con una voz esperanzada ... el hombre no está solo. Hasta el amor es una conciencia de compañía" (Ciplijauskaité 30-31).

El poeta romántico, Gustavo Adolfo Bécquer, busca un amor inalcanzable en la figura de una mujer ideal que sólo existe en sus ensoñaciones. El lamento solitario del poeta triste acompaña su deseo por lo inasequible:

¡Tengo miedo de quedarme con mi dolor a solas! (LII, 473)

y:

....
yo, que incansable corro y demente
tras una sombra, tras la hija ardiente
de una ilusión! (XV, 454)

Una mujer fantasma le habla al poeta:

Yo soy un sueño, un imposible,

Y él, aún creyente responde:

"¡Oh, ven; ven tú!" (XI, 450)

Describe Bécquer una enajenación frustrada y melancólica, alimentada por ilusiones.

Durante la época del realismo, la soledad personal se ejemplifica dramáticamente en la esposa adúltera. La disonancia que resulta del matrimonio insatisfactorio de Ana Ozores en *La Regenta*, provoca una búsqueda amorosa y espiritual.[5] Leopoldo Alas describe la condición solitaria de Ana, enfatizando el "sin" o lo vacío en su vida:

La luna la miraba a ella con un ojo solo, metido el otro en el abismo; los eucaliptus de Frígiles inclinando leve y majestuosamente su copa, se acercaban unos a otros, cuchicheando, como diciéndose discretamente lo que pensaban de aquella loca, de aquella mujer sin madre, sin hijos, sin amor, que había jurado fidelidad eterna a un hombre que prefería un buen macho de perdiz a todas las caricias conyugales. (Alas I, 371)

El adulterio, además, es una respuesta al confinante ambiente social de la ciudad de Vetusta. Del hastío en *La Regenta* y *Madame Bovary* escribe Carlos Clavería: "Hay en *La Regenta* un acento muy español del aburrimiento, de ese *taedium hispanum* que anda muy mezclado con la estulticia de la vida de provincias en España, tal como lo han analizado los escritores del '98, ..."

---

[5] Según Sherman H. Eoff, Ana está en busca de un dios de amor (51).

(Rico 576). Su tentativa de alcanzar una comunión que pueda satisfacer sus necesidades materiales y espirituales, con su idealización del amor tiene una resolución negativa que resulta en su desgracia. Sufre una intensificación de su sensación de aislamiento cargado por su consciencia de la indiferencia de Dios (Eoff 83).

Gonzalo Sobejano ve la novela como un precursor de la novela del siglo XX:

> *La Regenta* [es] una novela romántica contra el mundo antiromántico y en homenaje al alma bella y buena, derrotada pero inadaptable.... Cobran realce en este tipo de novela los estados de perplejidad, amorfos, cambiantes, semiconscientes; y por esta vía que abre Clarín se llega a novelas tan renovadoras como *Camino de perfección* o *La voluntad*, cuyos héroes imposibilitados para el heroísmo testimonian la soledad social y son así 'los últimos románticos' ante el desierto que crece. (Sobejano *La Regenta* 232, 233)

En *Novela española de nuestro tiempo*, Sobejano nos ayuda a entender cómo funciona la soledad moderna en la novela de posguerra: con la novela existencial española, se metamorfosea en un aislamiento insoportable en un mundo sin sentido, carente de Dios. Los personajes violentos y enajenados después de la guerra civil como Pascual en *La familia de Pascual Duarte* deshumanizan al otro y revelan por sus acciones inconcebibles lo absurdo de la existencia. En el caso del personaje Martín Marco, por ejemplo, el hombre no puede conectar con otra persona, y está perdido en "la colmena" de una sociedad desgarrada por la guerra civil. El hambriento Martín grita: "¡Este mundo es una mierda! ¡Aquí todo Dios anda a lo suyo!" (Cela 212).

La experiencia de la reclusión del individuo dentro de la sociedad continúa en la novela social. La figura de Pedro en *Tiempo de silencio* y Mario en *Cinco horas con Mario* ejemplifican la marginación social y la incomunicación interpersonal. (A. Gullón, "Descifrando..." 4). Mario lucha con su creencia frágil en el amor fraternal. Su mujer, Carmen, desprecia el idealismo que expresa en su panfleto, titulado irónicamente, "El Castillo de Arena": "AUNQUE DIFICIL, AUN ES POSIBLE AMAR EN EL SIGLO XX" (Delibes 241).

La metaficción de Benet y los Goytisolo explora el exilio interno del hombre de la posguerra, encerrado en su cólera y depresión. La compañera de estos autores en su estado solitario es, efectivamente la ira. Sus personajes son inadaptados, exiliados en un país que no pueden entender. Alvaro Mendiola maldice y renuncia su país y su cultura en *Reivindicación del conde don Julián*: "tierra ingrata entre todas espuria y mezquina, jamás volveré a ti..." (J. Goytisolo 11). En la nueva narrativa, los temas principales de los novelistas de la posguerra persisten. Se dice que las fuentes de inspiración en la nueva narrativa española son las literaturas extranjeras, y que los escritores exhiben un desdén por la tradición literaria española (Catelli 135). Creo que además de este mestizaje, de influencias literarias de otros países, hay una intensificación y expansión de la exploración de los problemas de los autores de los '50 y los '60.

Aunque no hay ni recuerdos ni ecos de la guerra civil, los temas preponderantes son la soledad y la incomunicación (Villanueva 223). En realidad, la tecnología contribuye al aislamiento individual. Sanz Villanueva describe este fenómeno del mundo actual:

> ...estamos mejor informados que nunca, conocemos con celeridad inusitada lo que les ocurre a nuestros coetáneos en cualquier parte del globo; podemos incluso, hablar con ellos, pues poseemos eficaces instrumentos tecnológicos. Y, sin embargo, somos víctima de la soledad en medio de la masa, padecemos el más profundo e insuperable de los extrañamientos. (Sanz Villanueva 55)

En muchos de los nuevos autores, (Juan José Millás, *La soledad era eso*; José María Merino, *La orilla oscura*; Adelaida García Morales, *El Sur seguido de Bene*; Montserrat Roig, *Tiempo de cerezas*; Esther Tusquets, *El mismo mar de todos los veranos*), la experiencia solitaria ya no se concibe como una búsqueda de Dios, ni una búsqueda del otro, sino que forma parte de un espacio psíquico dentro del que el hombre busca a su propio yo. El proceso suele caracterizarse más por el fracaso que por el éxito. La proliferación de la ficción escrita por mujeres en la época posfranquista, llama la atención a las formas de apartamiento que ellas han aguantado en el pasado, y presenta la problemática de su situación en la España de la transición. Expresan las escritoras sus propias búsquedas de identidad y sus silencios especiales.[6]

---

[6] Algunas escritoras no hispanas que profundizan el tema de la soledad en el siglo XX incluyen: Virginia Woolf, *A Room of One's Own*, (soledad económica); Jean Rhys, *Wide Sargasso Sea*, (enajenamiento entre madre e hija); Marguerite Duras, *Moderato Cantabile*, (incompatibilidad matrimonial); y Anita Brookner, *Hotel du Lac*, (apartamiento interpersonal).

1.3 Las múltiples dimensiones de la soledad

"El alma sí que va sola."
—Juan Ramón Jiménez
(*Canción* 132)

El tema de la soledad es un hilo que corre por toda la narrativa de Soledad Puértolas. Se manifiesta en múltiples dimensiones que me propongo estudiar en el contexto de las obras mismas. En términos generales, le ofrece a la autora un camino por donde puede meditar sobre el misterio de la existencia. Sus personajes se ocupan de una búsqueda del otro y de su propio yo. Voy a considerar el tema en su narrativa desde el punto de vista personal, interpersonal, social, cultural, y cósmico.[7]

1.3.1 La soledad personal

La experiencia puede ser externa, (física y consciente), o interna, (consciente o inconsciente), o una combinación de las dos. Puede ser una "atmósfera grata y adecuada para la lucidez," (Bértolo 56), o puede ocupar un espacio psíquico que enclaustra al individuo en una prisión mental. Los personajes de las obras de Puértolas experimentan y expresan muchos aspectos diferentes de este tema existencial. Representan todas las etapas de la vida humana— son jóvenes, adultos y viejos. La mayoría de ellos parecen sufrir dentro de la condición solitaria que eligen. Su angustia se refleja en la pasividad y la cualidad estática de sus vidas. Se centran en sus memorias, pero no pueden ponerse de acuerdo con ellas. Sus adaptaciones al presente resultan infructuosas. Esto crea un extrañamiento de sí mismos— "una identidad dividida" (Sadler 173). Hay cierto anhelo de iluminación personal y salvación, pero nunca se alcanzan. Este elemento psicológico usualmente existe con otra(s) dimensión(es) de la soledad (Sadler 173).

1.3.2 La soledad interpersonal

La dinámica interpersonal moderna se caracteriza por "los silencios y evasiones" (Ilie 51). Las relaciones entre miembros familiares, amigos, casados, y

---
[7]William A. Sadler, Jr. ha estudiado la experiencia de la soledad desde la perspectiva interpersonal, social, cultural, cósmica y psicológica. Me fundo mis observaciones de la manifestación de este tema en la narrativa de Puértolas en las categorías que él ha delineado.

amantes se frustran por la incomunicación y la decepción. La incompatibilidad y los conflictos intergeneracionales engendran la desconfianza y una profundización de la sensación solitaria. Ciertamente, no podemos olvidar el impacto de la guerra civil, ni como influyó en el fracaso de las relaciones interpersonales y sociales en España. Estos problemas han influido en el carácter del español contemporáneo, y aunque no se tratan explícitamente en la narrativa de hoy, no significa que hayan desaparecido. La narrativa subraya especialmente las incompatibilidades de relaciones íntimas—de matrimonios y de líos sexuales que no satisfacen. En la ficción de Puértolas, las relaciones interpersonales, no ofrecen consuelo; en realidad, parecen intensificar en el individuo la sensación de existir aparte.

1.3.3 La soledad social

Los personajes son generalmente hombres y mujeres contemporáneos de la clase media. Andan separados; no pertenecen a comunidades sociales, y hay una falta de solidaridad con sus coetáneos. Una filosofía solipsista rige su comportamiento con una preocupación continua por el propio yo. Expresan desconfianza del otro. Muchos llevan máscaras sociales, y es difícil de encontrar en su disimulo un ser auténtico.

En el pasado, las mitologías sociales de la época franquista produjeron una cohesión social, aunque falsa. Creaban una fuerza centrípeta en la sociedad. Con la desvitalización de estas mitologías, hoy en día opera una fuerza centrífuga que distancia a las clases y a los grupos sociales de sí mismos.[8] En *Todos mienten*, la vida social se presenta en decadencia precisamente por la prevalencia de la mentira en las interacciones sociales. La inmoralidad que se revela afecta al individuo sensible que se siente más aislado y marginado.

1.3.4 La soledad cultural

Con todos los cambios rápidos que han ocurrido en la historia reciente, el impacto de la soledad personal, interpersonal, y social en el español ha provocado un extrañamiento cultural. Ya hemos visto la preocupación por este problema en el arte de Goya y en la literatura española desde Quevedo

---

[8]En la película *Matador*, 1986, de Pedro Almodóvar, el cineasta habla de una España dividida. Dice que las dos Españas de hoy son la envidiosa y la intolerante.

hasta la narrativa de hoy. "Me duele España", grito de los noventaochentistas, aparece con especial agudeza en Pío Baroja, autor que Puértolas ha estudiado y admira.[9] Los personajes de Baroja, desarraigados, melancólicos y solos, no pertenecen ni a una ciudad, ni a un país, ni a la cultura española, pues la rechazan (Rodgers 590). Como Baroja, nuestra autora también comunica una crítica moral de su cultura. Sus intuiciones, sin embargo, están suavizadas por las observaciones melancólicas y líricas que emplea. Además, ha vivido en el extranjero: un año en Noruega, (1968-69), y dos años en los Estados Unidos (1972-74). Tiene una visión más amplia del mundo, lo cual le permite una comprensión más cabal de su propia cultura, a la vez que se identifica menos con ella.

Paul Ilie nota que el exilio interior está experimentado individualmente, socialmente, y también culturalmente (Ilie 47). Puértolas expresa en su prosa la tensión que existe entre la tradición cultural y la cultura actual—eso es, un tipo de soledad temporal. Desgarrado entre dos alternativas incompatibles, del pasado sofocante y de un presente materialista y culturalmente pobre, el individuo que piensa busca a tientas valores respetables. Sólo halla compromisos para aliviar la alienación que padece.

1.3.5 La soledad cósmica

La visión de nuestra autora va más allá de su propia cultura; su enfoque tiene una dimensión filosófica y universal. No sólo examina el aislamiento que surge de la situación social y moral de su país, al reconsiderar el *topos* "Me duele España;" presenta también, a través de sus personajes, su sensación personal de vivir sola en el universo. Emerge de sus palabras una reafirmación del sentimiento trágico de la vida, tan característica de la literatura española antecedente. Cuando el hombre confronta la falta de luz del vacío espiritual, sólo le queda un ansioso "Me duele mi yo". Una consciencia inquieta le acompaña al hombre en esta condición triste y misteriosa.

---

[9] Puértolas ha escrito un estudio sobre Pío Baroja, *El Madrid de "La lucha por la vida"*. Madrid: Helios, 1971.

1.4 La soledad profunda de la subsconciencia

La subsconciencia alimenta los pensamientos, temores, deseos, y sueños de los personajes de la ficción de Puértolas. Sus sentimientos de vacío y desolación espiritual tienen una afinidad con el arte enigmático de Giorgio de Chirico, (1888-1978). Los paisajes desolados e inhóspitos de este artista captan los estados melancólicos de sus personajes y los horizontes limitados de sus vidas. Estos vacíos del sueño, o mejor dicho pesadilla, encarnan otra expresión de una latente y absoluta soledad y un deseo de entenderla a otro nivel. Se ve a menudo a un personaje encerrado en un espacio plano, lleno de sombras desconocidas, silenciosas y siniestras, espacios de desamparo, (*The Anguish of Departure*, (1913-14). En los cuadros del pintor italiano, la arquitectura posee una cualidad extraña: parece abrumar y amenazar al hombre. La sensación de desasosiego, evocada por el mundo onírico de de Chirico, surge también en la presentación de los personajes sufridos de Puértolas. Sirve de contrapunto poético a las descripciones, en estilo directo y llano del mundo realista que nos presenta. La soledad subconsciente se sugiere, aunque en general, los personajes se mueven en el ahora mismo.

Como en la poesía de Vicente Aleixandre:

> La presentación de los rasgos oníricos ... estará presidida por este fondo permanente de lo abisal. ... una vivencia onírica que ha sido descrita por Dámaso Alonso como una 'quiebra' de los frenos de la lógica .... La única posibilidad de superar el aislamiento ... parece consistir en la liberación de las potencias absolutas del *deseo* o el subconsciente: un 'abandonarse a la capacidad del sueño' ["Formas sobre el mar"]. (Galilea 22-23, 32-33)

No logran resolver el conflicto entre la vida consciente y la subconsciente. Entienden que la auto-integración es imposible, y siguen en el círculo de su apartamiento. La muerte es la única experiencia que puede afectarles. Saben que es la única salida para su inquietud, pero como los lienzos de de Chirico, en los cuales el viaje recuerda una jornada hacia el mundo tenebroso de la muerte, la expectación de esa muerte se tiñe de ansiedad.

1.5 El atardecer y la noche—la soledad lírica

Este aspecto del tema se manifiesta en todas las artes, pero la emoción de la soledad tiene una atracción particular para los poetas. Guillermo Díaz-Plaja indica: "Sólo el estado de soledad es estado de gracia poética; porque sólo ante el solitario se pueblan los mundos y los ultramundos" (Díaz Plaja 154).

En la literatura española, hay muchos ejemplos de la identificación de la soledad con el atardecer y con la noche. En la *Egloga I* de Garcilaso de la Vega, los pastores Nemoroso y Salicio, condenados a su "triste soledad," por la ausencia de la Amada, recogen su ganado mientras anochece:

> La sombra se veía
> venir corriendo apriesa
> ya por la falda espesa
> del altísimo monte, y recordando
> ambos como de sueño, y acabando
> el fugitivo sol, de luz escaso,
> su ganado llevando,
> se fueron recogiendo paso a paso. (Blecua 87)

La "soledad sonora" de San Juan de la Cruz sucede en la oscuridad de la noche:

> En la noche dichosa
> en secreto, que nadie me veía,
> ni yo miraba cosa,
> sin otra luz y guía
> sino la que en el corazón ardía. (Blecua 303)

Antonio Machado evoca las emociones del atardecer para expresar una enajenación triste y "la angustia inefable de la vida misma" (Luis 179). En *Soledades*, muchas poesías tienen lugar al atardecer. La utilización del crepúsculo como metáfora para la condición solitaria se observa en "Horizonte":

> La gloria del ocaso era un purpúreo espejo,
> era un cristal de llamas, que al infinito viejo
> iba arrojando el grave soñar en la llanura ...
> Y yo sentí la espuela sonora de mi paso
> repercutir lejana en el sangriento ocaso,
> y más allá la alegre canción de un alba pura. (Machado XVII, 32)

Howard T. Young comenta sobre la añoranza del pasado en la poesía de Machado: "His obvious predilection for the evening hour befits that time of penumbra between night and day when visions most easily come and go, and experience is tinged with nostalgia" (Young 54).

En la poesía de Juan Ramón Jiménez el atardecer se identifica con una melancolía del alma. El poeta expresa su tristeza en "Pirineos" cuando "se duerme el sol en la yerba,":

> ...Pastor, toca un aire viejo
> y quejumbroso, en tu flauta;
> llora en estos grandes valles
> de languidez y nostaljia;
> llora la yerba del suelo,
> llora el diamante del agua,
> llora el ensueño del sol
> y los ocasos del alma. (Jiménez, *Segunda Antolojía Poética* 45)

La prosa de Puértolas se marca por el tono lírico, y a menudo se utiliza el atardecer y la noche para pintar una emoción triste. El motivo del crepúsculo refuerza la sensación de soledad, y ofrece también una forma de consuelo que tranquiliza la ansiedad. La noche se identifica a veces con la sombra de la muerte inminente.

1.6 La soledad, la imagen visual, y la palabra

Creo que Edward Hopper, (1882-1967), el pintor realista americano, encarna en sus técnicas y temas muchos de los sentimientos expresados en la ficción de Puértolas.[10] Octavio Paz ofrece una apreciación del artista en *Sombra de obras*: "Se dice que Hopper es un gran realista. Agrego: pero no es grande por su realismo sino por haber sido el pintor de una visión intensamente moderna del hombre y del tiempo" (Paz, *Sombra*... 194). Hopper capta el aislamiento del individuo en el mundo contemporáneo. Expresa en sus figuras el hastío y la ansiedad de los años '20 y siguientes. La autora Puértolas crea personajes solitarios que meditan principalmente en la inestabilidad social de la época posfranquista de los '70 y '80. Empieza a explorar en su obra más reciente aspectos de la época franquista. Ambos hacen comentario social y moral en sus obras, que sirven de espejos de sus épocas respectivas.

La personalidad introspectiva del realista americano se refleja en las figuras aisladas de sus cuadros (Levin 32). Revelan una intensidad emocional y personal. De sus temas, la alienación del individuo domina. Otros temas consisten

---

[10]A propósito de mi sugestión de hacer una comparación del arte de Hopper con su narrativa, Puértolas me contestó: "Yo admiro mucho los cuadros de Hopper y me identifico con lo que expresan" (*Correspondencia*, 22-1-92).

en: escenas náuticas y rústicas de Nueva Inglaterra y escenas ciudadanas, con atención especial a la arquitectura. Oficinas, restaurantes, cuartos de hoteles, apartamentos, y teatros representan la vida de la ciudad. Se preocupa también por la luz del sol y las horas del día, eso es, el tiempo detenido (Levin 41-64).

Muchos de sus cuadros de la ciudad transmiten una atmósfera misteriosa y silenciosa de estructuras arquitectónicas que dominan indiferentemente las vidas de las figuras inmovilizadas dentro de su espacio. "Para Hopper la ciudad no es la multitud sino el hombre aislado: cada cuarto es una jaula o una celda" (Paz, *Sombra* ... 194). Al otro lado, es como si las personas necesitaran las barreras en las cuales se encuentran porque crean una distancia de otros, incluso al espectador.[11]

La importancia de la ventana en las fachadas de los edificios es significativa. O miramos por una ventana desde afuera o estamos en un cuarto y dirigimos nuestra mirada al exterior. Participamos en la emoción del drama de la escena como *voyeurs*. Somos testigos de momentos quietos. En *New York Office*, (1962), (fig. 1.1), existe una tensión entre la luz del exterior de la oficina y la oscuridad del cuarto que bosqueja la figura de la mujer que se asoma indiferentemente. En los restaurantes, observamos a la gente ensimismada. La mujer que toma café en *Automat*, (1927), (fig. 1.2), parece inquieta y apartada de cualquier conexión humana.

El discurso en primera persona en las novelas: *El bandido doblemente armado*, *Todos mienten*, y *Queda la noche*, tiene un paralelo con las ventanas en los cuadros de Hopper. El testimonio del protagonista requiere la participación del lector, como la ventana en las telas le invita al espectador a entrar en la escena.

· El tema del viaje—del camino abierto—es importante en la obra madura de modo manifiesto en *Study for Solitude #56*, (1944), (fig. 1.3). Llena muchas de sus escenas con viajeros. Le fascinan los hoteles (*Hotel by a Railroad*, (1952), (fig. 1.4)) y trenes (*Chair Car*, (1965)). El viajar representó para el artista un paliativo para su espíritu intranquilo. Sus viajeros expresan una desesperanza callada.

---

[11]Matthew Baigell habla de su "'lock-in' compositional devices" que atribuye a actitudes personales con las que Hopper luchó constantemente ("Silent Witness" 33). Heinz Liesbrock refuerza esta idea: "For an understanding of Hopper's work, it is essential to recognize the autonomy the objects have assumed" (18).

INTRODUCCIÓN GENERAL 15

Figura 1.1: Edward Hopper, *New York Office*, 1962. Oil on Canvas, 40 x 55 inches. The Montgomery Museum of Fine Arts, Montgomery, Alabama; The Blount Collection, 1989.

Figura 1.2: Edward Hopper, *Automat*, 1927. Oil on Canvas, 28 1/8 x 36 inches. Des Moines Art Center, Iowa; James D. Edmundson Fund, 1958.

Figura 1.3: Edward Hopper, *Study for Solitude #56*, 1944. Conte on paper, 15 1/16 x 22 1/8 inches. Whitney Museum of American Art, New York; Josephine N. Hopper Bequest.

Figura 1.4: Edward Hopper, *Hotel by a Railroad*, 1954. Oil on canvas, 31 1/4 x 40 1/8 inches. Hirshhorn Museum and Sculputre Garden, Smithsonian Institution, Washington, D.C.; Gift of the Joseph H. Hirshhorn Foundation, 1996. Photographer, Lee Stalsworth.

Puértolas comparte con Hopper su interés en el individuo urbano. También explora el motivo del viaje como escape y medio de auto-conocimiento, el cual se evidencia en los libros *Burdeos* y *Queda la noche*. Las implicaciones de la aventura en el personaje que viaja se estudiarán en los capítulos correspondientes.

Aficionado del teatro y del cine, Hopper recibió inspiración de los dramas que vió. *Two Comedians*, (1965), terminado dos años antes de su muerte, revela su identificación con el teatro y su visión sardónica del mundo como un gran teatro en que él y su mujer hacen los papeles de payasos. En la novela *Todos mienten*, el escritor-protagonista expresa en su crítica social un *Weltanschauung* semejante.

La influencia de las técnicas del cine se nota en los cuadros que dan la impresión de estar percibidos por una lente de cámara con sus ángulos insólitos de visión y los cortes inevitables, (*New York Movie*, (1939), (fig. 1.5)). El estilo visual de nuestra autora también muestra muchos toques cinematográficos efectivos. En una entrevista admite su deuda al cine: "La influencia del cine se ve, por ejemplo, en el hecho de que no describo las situaciones con gran minuciosidad, con detalles, simplemente las sugiero para que el lector pueda verlas sin atender a todos estos detalles" (Riera 48).

Matthew Baigell explica que: "Hopper often put only one person in a painting. If there are more, they usually do not interact with each other. ... Their postures and attitudes suggest that it is better not to relate at all" (Baigell, "Silent Witness ..." 31). El ensimismamiento del individuo se repite en los cuadros que presentan parejas. En *Room in New York*, (1932), (fig. 1.6), una ventana abierta revela a una pareja alienada emocionalmente. Su exploración del tema de la incomunicación se intensifica con los años. Mientras las parejas que pinta se envejecen, se hacen más deconcertantes en su extrañamiento y en la monotonía que expresan por sus gestos, (*Cape Cod Evening* (1939), (fig. 1.7)). Liesbrock nota:

> In many of Hopper's paintings the subjects' feelings seem to be paralyzed; their eyes turned in upon themselves, they are not able to recognize the beauty and variety of the outside world even when they are directly confronted by it. ... they too have become objects, reduced to mere functions. (Liesbrock 24, 26)

Figura 1.5: Edward Hopper, *New York Movie*, 1939. Oil on canvas, 32 1/4 x 40 1/8 inches. The Museum of Modern Art, New York. Given anonymously.

Figura 1.6: Edward Hopper, *Room in New York*, 1932. Oil on canvas, 29 x 36 inches. Sheldon Memorial Art Gallery, University of Nebraska-Lincoln; F.M. Hall Collection.

22 INTRODUCCIÓN GENERAL

Figura 1.7: Edward Hopper, *Cape Cod Evening*, 1939. Oil on canvas, 30 1/4 x 40 1/4 inches. John Hay Whitney Collection, photograph © 1993 National Gallery of Art, Washington, D.C.

La casi imposibilidad de la comunicación interpersonal es característica de la obra de Puértolas. En *El bandido doblemente armado*, este fenómeno se observa al nivel familiar. Aumenta la severidad del problema con la creciente introspección de sus personajes, (la heroína de *Queda la noche*, Herminia de *Días del Arenal*).

En los cuadros de Hopper, la noche encarna el erotismo y la ansiedad (Levin 62). Evoca también un humor que podemos percibir en *Summer Evening* (1947), y en el famoso *Nighthawks*, (1922), (fig. 1.8). Empleó la luz para sugerir humores diferentes. Sirve de elemento dramático que hace alusiones a esa "'other reality' dealt with again and again in Hopper's paintings" (Liesbrock 26). Para lograr sus efectos, utilizó en sus telas una paleta restringida de colores que suelen ser luminosos, chillones e intensos, pero que carecen de calidez (Baigell, *Concise History*... 254). La luz brillante, natural o artificial puede ser fría (Coles 35). Los colores, la concepción del espacio, usualmente desocupado y lleno de silencio, (Burchfield 16), crean un ambiente de vacío, de aislamiento.

Al hablar de su obra artística, Hopper nos revela que representa una búsqueda de su propia identidad: "Why I select certain subjects rather than others, I do not exactly know, unless it is that I believe them to be the best mediums for a synthesis of my inner experience" (Goodrich 163). Añade el pintor que quería: "...make one conscious of the spaces and elements beyond the limits of the scene itself" (Goodrich 163).

Esta cualidad misteriosa y sugestiva en Hopper es evidente en la ficción de nuestra autora. La desnudez de las escenas, los colores intensos que atraen, pero nunca prometen el bienestar, (el vestido rojo de Leonor en *Todos Mienten*, por ejemplo), las barreras de incomunicación que interpone entre sus personajes y el lector prohiben la intimidad. Las interacciones siempre están marcados por huecos silenciosos y una distancia definible.

Aunque la obra de Hopper, como la de Puértolas, es figurativa, el sentimiento y el estilo subyacentes aseguran que hay más que una recreación sencilla de la realidad. Lanzan un mensaje moral. Robert Coles dice: "In Hopper, we begin to realize there is a 20th-century sensibility at work: his often explicit interest in a documentary art that tells of a nation not at ease with itself, and individuals not at ease with one another" (Coles 35). La pre-

Figura 1.8: Edward Hopper, *Nighthawks*, 1942. Oil on canvas, 30 x 56 11/16 inches, photograph © 1993, The Art Institute of Chicago, All Rights Reserved. Friends of American Art Collection, 1942.51.

sentación desapasionada y triste de los mundos cerrados de los dos artistas, captan la inercia y la resignación que ellos observan como aspectos inherentes de la condición solitaria del ser humano de este siglo. La producción artística de Hopper comparte los efectos emocionales del arte de Giorgio de Chirico, que se interesa por el carácter de la arquitectura, el silencio, y el esperar (Novak, 278). El mundo de la *pittura metafisica* de de Chirico es más incomprensible y secreto. Parece como si el artista italiano captara esa 'otra realidad' inmanente en los cuadros del artista americano. El misterio melancólico y lírico de los escenarios oníricos evocados en sus cuadros, recrea un pasado perdido. A de Chirico le fascinaron la historia irrecuperable y la nostalgia (Gimferrer 12).

Hay una convergencia entre su arte y los pasajes lánguidos y soñadores en la narrativa de Puértolas que recuerdan los eventos pasados. El uso de un mínimo de detalles y la recreación de la emoción nostálgica que acompaña la memoria nos hace pensar en la obra del artista italiano. Si Hopper pinta un aislamiento que es visible y palpable, de Chirico está pintando una soledad del alma: profunda, cósmica e inexplicable. En su mundo irreal de escenas urbanas, abundan la arquitectura rara, las torres solitarias, las chimeneas, las plazas abandonadas, las estatuas antiguas, los trenes, los paisajes yermos, los furgones ominosos, los caballos, los maniquíes, y los fantasmas enigmáticos. Como en Hopper, la arquitectura funciona para crear límites en el espacio de los cuadros (Canaday 529). La manipulación artificial de luz y sombra sugiere la atmósfera de los sueños (Soby 97). Robert Hughes explica: "The sun has a late-afternoon slant, throwing long shadows across the piazzas. Its clear and mordant light embalms objects, never caressing them, never providing the illusion of well-being" (Hughes 217). El artista viola las reglas de la perspectiva, (Canaday 531), para crear sus cuadros obsesionantes que encierran las figuras en espacios extraños. Se puede observar estos efectos en *Melancholy and Mystery of a Street*, (1914), (fig. 1.9), y en *Nostalgia of the Infinite*, (1913-14), (fig. 1.10). Si en muchos de los cuadros de Hopper, la soledad y la noche son sinónimas, en de Chirico, el atardecer va junto con el espíritu del aislamiento que inunda sus lienzos elusivos.

Un miedo amenazador es implícito en los cuadros raros e intensamente teatrales (Hughes 221). Insinúan que el escape de la realidad hacia la subconsciencia irracional de los sueños jamás ofrece un refugio.

Figura 1.9: Giorgio de Chirico, *Melancholy and Mystery of a Street*, 1914. Oil on canvas, 34 1/4 x 28 1/8 inches. Private collection.

Figura 1.10: Giorgio de Chirico, *Nostalgia of the Infinite*, 1913-14?; dated on painting 1911. Oil on canvas, 53 1/4 x 25 1/2 inches. The Museum of Modern Art, New York. Purchase.

Puértolas pinta con las palabras, y crea imágenes plásticas para evocar sentimientos. Voy a comparar algunas de sus descripciones y alusiones con ciertos cuadros de Hopper y de Chirico para establecer relaciones y así señalar el impacto visual de su estética narrativa.

1.6.1 El espacio de la soledad

> "What sort of space is that which separates a man from his fellows and makes him solitary?"
>
> (Thoreau 89)

¿Existe un espacio de la soledad? Creo que sí.[12] Para el hombre moderno, usualmente es un espacio que aprieta al individuo. Muchos de los personajes de la literatura contemporánea se mueven por un espacio reducido y limitado. En el arte realista, Hopper representa tales espacios reducidos en trenes, oficinas, y hoteles. En el arte misterioso de Giorgio de Chirico, las plazas y la arquitectura tragan a las figuras que parecen fantasmas, sin más. En el arte surrealista, también observamos al hombre en los espacios que lo encierran. Por ejemplo, en René Magritte, vemos al hombre metamorfoseado en jaula, o petrificado vivo en un cuarto, (*Memory of a Voyage*, (1955), (fig. 1.11)). Los cuadros de Remedios Varo representan a mujeres extrañas que suelen estar aisladas en cuartos, buques, torres, (*Celestial Pablum*, (1958), (fig. 1.12), o en paisajes que las encarcelan. Esta sensación de claustrofobia crea una distancia física y psíquica alrededor de las figuras representadas.

En la literatura española contemporánea, el fenómeno de situar al protagonista en un espacio y tiempo limitados ocurre con frecuencia. "The Spanish Civil War and its aftermath gave rise to countless ... texts built on the metaphor of enclosure" (Zatlin, 85). La isla de *Primera memoria*, la cabaña de Jacinto en *Parábola del náufrago*, el recinto de Tánger en *La reivindicación del conde Julián*, y el cuarto de *El cuarto de atrás*, son ejemplos de tales espacios novelescos. O el individuo se encoge en un espacio pequeño, que sirve para deshumanizarlo o tipificarlo como preso, o se confronta a sí mismo en este ambiente cerrado donde sólo logra una iluminación parcial. Puértolas

---

[12]Sue Halpern habla de la importancia del lugar en *Migrations to Solitude*: "Place is a consequence only to the extent that it encourages or demands the confrontation of the self by the self, which is solitude's true vocation" (202).

Figura 1.11: René Magritte, *Memory of a Voyage* [Souvenir de voyage], 1955. Oil on canvas, 63 7/8 x 51 1/4 inches. The Museum of Modern Art, New York. Gift of D. and J. Menil.

Figura 1.12: Remedios Varo, *Celestial Pablum*, 1958. Oil on Masonite, 36 1/4 x 24 3/8 inches. Private collection.

explora espacios urbanos y rústicos en su país y fuera de España. Estos espacios usualmente entrampan a sus personajes, (la casa de Pauline en *Burdeos*, el piso sofocante de los Lennox en *El bandido doblemente armado*, el cuarto donde está en cuarentena, Javier, en *Todos mienten*), pero a veces, les permiten un escape beneficioso, una oportunidad de auto-conocerse, (los países de Europa para Lilly en *Burdeos*, India para Aurora en *Queda la noche*, Madrid y El Sauco para Herminia en *Días del Arenal*).

1.7 Las distintas formas del estado solitario en la narrativa de Soledad Puértolas

Proyecta la soledad de sus personajes de una manera multifacética. Examina las dos ramificaciones de la experiencia—el lado positivo y voluntario y el lado negativo, el aislamiento involuntario. La mayoría de ellos caben en la segunda categoría—apartados y envueltos en su triste melancolía. Su narración intimista presenta un mundo fragmentado, austero, violento a veces, a menudo sin el calor del amor. Los diferentes aspectos de la experiencia solitaria están encarnados en personajes masculinos y femeninos. Así la autora muestra la condición en ambos géneros. La estética de Puértolas, realista y lacónica, esconde mucho en sus elipsis. Emplea un tono melancólico, a veces lírico, otras veces amargamente cínico. Sus personajes son bosquejados con pocos detalles. Esta técnica de crear al personaje, contribuye a las afirmaciones ideológicas que hace sobre la temática de la soledad.

1.7.1 Las novelas

En *Burdeos* los tres protagonistas son muy distintos, el uno del otro. Y cada uno experimenta un extrañamiento diferente. Pauline sufre una variante doméstica y otra social; René vive el tipo familiar; y Lilly encuentra la suya en su camino hacia la auto-realización. En *El bandido doblemente armado* y en *Todos mienten*, el protagonista es escritor; aquél está lleno de una añoranza de un pasado más feliz. La creciente incomunicación que elige y vive con su oficio de escritor, intensifica el aislamiento, y acaba por producir la alienación social. El escritor desengañado de *Todos mienten*, no puede comprometerse, ni a nada ni a nadie; se siente profundamente marginado.

En *Queda la noche* presenta el espacio de una soledad urbana con su anonimato concomitante. La auto-preocupación de la protagonista Aurora y su deseo para la aventura es una respuesta a su estado de mujer liberada. Reacciona a la violencia circundante entregándose al azar y refugiándose en un tipo de comunicación con la naturaleza, (soledad cósmica), simbolizada por la noche misteriosa, que representa su única solución al mundo caótico y violento.

La última novela, *Días del Arenal*, "Historias de amor perdido que sólo viven en el recuerdo", es una novela sentimental de cuatro historias, diferentes, pero unidas. Se basa en una relación amorosa entre Antonio y Gracia que tiene lugar en los años '50, y traza la fuerza de su impacto emocional en los personajes que ocupan el escenario actual, de los años '80. El amor evoluciona de un enlace erótico hacia una relación idealizada por el viejo Antonio, muchos años después de la muerte de Gracia.

Es, principalmente, una novela de recuerdos personales. La reflexión solitaria sobre las memorias, perdidas en el olvido, sirven de iluminar y dar rumbo nuevo a la vida de los diversos personajes.

Días del Arenal invita al lector a mirar hacia atrás y valorar la herencia tradicional, dándose cuenta de los atributos vivificadores de las mujeres. Dulcinea del Toboso, mujer idealizada en la tradición literaria española, se transforma en esta novela en la mitificada Gracia, espíritu de amor y guía espiritual para la solidaridad entre hombres.

Con confianza y naturalidad, el fluir de la escritura se funde al mensaje ideológico alentador. Más que crítica ética de la sociedad posfranquista, desarrollada en la ficción anterior, Puértolas nos ofrece en esta reciente novela, sugerencias que no sólo pueden aliviar los problemas de su país, sino que tienen ramificaciones positivas universales. Se nota además, una maestría en manipular los episodios intertextuales, y le interesa al personaje Herminia, poetisa, que pueda ser *alter-ego* de la escritora.

Una reevaluación del pasado, observado sin rencor, y a nivel personal e íntimo, combinado con una sensibilidad a las voces de diferentes mujeres, caracterizan la novela. La exploración de la psique femenina, revela las contribuciones de las mujeres, intangibles, a menudo, a una sociedad patriarcal en la cual sus voces tradicionalmente han sido desvalorizadas. En lenguaje emotivo, proyecta la narrativa hacia un futuro esperanzador. La búsqueda de "el Otro" se evidencia como una meta alcanzable: puede residir dentro de la persona misma, en otra persona, en la literatura, o en la naturaleza, todos refugios en una vida dolorosa marcada por la soledad. En cada caso, es el amor que empuja la búsqueda.

Hay una evolución en la exploración del tema en estas novelas. La importancia de la realidad exterior de las interacciones interpersonales y sociales, disminuye con cada novela, y penetra cada vez más en el mundo psíquico de los protagonistas.

1.7.2 Los relatos

Comentaré doce relatos en total, en orden cronológico; dos se publican como cuentos separados, y diez forman parte de una colección. El primero, "A través de las ondas," se incluye en la colección, *Doce relatos de mujeres*. Se destaca por el manejo hábil de distintos puntos de vista por la voz narrativa. El estilo del relato tiene afinidades con el cuento policiaco, y lleva implícito un mensaje político. Enfoca sobre la tragedia de una mujer, silenciada por el asesino, que acaba de matar a otro opresor de ella. Sospechamos que el opresor matado simbolice al dictador Franco, recién fallecido. Parece que la vulnerabilidad y el enclaustramiento social de la mujer española no ha cambiado aún en la nueva España.

La colección de diez relatos, *Una enfermedad moral*, presenta a personajes contemporáneos de la España de la transición, con excepción de dos relatos históricos, del siglo XVII. Los personajes, perdidos e inseguros habitan mundos diferentes, pero todos luchan con su sensación de aislamiento, resultado de ser marginados. La marginación se marca por la condición de ser mujer: "Un país extranjero," "La indiferencia de Eva," y "Contra Fortinelli"; por ser demasiado inocente: "Koothar"; por ser escritor aislado: "La llamada nocturna"; por vivir consciente del tiempo, pero al margen de ello: "El límite de la ciudad"; por ser ermitaño, sabio y apartado de los hombres: "La orilla del Danubio"; por ser marginado por la locura: "La vida oculta"; por ser víctima de la traición familiar: "Una enfermedad moral"; o, por vivir con un entusiasmo vital, mitigado por la desilusión: "El origen del deseo".

Se mueven los personajes en un ambiente de terror y violencia, o, de violencia latente. Para la mayoría de ellos, retirarse del mundo para no sufrir sus injusticias y dolor, parece ser el único escape y la única manera de adaptarse a la vida. La desilusión se mezcla con vislumbres de un vacío debajo de todo. Aparentemente realistas, los relatos ocurren en mundos identificables por su proximidad a la irrealidad. Tendencias fantásticas se notan más en el cuento, "La vida oculta".

El último relato analizado, "El reconocimiento," parte de la revista *Las nuevas letras*, y trata de los problemas del escritor. Al llegar el "regalo" de la inspiración, le falta la apreciación de un lector entusiasmado, capaz de recibir favorablemente la obra literaria. La problemática del dilema sólo se resuelve en parte en este cuento.

1.8 Conclusión

El tema del hombre solitario reverbera en todas las artes. En el mundo posmoderno, tiene más raigambre porque el hombre moderno se queda desamparado, sin Dios y sin su vecino. Vive en un mundo donde todos los aspectos de su vida sufren una desmitificación. Cuando trata de mitificar su vida, su idealismo se convierte en un pesimismo engendrado por la realidad poco acogedora que lo circunda. Por eso, el hombre se siente marginado por el mundo y a la vez enajenado de sí mismo. Su único recurso es tratar de encontrar paz dada la profundidad de su *anomie*.

Indudablemente, inspirada por la tradición rica del tema de la soledad en la literatura española e influida por su expresión en la literatura extranjera, Puértolas enfoca en este problema. Lo que nos revela en la mayor parte de su narrativa es cómo los personajes aguantan su condición solitaria. La autora líricamente teje este aguante introspectivo con la angustia que lo acompaña. En los momentos de auto-consciencia y aceptación de su estado, yacen el heroísmo de sus personajes.

Tal vez la atracción de este tema va junto con los cambios abruptos en la sociedad española de la transición. La lealtad primaria al grupo, a la comunidad, se ha vencido, y el individuo se centra más en sí mismo. El individuo auto-preocupado está más consciente que nunca de los muros de separación que existen en su vida. Es posible concluir, por eso, que la búsqueda del yo auténtico está cargada de muchas limitaciones.

Thomas Parkinson observa: "The ability to know and appreciate and lovingly accept our loneliness may be the ability of the wisest and best men" (Parkinson 485). Los personajes de Puértolas se enfrentan con su condición solitaria sin sentimentalismo. La aprecian como una experiencia inherente, que es tanto intelectual como emocional, y no buscan soluciones fáciles para estar en armonía con ella. Revelan una actitud de estar perdidos y una pasividad que nunca pierden. Es como si su sensación de exclusión les ayudara a andar tentativamente por la nueva realidad de su país. Guillermo Díaz-Plaja revela una ventaja de nuestro entendimiento de la experiencia solitaria: "Hasta tal punto la soledad deja en carne viva nuestros sentidos; la misma causa de nuestro dolor es un motivo de consuelo; precisamente porque nos hace compañía" (Díaz-Plaja 152). Últimamente, la ambigüedad identificada con la circunstancia de estar solo sigue siendo fuerte.

Capítulo 2

El bandido doblemente armado

> "Mi alma yace en soledad profunda
> Arida, ardiente, en inquietud continua,"
>
> —José de Espronceda[1]

En *El bandido doblemente armado*, que ganó el Premio Sésamo en 1979, y se publicó en 1980, Soledad Puértolas traza el desarrollo de dos hombres desde su juventud hacia su madurez. El narrador sin nombre es el protagonista cuya vida está íntimamente relacionada con la familia Lennox, y especialmente con el hijo menor, Terry Lennox.

2.1 Explicaciones generales y resumen

Esta novela corta se divide en nueve capítulos con un epílogo.[2] Nos presenta una aventura circular del narrador-protagonista de la novela. Empieza con su visita a los Lennox, a los doce años, y termina con una visita a su Rancho como hombre maduro.

La familia Lennox es extranjera y riquísima. Compañeros de colegio, el narrador y Terry Lennox se hacen amigos. El narrador entra en un mundo opulento y llega a ser un miembro íntimo de la familia. Como adolescente, está atraído a la riqueza y libertad que tiene esta familia poderosa. El joven narrador, que tiene una tendencia a la introspección, examina mientras va madurando, las vidas insatisfechas de los Lennox, especialmente el descenso

---
[1] J. Moreno Villa, ed. *Espronceda. Obras poéticas*, 163.
[2] Hay cuatro ediciones de *El bandido doblemente armado*, Legasa, 1980, Trieste, 1984, Anagrama, abril, 1987, y Anagrama, mayo, 1987. Todas las citas vienen de la cuarta edición que incluye el "Prólogo a la segunda edición" de Trieste, 1984.

moral de Terry que colabora en actividades ilegales. El narrador es incapaz de cambiar la mala dirección que toma la vida de su amigo.

La hija mayor, Eileen, se casa con Luigi, hombre de carácter débil, con quien trabaja el narrador por un tiempo. La familia no lo acepta al yerno, su mujer no lo quiere, y Luigi se suicida. El narrador sufre intensamente el suicidio de su socio. Resulta que él también está enamorado de la hermosa Eileen, pero ésta no le hace caso.

Otro hermano, James, tiene poco éxito en su carrera política. Su matrimonio no funciona bien a causa de sus líos amorosos. La hermana menor, Linda, tiene un interés romántico en el narrador, pero su amor no es correspondido.

La señora Lennox vive dedicada a las apariencias. En privado, le disgustan las vidas infructuosas de sus hijos. Su segundo marido, Dicky, vaquero norteamericano, sirve de pegote, pero aunque lo trata como si fuera otro hijo más, él es honesto y se mantiene fiel a sí mismo.

Con el paso del tiempo, el narrador tiene menos que ver con la familia Lennox, pero nunca sale completamente de su orbe. Cuando Linda le revela que Terry está en un apuro serio con la policía, el narrador sale al extranjero, donde se ha establecido Terry, y trata de disuadirle de seguir con las empresas ilegales.

Consciente de su situación moral deplorable, Terry le explica al frustrado narrador, que se siente atraído a la vida activa y peligrosa, y que no prefiere tomar otro rumbo. Ha dejado la investigación matemática para dedicarse a una vida criminal. La vida virtuosa y pasiva del narrador no le agrada.

Al principio, el narrador-adolescente encuentra un "Cielo" en su amistad con Terry; al final encuentra la posibilidad de sentir la esperanza al ser inspirado por el padre Dicky, ya viudo, en su Rancho de la Esperanza. El narrador no se deja impresionar por la riqueza ostentosa de la casa de campo, pero en cambio, le impresiona mucho el viudo, que parece irradiar un optimismo sincero, y cierta confianza en el talento literario del narrador. Cuando se despide de él, se da cuenta de que es una despedida final de la familia Lennox.

La novela cuenta, en retrospección autobiográfica, el contexto de las relaciones mantenidas con la familia Lennox.[3] Empieza en el piso de los Lennox,

---

[3]Birute Ciplijauskaité escribe en *La novela femenina contemporánea (1970-1985)* que:
Varias escritoras jóvenes confiesan que han tardado mucho en decidirse a es-

El Cielo, 1123, donde el narrador percibe que empieza a vivir, y la aventura termina en el Rancho muchos años después, desde la perspectiva madura de un hombre desilusionado, que ha reexaminado su vida marginada. Forma la novela un círculo completo.

La acción se sitúa en la ciudad de un país no nombrado. Hay referencias al extranjero, y el narrador sale al extranjero en cierto momento, pero no se menciona dónde está. El lector entra en cuartos cuyos detalles se presentan con un mínimo de descripción. La autora dice sobre su técnica concisa, en el prólogo a la novela lo siguiente: "Por aquel entonces yo buscaba una literatura que sugiriera lo máximo a partir de lo mínimo y ese mínimo lo constituían, fundamentalmente y casi exclusivamente datos objetivos" ("Prólogo" 14).

Se presentan los lugares mediante imágenes visuales fragmentarias. Por ejemplo, caminamos con el narrador por el pasillo del hospital cuando visita al moribundo Luigi: "Era un gran hospital, era el mejor. Todo en él era enorme. Uno se sentía perdido allí, y no muy seguro.... A la puerta de su habitación había un jarrón con flores marchitas" (75). Hay una inmediatez en las descripciones, pero no sufren de excesos. Puértolas describe su ficción como un mundo de situaciones en el cual las relaciones entre los personajes importan más que las descripciones ambientales (Riera 45).

El tiempo se presenta de una manera lineal. Somos testigos de la adolescencia del narrador, y lo acompañamos por su vida adulta hasta la madurez. Tendrá más de treinta años cuando termina la novela. Para el narrador solitario, el pasado conserva una fuerza poderosa. Tiene que vivificar los fantasmas de su pasado y revivirlo para librarse de ello. Las transiciones de una época a otra son fluidas. Notamos el mechón rubio de Dicky al principio, visto por el narrador: "Lo imaginaba alto y rubio, como un vaquero del Oeste" (19-20). Se transforma en el "mechón ya blanco de sus cabellos" (137) al final del li-

---

cribir como consecuencia de la reserva que presentían en el público. Esto podría explicar el curioso fenómeno de que varias de entre ellas hayan escrito su primera novela en forma autobiográfica con un protagonista masculino; por lo menos así creaban distancia entre su propia personalidad y la *persona* que presentaban. (Piénsese, entre las novelas españolas, en *El bandido doblemente armado* de Soledad Puértolas, *Luz de memoria* de Lourdes Ortiz, la trilogía *Sic transit* de Carmen Kurtz, *Juan sin Tierra* de Dolores Medio, *La gangrena* de Mercedes Salisachs). (15)

bro. La novela-memoria, escrita en primera persona, es un relato subjetivo del pasado del narrador en relación con los Lennox. La presentación de su pasado en esta forma establece una íntima colaboración con el lector. El punto de vista cambia en cuanto a la edad del narrador.

Puértolas emplea un lenguaje sencillo; es el lenguaje cotidiano de la actualidad. Los diálogos se marcan por el laconismo y una monotonía estéril, transmitiéndose así la soledad impenetrable de los hablantes.

Pocos son los retratos de los personajes. No sabemos nada de la apariencia física del narrador ni de Terry. Sabemos que Eileen es hermosa, y que Linda es atractiva. A veces hay sugerencias descriptivas incompletas. Aprendemos, por ejemplo, que Lilí tiene piernas gordas y que la señora Lennox es un figurín de moda. El narrador se inclina más bien a la interioridad de los entes ficticios de ese mundo, pero con todo, el análisis psicológico resulta superficial.

Los personajes que emergen de las páginas son figuras planas, incluyendo al mismo narrador-protagonista.

El tema de *El bandido doblemente armado* es la incomunicación. Esta imposibilidad de comunicar refuerza la soledad y el aislamiento de todos los personajes. Los efectos de los silencios en la familia Lennox, aparentemente exitosa, tienen repercusiones destructivas en todos sus miembros. La incomunicación familiar reverbera con implicaciones sociales. El protagonista también comparte esta cualidad incomunicativa. Da lugar a la escisión en su personalidad. Por fuera se muestra compasivo, pero en su fuero interno, es indiferente hacia los demás. Su salvación reside en la escritura.

2.1.1 Las afinidades de *El bandido doblemente armado* con *The Long Goodbye* de Raymond Chandler

El narrador de *El bandido doblemente armado* se parece algo a Philip Marlowe, protagonista de *The Long Goodbye*. Es un solitario que observa el mundo desde una atalaya. Puértolas expresa su deuda a Chandler en el prólogo a la novela: "El narrador era un poco como Marlowe, pero menos experimentado"("Prólogo" 11). Como Marlowe, el narrador es un idealista y un romántico, que se halla en un mundo pragmático y duro. Marlowe expone la inmoralidad de su sociedad por medio de la ironía y la sátira. En su crítica incluye entre otros: a la policía, a los médicos, a los escritores y a sí mismo.

En *El bandido*, el narrador nunca critica la sociedad directamente. Su crítica es más personal; se enfoca en la familia Lennox y en el narrador mismo. En homenaje a Chandler, Puértolas utiliza los nombres de algunos de los personajes de *The Long Goodbye*. Los nombres de Terry Lennox, Eileen, y Linda, vienen directamente de la novela policiaca norteamericana, pero Puértolas crea una historia totalmente diferente y original. Sin duda, las dos novelas describen una amistad que fracasa, una amistad en la cual uno de los amigos da más que el otro—ése es el rol de Marlowe en *The Long Goodbye*, y el del narrador en *El bandido*. Chandler describe la despedida final, desilusionada, de Marlowe de su amigo Terry:

> 'I'm not sore at you. You're just that kind of guy. For a long time I couldn't figure you at all. You had nice ways and nice qualities, but there was something wrong. You had standards and you lived up to them, but they were personal. They had no relation to any kind of ethics or scruples. You were a nice guy because you had a nice nature. But you were just as happy with mugs or hoodlums as with honest men.... You're a moral defeatist. I think maybe the war did it and again I think maybe you were born that way.' ....
> ....
> 'You bought a lot of me, Terry.... It was nice while it lasted. So long, amigo. I won't say goodbye. I said it to you when it meant something. I said it when it was sad and lonely and final.' (Chandler 377, 378)

La despedida entre el narrador y Terry al final de *El bandido*, expresa una semejante frustración con la amistad, y manifiesta también una desesperación sobre la pérdida mutua de ideales. El narrador relata:

> Al día siguiente, me pidió que me marchara. Fue duro tener que aceptarlo. Admitir que cada uno había escogido ya su forma de vida y que yo no podía hacer nada por cambiar el curso elegido por Terry si él no lo deseaba.... Me preguntaba qué quedaba de nuestra común búsqueda del oro, de nuestra admiración por el ser solitario y emprendedor que recorría el enorme país del padrastro de Terry con la excusa del oro. (130-131)[4]

---

[4]Los muchachos que "buscaban el oro" es un leit-motivo de la novela. El oro, simbólico de sus ideales, pierde su brillo con los años. Sus ilusiones se convierten en realidades frustradas.

2.2 Terry - La soledad activa y rebelde

Conocemos a Terry por las descripciones que nos da su amigo, el narrador. El carácter de Terry se aproxima a la idea de "el bandido doblemente armado". Esta metáfora para un problema matemático de probabilidades implica que él arriesga mucho en la vida, apostando con "dos monedas", una mejor que la otra, tratando de ganar siempre. Su vida tiene dos caminos: empleando su brillantez en las investigaciones matemáticas no le ofrece satisfacción, así que persigue una vida de crimen y de acción. Prefiere vivir al borde del desastre. Empujado inconscientemente por la memoria de su padre muerto, que representa su enemigo, ha adoptado una actitud combativa, tratando subconscientemente de vencerlo.[5] Esta postura hacia el mundo lo aísla más.

En su arrogancia, se regodea en mirar a todos desde su atalaya. El narrador describe al joven Terry de doce años: "Estaba por encima de todo" (41). Su complejo de superioridad es su única manera de enfrentarse con su creciente desengaño. Como adolescente, le explica al narrador: "— Tú escribes poesía ..., pero yo soy poeta de la vida" (27). Es la expresión de un joven romántico, un ardiente admirador de la vida. Sin embargo, es un hombre enojado y resentido, que juega con la realidad, y actúa dirigido por su orgullo excesivo. Vive sin limitaciones morales.

En su relación con el narrador, es Terry el que siempre toma la delantera. Desgraciadamente, los sueños de Terry de ser "buscador de oro", como había sido el padre de Dicky, fracasan. Va de una aventura en otra. El narrador lo observa: "La estrategia seguida por Terry, que cambiaba de moneda en cuanto obtenía un mal resultado, abocaba a una acción impremeditada y destructiva.... Terry no había renunciado a nada para llegar a la conclusión de que sin renunciar a nada se renuncia a uno mismo" (123).

Terry es sabelotodo, casi una caricatura. La soledad que requiere alienta su resistencia a la autoridad, su resentimiento, y su ansiedad que describe el narrador: "Perdí a Terry de vista durante una larga temporada. Las veces que lo veía parecía muy ocupado, andaba siempre con prisa. En sus ademanes se

---

[5]Me influyen las ideas de Joseph Campbell en su libro, *The Hero with a Thousand Faces*, (155).

revelaba que la ansiedad que siempre le había poseído no le había abandonado. Estaba más que nunca dentro de él" (46).

Terry trata de meter al narrador en un escape que falla. Éste tiene fe en la inteligencia del plan de su amigo, pero entiende que, para Terry, la vida es como un juego de ajedrez, y que calcula todo en su favor. Embrollado el narrador en su plan, se siente como una "dislocada pieza" (51) del juego.

Incluso la familia de Terry no entiende a su hijo menor, y trata de complacerle con lo que quiera. Aburrido y solo, se entrega a vislumbrar la grandeza. Hablando con el narrador, Terry dice: "Ya dejamos de jugar a ser importantes. Sólo que a veces me gustaría serlo realmente" (65). Pero se da cuenta de sus limitaciones y expresa su admiración por el narrador: "—Al menos tú eres capaz de interesarte por algo que merece la pena ..." (65). Terry, el romántico "buscador de oro", se hace rebelde. Es un inadaptado que maldice la vida, sabe que está perdido, y sigue su camino equivocado sin esperanza.

Después del suicidio de Luigi, el narrador no se siente cómodo con Terry. Terry le expresa su filosofía al narrador: "El único sentido que puedes dar a la vida es apostar por delante de ella—" (85). Entiende el narrador que la vida de su amigo carece de dirección y que vive dominado por las emociones que acompañan el peligro.

Cínico siempre, Terry se aprovecha de la esposa de su hermano James. Le ofrece un consuelo sexual mientras James se ocupa de otras mujeres. El narrador está ultrajado por el comportamiento de Terry, sobre todo cuando revela que está cansado de la mujer de su hermano, y que necesita dejarla.

Terry juzga negativamente a todo el mundo. Considera el suicidio de Luigi un "acto de cobardía" (87). Insiste en que, "Uno tiene que afrontarlo todo" (87). Estas palabras aumentan la tensión en la amistad y el narrador llega a odiar a Terry por su "rigidez" e "incomprensión" (88)—su falta de humanidad.

Una de las amantes de James, en una conversación con el narrador, presenta su opinión, nada sagrada, de la familia Lennox. Desprecia a Terry y dice: "Las personas demasiado inteligentes corrían el peligro de no detenerse en nada que mereciese la pena. Había observado que con frecuencia ambas cosas, ese exceso de inteligencia y esa carencia de madurez, se daban inseparablemente" (99).[6]

---

[6]Esta observación suena como la frase de *The Long Goodbye*: "Talented people are often neurotic" (Chandler 124).

La figura de Terry se esfuma a través de la novela, pero su presencia negativa reverbera en la vida del narrador. Linda lo confirma cuando le informa al narrador que su hermano es: "...frío y cruel.... Hace daño por puro placer ...porque está loco, ha sacado de sí los sentimientos y se ha quedado vacío. Cualquier día lo van a meter en la cárcel y a mí no me va a importar" (117).

Terry responde a una carta del narrador en la cual mira sus vidas como el problema del "bandido doblemente armado". Los dos han escogido posiciones extremas y destructivas en la vida. Terry lo arriesga todo, mientras que el narrador no arriesga nada. Dice que si el narrador escribiera un libro sobre los Lennox, sería apropiado emplear el nombre de este problema para el título. Escribe Terry que se conoce a sí mismo, y que prefiere seguir viviendo su vida criminal: "—No debes preocuparte por mí...Conviértete de una vez por todas en un escritor. Comprométete hasta el fondo con ello. Y dedícame algo a mí. Me gustará verme reflejado sobre el papel. Tal vez cobre mayor sentido allí que en la vida..." (129). No se arrepiente de su vida. Reconoce su falta de compromiso y su proclividad a arruinarse. Añade que: "El mundo está mal hecho.... Saco provecho de él, como cualquiera, posiblemente con más inteligencia" (129). Terry suena como un "pícaro" moderno.

Su único pesar es que ha herido a su madre, que había esperado mucho de él. Comparte su preocupación con el narrador: "¿Qué pensaría de mí? ¿Cómo podría definirme? Entro en la categoría de los criminales y los degenerados" (130).

Como Marlowe, en la novela de Chandler, el narrador no ha sido un amigo ausente; ha intentado ayudar al amigo, pero sus esfuerzos sólo le han traído penas.

2.3 El narrador–La soledad pasiva y escapista

Entendemos que ha sido muy difícil para el narrador forjar una identidad. Cuando el señor Lennox, le pregunta al final de la novela, "¿Cuándo vas a publicar algo? Confío mucho en ti." (138), nos damos cuenta de que aunque sea talentoso, no haya tenido mucho éxito como escritor.

Creo que el narrador comparte muchas de las características de los miembros de la familia Lennox. Su percepción de sí mismo está enredado con los

Lennox, que llega a ser su familia. Es natural que se identifique con esta gente aparentemente exitosa, pero ahoga con ello su propia personalidad. El narrador es un compuesto de todos los miembros— posee el aire de superioridad de la señora Lennox, la inmadurez de Dicky, la pasividad de James, la inteligencia de Terry, la ceguera psicológica de Eileen, la inquietud de Linda, y la sensibilidad y vulnerabilidad del yerno, Luigi. Aunque los Lennox lo atraen, según Puértolas, la atracción también le produce miedo: "Eran lo bastante seductores como para anularle a uno. El narrador tenía que estar un poco a la defensiva porque tenía algo que defender: quería ser escritor" ("La impostura ..." 39).

Intuitivamente parece que el narrador entiende que comparte muchas de las cualidades de los miembros de esta familia, pero también siente que está separado de ellos. Se da cuenta de sus propias cualidades buenas y virtuosas. Podemos apreciar la identificación de la autora con el narrador en estas palabras: "Lo que me interesa en *El bandido* no son los miembros de una familia más o menos extravagante. Los Lennox son la excusa, la excusa necesaria. Lo que me importa es el narrador.... Quería situar al lector en la posición del narrador ..." ("La impostura ..." 39-40). Su anonimato ayuda en crear este efecto, a la vez que le ayuda al lector a recibir directamente las impresiones, pues no hay otro ser claramente dibujado que haga de filtro entre la familia Lennox y el lector.

La familia Lennox necesita al narrador, que sirve de amortiguador entre los miembros de esta familia perdida. También el narrador sirve de luz para iluminar la esterilidad de su riqueza excesiva y su libertad desbordada. La corrupción, el desengaño, y la apatía de la sociedad así se perciben a nivel familiar e individual.

La interacción del narrador con la familia Lennox, un microcosmos de la sociedad contemporánea de extranjeros, es un tipo de diario que ayuda al narrador a entender su pasado. En una entrevista, Puértolas habla de su preferencia por la primera persona: "... cuando uno cierra el libro la sensación que queda es la de que el narrador se ha visto muy influenciado, fascinado por los personajes" (Riera 42).

Las experiencias de la vida cambian al narrador. Poco a poco pierde sus ideales y su asombro frente a la vida, aunque nunca pierde la esperanza. Según

Janet Pérez, "... the novel is ... an attempt by the narrator to liberate him-. self from the "myths" of his youth—those who had impressed and influenced him—by converting them to literature" (Pérez 167). Al final de la novela, el narrador admira a Dicky, que mantiene su dignidad a pesar de su familia perturbada y perturbadora. Además, el narrador escribe la novela para revelar algo—para exponer la vida inmoral de Terry, de mostrar que la vida del "bandido doblemente armado" es perniciosa. Aunque la pasividad de la vida del narrador super-cauto no le haya proporcionado ni la tranquilidad ni la felicidad, sin embargo, ha podido y puede vivir consigo mismo.

Desde la posición solitaria y ensimismada del escritor, lo mira todo con un "distanciamiento irónico" (Villanueva, *Letras* ... 39). Empieza como niño en el piso que se llama el Cielo de los Lennox, cae en el infierno frío de la vida desviada de su amigo Terry, y logra cierta emancipación en el Rancho de la Esperanza hablando con Dicky. El narrador es un observador ideal: está solo y alienado, tiene tiempo suficiente, y sensibilidad hacia la familia.

Como niño ingenuo, el narrador está impresionado por la riqueza, la reputación, la cualidad de los extranjeros, y particularmente la libertad de la familia Lennox.[7] Explica que al principio de su amistad, Terry le correspondía como "una igualdad de números quebrados" (22). Terry era matemático; el narrador, poeta. Entendemos la pobreza del narrador por su descripción inocente y anafórica del piso donde vive Terry: "Jamás había visto tantas sillas relucientes alineadas contra la pared, ni tantas consolas con espejos, ni tantos espejos, ni tantos cuadros, ni tantas lámparas, ni tantas flores dibujadas en la alfombra, ni tanta densidad en ninguna alfombra" (25). Esta opulencia le deja mudo. El mobiliario inunda a las personas que habitan el piso. El niño-narrador experimenta atracción e intimidación por la vida ostentosa y opresiva de su amigo Terry.

En la casa de verano de la familia Lennox, el narrador busca nuevas aventuras, para "un capítulo más de mis experiencias" (36). Su búsqueda adolescente está frustrada; las pandillas de jóvenes son mayores que él y Terry, y se sienten excluídos. El narrador describe la situación de los dos muchachos: "Sabíamos que éramos un par de chicos pequeños e insignificantes.... Pero

---

[7]Esta curiosidad y fascinación por el extranjero ha sido una característica de España, especialmente a causa de su posición de ser un país herméticamente cerrado por tanto tiempo.

nuestro anhelo era demasiado poderoso" (39). Puértolas nos da un cuadro del camino aislado y secreto de los adolescentes. Frustrados por la imposibilidad de atraer a las jóvenes mayores, se fusionan sus emociones con la soledad melancólica de la noche: "La profundidad de nuestros sentimientos se perdía en la noche húmeda. Nos abandonamos a ella sin esperanza" (43). Sus hormonas piden experiencias emocionantes, pero la realidad se las niega.

Los años pasan. Ya adultos, Terry le pide al narrador que le ayude a escapar durante un asalto. Su disponibilidad de participar, aunque el incidente no se materialice, muestra cierta debilidad moral por parte del narrador. También muestra el control que Terry mantiene sobre él. Éste, lleno de terror durante el episodio, se siente solo, reconociendo su pasividad y vulnerabilidad: "...ya no podía retroceder" (48). No puede comunicar sus terrores ni a Terry ni a su socio criminal. Piensa el narrador: "...lo mejor que podía hacer yo era seguirlas y no pensar en nada" (50). Hay un vaivén entre su percepción de sí mismo como una "dislocada pieza" del plan de Terry y como un héroe, capaz de controlar la situación, porque tiene éxito en facilitar la salida de Terry de la cárcel.

Puértolas comenta sobre la cualidad del narrador en su ficción de dirigir la escena desde los bastidores:

> —Me gusta que los personajes se escapen, que el narrador los deje escapar. Lo que me interesa es que el narrador casi no esté, que no impregne la narración con su subjetividad, sino que los personajes salgan a flote y cuenten...que se acerquen al lector. El narrador es sólo un intermediario que no tiene por qué invadir nada. (Riera 45)

Tenemos un cuadro de dos jóvenes estudiantes que se enfrentan con su futuro. Cada uno escoge un camino completamente distinto. El despertar de los adolescentes se compara a la madrugada: "A una hora imprecisa de la madrugada, cuando la luz de las bombillas empieza a perder su sentido y su halo de brillo, estremecidos por el frío de la mañana de primavera, contemplamos desde lo alto de la colina la ciudad todavía dormida" (65). Sus vidas todavía se quedan dormidas, y la luz débil de su entendimiento no les ofrece la iluminación que requieren. Terry, el más perspicaz, preve un camino oscuro; el narrador, abrumado por la falta de confianza en sus propias capacidades, ve un camino borroso.

Es más fácil para el narrador aceptar a Terry que oponerse a él. El narrador piensa en los gustos musicales de su amigo: "Tiraba a cursi." (66), pero nunca los critica. El comentario sobre la música popular se yuxtapone al casamiento de Lilí con James. Terry había tenido interés en Lilí; su hermano James la gana. El único recurso de Terry consiste en anestesiarse con su música romántica y cursi.

2.3.1 El narrador y Luigi–la soledad sentimental

Con el matrimonio de Eileen y Luigi, el narrador entiende que su amor por Eileen tiene que transformarse en amistad. El narrador se contagia de la soledad de Luigi, que describe como "autómata" (57). La familia lo desprecia, considerándolo "un perfecto inútil" (67). Luigi tiene que aguantar la indiferencia y la frialdad de los Lennox. Gravita hacia el narrador y se hacen socios en un trabajo exitoso. Inquieto y nervioso, Luigi olvida los fracasos de su vida familiar y la relación poca satisfactoria con su esposa, con el beber compulsivo. La amistad del narrador con Luigi se contrapone a la que tiene con Terry. Éste es rebelde; Luigi es todo lo contrario—un perdedor y un vencido. Si Terry se simboliza como "buscador de oro", Luigi se simboliza por las flores marchitas que se encuentran a la puerta de su habitación en el hospital después de intentar el suicidio.

El afecto mutuo entre Luigi y el narrador está basado en la honradez. La compasión entre los dos se transforma en una identificación por parte del narrador con el hombre en el hospital: "Parecía que el enfermo era yo" (77). Con un estilo elusivo, Puértolas comunica la sensación de soledad del moribundo: "Es cierto que sus ojos habían perdido luz, pero en ese momento tenían otra cosa" (78). Es una escena conmovedora en la cual la sinceridad de la amistad redime en algo, una situación morbosa. La incomunicación tiene un papel importante en este encuentro. El narrador se despide de su amigo y desaparece por el corredor desolado del hospital, entendiendo que: "No habíamos hablado de las cosas que habíamos evitado siempre, ni de la razón de nuestro mutuo abandono profesional, ni de las causas de su suicidio. La mayor parte del tiempo no habíamos dicho nada" (78).

Con una técnica cinematográfica, la escena triste en el hospital se sigue por la imagen de una ciudad en invierno con un coche que regresa de las montañas cubierto de nieve. Es una escena fría que a Luigi, oriundo del sur, nunca le había gustado. El frío le disgusta al narrador, y la identificación de éste con Luigi en este momento es sentimental, aparte de auto-compasivo.

En el capítulo "El final de la suerte", que anuncia la muerte de Luigi, después de una segunda tentativa—definitiva ya—de suicidarse, la escena se traslada a una playa, llena de la luz del sol hacia los cuartos fúnebres del piso del muerto. Como el pintor Edward Hopper, que se interesa en el drama de la luz del sol, (Levin, 294), Puértolas también se enfoca en la luz y las sombras para crear una atmósfera triste de soledades. Hay una afinidad en la atención al efecto del claroscuro en las personas en los cuadros, *Second Story Sunlight*, 1960, (fig. 2.1), y *People in the Sun*, 1960, con las palabras líricas de Puértolas: "El sol hacía caer sobre sus cuerpos semidesnudos unos rayos oblicuos y débiles que los demás recibíamos sobre la ropa como un cálido regalo. Eran más bellos que eficaces" (79). Con esta escena, el narrador deja constar su sensación de estar solo en el cosmos. La luz del sol sirve para aislar al protagonista de su ambiente.[8] Entonces, pasamos a la oscuridad del cuarto de la viuda, Eileen.

El narrador no le puede comunicar su dolor a Eileen, "...yo tratando de dominar mis emociones y ella demasiado superada por las suyas, sin poder decir una sola palabra" (82). Relaciona sus sentimientos de aislamiento otra vez con la luz. Entiende que posee la capacidad de consolar a la gente, pero se siente insensible. Describe su actitud: "Sólo observaba mecánicamente, anotaba el grado de la luz y sus matices. Conocía el estado de ánimo de las personas que me tocaba acompañar y sabía que mi presencia podía ser consoladora para ellas. Pero ninguna me importaba mucho" (83). Lamenta que Luigi quería hacerse rico. Quería el respeto de la familia, pero no tuvo éxito.

La relación entre Terry y el narrador deteriora. A éste le cuesta tolerar la inmoralidad de su amigo, y también su falta de compasión en cuanto al suicidio de Luigi. Los dos jóvenes se han quedado incomunicados. Su manera de ver el mundo, distinta, hace que la verdadera comunicación sea dolorosa e imposible. El narrador llega a odiar a Terry por su narcisismo, y llora por la muerte de

---

[8]Hago esta observación, basada en una conferencia de Abraham A. Davidson, el 13 de noviembre de 1991 en la Universidad de Temple, Filadelfia, Pensilvania, sobre el pintor Edward Hopper, en la cual describe cómo la luz en sus cuadros añade al aislamiento de las figuras.

Figura 2.1: Edward Hopper, *Second Story Sunlight*, 1960. Oil on canvas, 40 x 50 inches. Whitney Museum of American Art, New York. Purchase, with funds from the Friends of the Whitney Museum of American Art.

su amigo Luigi. La epifanía se describe ambientada por la luz. Mientras la luz matutina entra en su cuarto, el narrador llega a entender mejor su relación con Terry, y sus lágrimas expresan su remordimiento por Luigi: "Lo vi todo muy claro, pero estaba infinitamente triste" (89). Se da cuenta de la falta de comunicación y su resultado desastroso. Piensa en Luigi: "Debía de haber hablado conmigo. Explicarme por qué" (89). Su dolor se mezcla con el calor opresivo del verano.

El día del funeral, el narrador va a la casa de los Lennox. La sombra del salón refleja el humor y los muros de silencio de la familia: "El color azul que cubría los muebles, el suelo y las persianas, creaba un ambiente frío, que contrastaba con el calor que había dejado en la calle y le hacía sentirse a uno en otra galaxia" (90). La frialdad que emanan de los muebles se mezcla con la frialdad de la familia. James expresa la culpa de la familia Lennox. Reconoce que la infelicidad de Luigi hubiera resultado de su comportamiento poco compasivo con él. Es demasiado tarde para lamentaciones, y el narrador se distancia de ellos con el alcohol y con palabras clichés, que apenas cree, para consolarlos.

Su posición de observador de la vida le deja al narrador en el desamor. De cierta manera, su análisis de Luigi se puede aplicar en parte a sí mismo. Luigi "se encontraba siempre lejos de todo, de Eileen, del mundo y de sí mismo. Le aterrorizaban los sentimientos fuertes" (97).

2.3.2 El narrador y la familia Lennox - la soledad de la incomunicación

La presencia silenciosa de la señora Lennox lo domina todo. Según la autora, "...ella es el punto de partida" ("Prólogo" 11). Rechaza a Luigi, protege al inseguro James y admira a Terry. Trata de manipular a todos, pero es imposible controlar al super-inteligente Terry.

Cuando Eileen le anuncia al narrador que se marcha a otro país con un amante, el narrador no puede controlar su reacción emotiva, aunque trate de mantenerse separado de los problemas de ella. Confiesa su amor por ella sin largas explicaciones. Es demasiado tarde; ella sale de todos modos.

En el extranjero, la vida emocional de Eileen fracasa otra vez, y comunica en una carta que lo quiere al narrador. El no le responde. La indiferencia de Eileen en el pasado ha enfriado sus sentimientos, y él ha llegado a odiarla. Piensa sobre la imposibilidad del amor: "Doblé la carta.... Con ella entre mis manos me dije que la vida se enreda muchas veces en el amor de forma ineludible, y me pregunté si era verdaderamente posible saber cuál de esos enredos es el importante" (104). Para el narrador, todos los enredos amorosos han sido vanos.

Aún cuando la posibilidad de amor se presenta en la forma de la hermana menor, Linda, el narrador no puede responder. En la última parte de la novela, aprendemos por primera vez que el narrador es escritor profesional. Se considera a sí mismo un escritor mediocre. Su vida emocional corresponde a su vida profesional. En cuanto a su producción literaria, dice que: "su calidad permanecía invariable" (105).

Aunque el narrador trata de soltarse del círculo familiar, los padres Lennox siguen considerándolo como un amigo íntimo de la familia. Linda lo respeta de esta manera. Los dos se encuentran en el apartamento, examinan el pasado, y hablan de sus problemas respectivos. El todavía sufre el dolor de haber perdido a Luigi, y Linda revela tanto su inferioridad en relación con su hermana Eileen como su amor no correspondido por el narrador. No pueden desenredarse del pasado. Linda le informa al narrador de la vida criminal de Terry. Ella es comunicativa y sincera, pero al mismo tiempo, critica el rol de mediador que ha asumido el narrador por parte de la familia: "Has querido contentar a todo el mundo, pero ¿qué tienes que sea auténticamente tuyo? ¿Qué puedes ofrecer?" (118). Cuando hacen el amor, es más un acto de desesperación que de pasión. Las acusaciones y la franqueza de Linda lo pone al narrador en contacto con sus emociones y su impotencia ante la vida: "Se habían acabado las palabras.... Cuando ella se marchó, me entregué a meditaciones negativas sobre mí mismo. Me pregunté a qué realidades me había enfrentado en la vida. No veía sino cobardía e indecisión en cada acto de ella" (119). Se da cuenta de que los jóvenes "buscadores de oro" se han transformado en víctimas del azar: " Mi elección había consistido en mantenerme lejos de la realidad, observándola. Por lo contrario, Terry se había sumergido en ella de una forma tal que casi había sido aniquilado. Ni él ni yo habíamos rescatado lo mejor de nosotros mismos ni sabido buscar lo mejor de los otros" (123).

La acción del narrador de ponerse en contacto con Terry es infructuosa. El mitín es poco cordial y el narrador sabe que no puede salvar a su amigo orgulloso. La vida de Terry está más allá de la ayuda. El narrador, frustrado, se da cuenta de que la visita marca la terminación de la amistad.

Al final de la historia, el narrador visita a Dicky en su "definitiva soledad" (136) como viudo. El narrador percibe la fuerza de su carácter, y su optimismo en el futuro. La nota de esperanza y la confianza que el viudo exhibe por parte del narrador, tendrá ecos en la vida del narrador. Mattalía indica que la novela "...culmina con una no estridente decepción" (*Insula* 26). Termina en una nota esperanzadora.

2.4 Conclusión

En *El bandido doblemente armado*, de trama sencilla y fragmentada, la imagen realista de la actualidad tiene dimensiones invisibles. Vemos la desmitificación de la familia, mediante el tratamiento de la familia Lennox. También somos testigos de la desmitificación de la amistad entre Terry y el narrador, y el fracaso de la posibilidad de amor entre cada una de las hermanas y el narrador. La familia, simbólica de la sociedad de los ricos y extranjeros, no funciona debido a la incomunicación entre sus miembros, y esto intensifica el aislamiento de cada uno. Además, los personajes no se desarrollan, ni real, ni literariamente. Viven vidas estáticas; la posibilidad de cambio sólo se sugiere en el caso del narrador, que parece querer sacar más de la vida, inspirado por el amor y fe que Dicky expresa por él.

Es una novela-comentario sobre la moralidad de la sociedad contemporánea. Terry Lennox, como su tocayo en la novela de Chandler, es un "moral defeatist" (Chandler 377). La amistad entre Terry y el narrador se transforma paulatinamente en un tipo de odio. De cierto modo, el narrador reconoce en Terry partes de sí mismo: su brillantez, su indiferencia, su mezquindad. La parte perversa de Terry, y por extrapolación el lado oscuro del narrador, tiene que ser extirpado y superado por algo transcendental. El narrador encuentra la solución en la escritura de la novela.

Gonzalo Sobejano nos dice que el tema fundamental de la nueva novela "parece ser la busca del sentido de la existencia en el sentido de la escritura...."

(*Insula* 22). *El bandido* es, según la autora, "...una suerte de venganza y homenaje" ("La impostura..." 39). Así el acto creativo de escribir la novela es un acto de catarsis para el narrador, que lo ayuda a entender y a explicar mejor los problemas de su propia vida. El acto de escribir es una manera de aguantar sus penas. Halla el narrador a un lector que comparta sus memorias y lo acompañe en su soledad. Al hablar del papel del lector, Puértolas dice: "Estaba solo [el narrador] con sus recuerdos. Había estado solo muchas veces frente a los Lennox. Pero ya estaba acompañado: tenía a su lado al lector" ("La impostura..." 40). Mattalía dice del narrador que: "...elude su mundo y se sublima en el de los otros, que proyecta en el afuera los mitos que a su vez ha absorbido.... Se "literaturiza" la vida para poder conjurar su chatura, su prosaísmo" (*Ventanal* 185).

En el personaje del narrador, vemos una decepción con el pasado y una búsqueda insegura del futuro. Lo que conecta el pasado con el futuro es la sensación de aislamiento y el silencio de las palabras que le faltan para expresarse adecuadamente. Antonio Valencia dice que la novela "...lleva el realismo en la médula, pero no llevado a sus últimas consecuencias, como si dejase algo para la sugerencia inefable propia de seres humanos colocados ante la incomunicación y la frustración final que tienen los personajes..." (Valencia 15).

Creo que un defecto del texto es la falta de una sensación de lugar. Entenderíamos mejor a los personajes si pudiéramos colocarlos en un ambiente específico. Esta vaguedad quita mérito a la trama. Por ejemplo, el narrador, en su último encuentro con Terry, alude a un paisaje impreciso: "Me horrorizaba la perspectiva de encontrarme con él frente a frente, en medio de un paisaje que ya empezaba a parecerme detestable y perturbadoramente carente de luz" (124). Me pregunto si es la intención de la autora de dejarnos con tantas preguntas en cuanto al lugar mencionado en esta frase.

La construcción de la sensación de tiempo, por otra parte, es efectiva. La novela es una reconstrucción de un pasado no especificado en el que una imagen evoca otra. Hablando de la novela, la autora explica:

> "...tiene un ritmo en el cual hay cantidades de vacíos temporales ...lo que hace el narrador es hacer una evocación a través de escenas y de episodios, pero tratando de que tenga toda esa evocación un sentido y que quede como tal evocación, con una especie de homenaje a unas personas que tuvieron una gran influencia en su vida y que ha perdido de vista." (Talbot 883)

El narrador nos habla directamente en primera persona, pero esconde mucho sobre su propia personalidad. No sabemos ni su nombre. Puértolas lo describe en el "Prólogo a la segunda edición" así: " Es un escritor. Mezquino, dependiente, orgulloso, ambicioso. Y también lleno de ideales grandiosos y nobles. Un aprendiz de escritor" ("Prólogo" 12). Sigue: "El es el personaje que me intrigaba más" ("La impostura ..." 39). Creo que el narrador representa una parte de la autora misma. La historia representa una parte de su pasado. Ella comenta sobre su protagonista masculino:

"... al meterme yo en un personaje masculino, me puedo distanciar más y era una novela en que quería marcar el distanciamiento entre el mundo que describía y el personaje. Y hablaba muy poco del personaje, y además, me resultaba más cómoda la relación chico-chico de amistad, porque creaba un mundo de sugerencias que en ese momento era el que me apetecía." (Talbot 883)

Si Puértolas trata de aprehender la realidad por la familia Lennox, y si esta familia representa la influencia del extranjero en España, hay una crítica implícita. Al narrador se le obliga a cuestionar los valores que rigen hoy en su país—la patología del extranjero. Al final de la novela, el narrador empieza a confiarse más en sí mismo. Evita la compañía de los extranjeros, y acepta el vacío y la monotonía de su vida solitaria.

Ha examinado el pasado y lo presenta como un prólogo al futuro. La novela misma es un comienzo hacia ese futuro.

El bandido doblemente armado es una novela de personajes. Según Catherine G. Bellver, "Soledad Puértolas avoids dramatic conflict in the structure of her plot, preferring instead to expose the evolving human relationships of her characters" (Bellver 6). La arrogancia de Terry domina en el libro. Su personalidad es más fuerte que la del narrador-protagonista. La autosuficiencia de Terry es una máscara por su inseguridad y la parte autodestructiva de su carácter. Sus problemas parecen proceder de su carencia de un verdadero padre. La sombra de su padre muerto lo persigue en su aislamiento. No puede olvidarlo, porque su padre todavía ejerce poder en su ambiente, aunque muerto. Tiene su nombre visible en los ascensores de la ciudad. El narrador observa que Terry "ignoraba los ascensores grabados con el apellido de su verdadero padre" (23).

A pesar de la subvaloración de todo, esta imagen clara que tenemos de Terry revela mucho sobre su personalidad:

> Salió del coche y se apoyó contra la puerta; hundiendo parte de sus manos en la cintura del pantalón. Sus hombros habían descendido y los codos se balanceaban a ambos lados de su cuerpo. No era un gesto exclusivo suyo. Lo exclusivo era el significado: estaba perdido y deseaba estarlo. (66)

Terry es una figura solitaria, que ha vuelto la espalda a la vida. Es incapaz de buscar un camino valioso. En su presentación de la vida de Terry, el narrador explora las consecuencias funestas de la libertad excesiva en la sociedad actual. Sus personajes desenfrenados e inmoderados sólo piensan en sí mismos; no participan en la comunidad. La óptica de la autora coincide con la del narrador. Paradójicamente, Soledad Puértolas describe la escena con la perspectiva de una extranjera en su propio país.

Capítulo 3

Burdeos

En *Burdeos*, (1986),[1] Soledad Puértolas explora el tema de la soledad y el aislamiento personal, social y cultural, mediante la presentación de las vidas de tres personas. La autora describe el libro como "...una novela pesimista, en la que supongo que hay una cierta desolación" (Riera 45). Un hilo tenue de amistad o familia conecta las vidas de los protagonistas, pero no se conocen personalmente.

Cada personaje está consciente de su soledad, pero los niveles de esta consciencia difieren. Las tres diferentes perspectivas forman un tipo de crescendo. Empieza el libro con Pauline, que tiene una percepción limitada de su mundo. La historia de René sigue; él trata de superar la indiferencia y frialdad que observa en su padre, y procura confrontar el mundo más auténticamente. Lilly termina la serie de bosquejos, siendo de los tres, la más perceptiva e intuitiva. A través de sus viajes por las capitales de Europa, empieza a confiarse en sí misma y a autoconocerse.[2]

Puértolas sitúa la novela en Burdeos.[3] Pauline y René son franceses, y Lilly es norteamericana. Aunque hay escenas en París, San Sebastián, Granada,

---
[1]Todas las citas son de la tercera edición de *Burdeos*, 1988.

[2]Señala Francisca González Arias: "El último episodio ilustra aún más claramente que los dos que le preceden cómo la soledad se vuelve aislamiento si se huye de ella, si se rechaza la posibilidad que ofrece de conocerse mejor" (373).

[3]Darío Villanueva habla de la poca importancia de la ciudad actual de Burdeos en la novela:

> Cuando *Burdeos* estaba más que adelantada, la autora tuvo por fin ocasión de visitar Burdeos y, antes de nada, darse un paseo por el "barrio tranquilo" en que había situado la casa de Pauline y el núcleo del primer tramo de la novela. De vuelta al hotel, ...se volvió hacia quien la acompañaba y, ...anunció en

Roma, el Lago Como, y Santa Bárbara, la mayor parte de la obra toma lugar en Francia. La autora no se preocupa por problemas españoles en esta novela. Esto no sugiere que la sensación de lugar no es importante, porque sí lo es. Acompañamos a Pauline en su paseo por el parque de Burdeos. Contemplamos el Río Garona con René, y observamos la belleza de la bahía de San Sebastián por los ojos de Lilly.

La nostalgia del pasado es evidente en las tres partes de la novela. El presente vivido de los personajes emana de sus pasados tristes. Ninguno de los personajes se proyecta hacia el futuro. Puértolas relata que mientras escribía la novela no pensó en crear el efecto del paso del tiempo, pero, dice, "cuando terminé *Burdeos* me dí cuenta de que allí había una sensación de tiempo muy poderosa, y eso es importante para mí, y una de las obsesiones de mi vida" (Riera 45). Sigue hablando la autora del tiempo y su relación con la soledad y la muerte. "El saber manejar el tiempo, vivir a favor o en contra del tiempo y lo que éste implica ... manejar el tiempo es manejar la muerte, o por lo menos contar con ella" (Riera 45).

Desde que Puértolas crea a tres personajes muy distintos, el punto de vista y el tono cambian de fragmento a fragmento. Aunque un narrador omnisciente nos informa sobre estas vidas, los monólogos interiores transmiten los pensamientos y la vida emocional de los personajes.

El lenguaje es simple y realista. Sonia Mattalía habla de la poética narrativa de Puértolas como "... una poética de lo elusivo, de la concentración y la creación de un clima exterior que reconstruye, a través del laconismo, la atmósfera interior de la vida de los personajes ..." (*Insula* 26). Encontramos más finura y facilidad de expresión en la parte dedicada a Lilly, que profundiza más en sus sentimientos.

El uso de la técnica de tercera persona crea más distancia entre el lector y el personaje. Puértolas juzga a sus personajes. Crea un tipo de barrera transparente por la cual observamos los eventos y la soledad de sus vidas. Los personajes no provocan en el lector ni simpatía ni compasión. Pero a pesar de

---

tono resuelto: "Tengo que quitarle color local."...la Burdeos de la geografía no es objeto sino de unas pocas pinceladas descriptivas, tan rápidas como eficaces ...un recinto inmaterial en que habitan las almas,....(375-376)

nuestra imparcialidad, podemos identificarnos con sus luchas que son las del hombre contemporáneo.

3.1 Resumen

Pauline Duvivier, vieja y soltera, vive sola en la casa de sus padres ya muertos. Víctima de un fracaso amoroso en su juventud, se ha pasado la vida compartiendo la de sus padres. Todavía lamenta la muerte de su padre. Su rutina monótona está interrumpida cuando una vecina, Florence Clement, le pide un favor. Pauline tiene que recobrar unas cartas que han sido robadas de la vecina y que incriminan a su esposo Michel. Aunque Pauline está maldispuesta a intervenir en los asuntos ajenos, tiene éxito en recuperar la pruebas. La intriga da cierta dirección a su vida; está liberada de la soledad y la depresión durante un rato. Según Janet Pérez, ella "begins slowly to accept the present and finally understands the fascination of life and its passing current" (Pérez 168). Pauline regresa a su vida aburrida, pero la aventura le ha ofrecido un escape que altera algo su percepción del mundo y de sí misma. Medita sobre su vida: "Pauline buscaba, en aquella tarde calurosa y húmeda, alguna razón para comprenderse a sí misma" (29).

Los recuerdos de sus padres, y especialmente la retrospectiva de la muerte de su madre, combinados con la situación de la muerte inminente del esposo alcohólico de su criada, forman la base de su nostálgica y triste ensimismamiento inmediato.

En la segunda parte de la novela conocemos a René cuando tiene veintitantos años. Fue abandonado a los catorce años por su madre, Hélène Dufour, que recasada, salió de Burdeos para vivir en los Estados Unidos. René vive con su padre, el callado señor Dufour, y sufre de la falta de calor familiar. Pasa por varios amoríos, pero le falta la capacidad de entregarse a alguien por completo. "René había llegado a un acuerdo implícito con las mujeres. Parecía evidente que no se iba a casar" (61).

René se siente atraído hacia la esposa de un viejo compañero de escuela, Henri Combart. Éste casi le ofrece a René su mujer Bianca, una *femme fatale* sin escrúpulos que seduce a René. Su esposo Henri es un fracaso total, y la familia sólo se mantiene económicamente a causa de sus aventuras sexuales.

Bianca le pide dinero a René para que sobreviva con su bebé. Para satisfacerla, René le roba a su padre. René sufre de una doble culpabilidad en esta situación, pero se siente justificado en sus transgresiones morales.

Pasan diez años y René llega a darse cuenta de que está malgastando la vida. Su egoísmo lo envuelve en una vida gris y melancólica. De cierta manera, René comparte los valores de su padre, que atribuye mucha importancia a las apariencias. Su padre vive desprovisto de "ideas nobles" (79), porque la vida lo ha tratado bien, y es indiferente al mundo social. En realidad padre e hijo simplemente quieren la paz y tranquilidad que les proporcionan la soledad.

La única persona que expresa un verdadero cariño por René es un amigo inglés, Leonard Wastley, que muere joven, víctima de drogas. Es difícil para René de entender la comprensión y el afecto que le ofrece Wastley, porque él no tiene la capacidad de amar tan sinceramente. Esta amistad de Wastley, semejante en su indiferencia hacia el mundo, pero capaz de un afecto genuino, lo redime un poco a René.

Con la jubilación de su padre, René se encarga de la empresa familiar. Su nuevo poder lo hace más contento. Aunque su vida no cambia dramáticamente, empieza a apreciar los bellos detalles de la naturaleza; se siente más tranquilo. Ahora tiene "el consuelo de saber que todo responde a un plan oculto y trascendente" (93).

El retrato de Lilly concluye los tres fragmentos que forman la novela. Lilly es la hijastra de la madre de René, Hélène Dufour. Tendrá la misma edad que el maduro René. Divorciada, bien acomodada, aparentemente vive *la dolce vita*, llena de amoríos y trabajo interesantes como periodista para una revista norteamericana. Pero su tristeza, como el sufrimiento de René, tiene raíces en los matrimonios fracasados de sus padres y su propio matrimonio fracasado.

Lilly pasa por varias capitales de Europa para crear un reportaje de entrevistas y fotos. Sus aventuras amorosas se entrelazan con su tarea. La inteligencia y la vitalidad de Lilly atraen a los hombres. Se enamora de Benjamin Harrison, un exiliado de los Estados Unidos, pero el amor no es recíproco. él la utiliza encargándola con el trabajo de cuidar de un joven indiferente, Jean-Paul, lo cual le presenta con nuevos problemas para resolver. Tiene un amorío con Michel Clement, malcasado con Florence Clement. En San Sebastián llega a conocer al alemán Friederich Maag y su familia. Durante su estancia en el hotel, la mujer enferma de Maag muere, y la familia se marcha. Después de unos días, Lilly recibe, asombrada, un libro de poesía alemana de Maag. Ella sigue su viaje hacia Granada donde reencuentra a Ben, y se da cuenta de la imposibilidad de esta relación amorosa.

La desilusión de Lilly llega al colmo en Roma. Es consciente de que bebe demasiado, y carece de éxito con su trabajo; nota el vacío que lleva dentro. En este momento vulnerable, ella se pone en contacto con Maag. El la lleva a su casa en el Lago Como donde le propone que comparta su vida como su esposa. Lilly entiende que Friederich necesita conquistarla y poseerla como un trofeo. Sabe que no puede abandonar su país por este hombre tan pragmático, y huye. Con una nueva claridad sobre quién es, termina su reportaje con ganas. Regresa a los Estados Unidos donde encuentra al director del proyecto, que está muy enfermo y cerca de la muerte. Este hombre tiene la capacidad de transmitirle a Lilly un sentido armonioso de la vida, cosa que él experimenta.

3.2 La soledad, el aislamiento doméstico y las memorias

En la primera sección de la novela "Pauline," la vieja Pauline ha pasado la vida en una especie de aislamiento doméstico por no hacer nada más que atender a las necesidades de sus padres. Ahora reconoce la monotonía que le han traído los años. La pequeña aventura con Florence Clement le permite dejar el ritmo de su vida segura y entrar en una situación potencialmente peligrosa. Abre su vida al azar. Aunque rechace su realidad cotidiana por un rato, es incapaz de separarse de esa vida. Se retrata en su lugar solitario: "Pauline Duvivier vivía en un barrio tranquilo, de casas de dos pisos, apartado del centro de la ciudad. Vivía sola, de lo cual a veces se lamentaba pero, dado que cualquier alternativa le hubiera producido mayor inquietud, trataba de acomodarse a la soledad" (11).

El tema *vanitas*, o la meditación sobre la mortalidad, es inherente en esta parte. La soledad de Pauline va junto con su contemplación de la muerte. Los regresos de sus paseos con su padre generan momentos melancólicos: "¿Acaso no sabían los dos que sus vidas se apagaban como la tarde que acaba de finalizar?" (12). Puértolas comenta sobre su estado solitario lo siguiente:

"La muerte de su padre la dejó a solas con ella y añoró entonces no haber sabido que aquella vida era, tal vez, la que hubiera escogido" (13). Pauline se queda atrapada en la red azarosa de la vida. Se envuelve en el asunto turbio porque, "Estaba dispuesta a jugar ese confuso papel, sabiendo que era confuso y sabiendo que el papel que había jugado en la vida no era, en el fondo, mucho más claro" (20).

El pasado tiene raigambre en su presente; Pauline recuerda a Hélène Dufour, amiga íntima de su madre, que rompió con la tradición y abandonó a su familia para casarse con un millonario americano. Hélène la había ayudado a encontrar trabajo después de su desengaño amoroso. Recuerda a Rose Fouquet, con quien trabajaba, que también había sufrido un humillante rechazo amoroso. Pauline entendía su pena y admiraba su manera de superarla—el muro de silencio y de soledad que Rose edificó para ocultar sus sentimientos. En la sección en la cual habla de Rose, Puértolas nos presenta a una persona misteriosa que ha desarrollado la capacidad de gozar de su soledad:

> Era una mujer solitaria y autosuficiente. Se había desprendido del juicio de los demás y se guiaba por sus propios criterios. Rose se convirtió entonces en una mujer culta para su propio placer.... Descubrió que la posición verdaderamente cómoda en la sociedad era la de esa relativa marginación,.... La cultura proporcionaba a Rose todas las emociones que la mayoría de las mujeres y de los hombres buscan en el amor ... había llegado a descubrir que únicamente el arte merecía la entrega del corazón. Sin estar capacitada para la creación artística, sabía valorarla. Rose Fouquet era, en suma, ese destinatario ideal con el que sueña el creador y que muchas veces justifica su existencia.(25)

Creo que Puértolas entra en el texto aquí, como un monje medieval que incluye su retrato en el manuscrito que copia. Mediante la figura de Rose, la autora expresa sus propias ideas sobre el lector ideal, y presenta a una persona que vive conforme con su condición solitaria.

Pauline no es como Rose, pero la fuerza de la personalidad de esta mujer ha tenido una influencia positiva en aliviar el sufrimiento que vivía en esa época de su vida. Como su padre, que se refugiaba en la soledad de su biblioteca leyendo a los filósofos, Pauline se refugia en sus reminiscencias, tratando de entender los sueños y deseos perdidos. El lirismo de Puértolas se expresa en las meditaciones agridulces de Pauline:

> Se sentía vieja, pero sabía que el aire de la calle, cálido y prometedor, llenaba de esperanzas a los jóvenes. Tal vez se sentía vieja por

eso. El calor remitiría y los sueños se harían más vívidos. La suave brisa del río empezaba a hacerse sentir, agitando las hojas de los árboles, acariciando los pensamientos más secretos. Esas tardes de verano parecían encerrar una promesa: el mundo podía mostrar una faceta dulce, insospechada. El universo tenía las dimensiones de una tarde inacabable de verano en la ciudad. Una tarde llena del eco de voces, risas, de polvo y de calor, de zapatos blancos que se ensucian, de trajes ligeros que se arrugan, de toda la frágil belleza que rodea las ilusiones. (29)

La magia de la naturaleza y las esperanzas de los jóvenes la sostienen. Cuando Pauline recibe la caja de botellas de vino de Burdeos como recompensa del favor que le ha hecho a Florence Clement, el vino le sirve de *memento mori*. Pauline piensa en la mortalidad: "Era el resumen de todas las emociones y vivencias.... ¿Era ése el sabor, el color de la vida o, precisamente, el símbolo de lo que jamás alcanzaremos?" (30).

Termina este fragmento con un viaje a una casa de campo que Pauline había visitado en el pasado con su padre. Es otoño y las hojas secas, otro *memento mori*, sirven de recuerdos de los días pasados. En este paisaje íntimo, piensa en el día en que se murió su madre y la sensación de la inminente pérdida que observaba entre sus padres en ese día. En el presente, Pauline aprende de la cercana muerte del esposo de su criada. No se puede escapar a la confrontación con su propia mortalidad y la realización de que la soledad que la acompaña será más constante que nunca. Quiere divorciarse de la realidad intrusiva. "Los ojos de Pauline, acostumbrados a la luz del atardecer, percibieron los nítidos contornos de los muebles y los objetos como algo ofensivo, excesivamente real" (36). De cierto modo ella regresa a su caracol de antes. No se puede dirigir su vida en otra dirección, pero hace un cambio sutil de perspectiva que le da el ímpetu de seguir con su vida a pesar de saber que la muerte la espera.

3.3 La huida de sí mismo, la incomunicación y la búsqueda de la madre

Para René la herida que produce el abandono de su madre nunca se cura. Sufre de una soledad negativa que le impulsa a vivir una vida superficial. No está al corriente de sus emociones. Busca la paz interior, pero no puede alcanzarla, porque subconscientemente está obsesionado por olvidar su pasado triste. A diferencia de Pauline, no se concentra en el pasado; vive completamente en el presente dado a sus placeres: "Su norma era no pensar, sino vivir, guiándose por las reglas que lo amparaban y que le eran convenientes" (41). No tiene ni la capacidad de hacer puentes de comunicación con su padre, ni posee la voluntad de perdonar a su madre su huida de la familia, "René sabía que la desaparición de su madre era lo más importante que le había sucedido y jamás le podría suceder en la vida. Vivía con la certeza de que no habría ya ninguna emoción intensa reservada para él" (42). Le es imposible establecer un hogar; sigue desamado y solo. Como el título de esta parte sugiere, está "Entre-Dos-Mares". Aunque estas palabras refieren al nombre de su casa veraniega, también pueden referir a los mares físicos y emocionales que lo separan de su madre y su padre. René no posee la fría indiferencia del señor Dufour, pero tampoco ha asimilado la cálida vitalidad de su madre, Hélène Dufour.

Cuando el adolescente René recibe la noticia de que su madre se vuelve a casar, pierde la sensación de tener seguridad en el mundo. No se confía en nadie. Recuerda la infeliz tarde cuando perdió el paraíso: "...la vida hizo una espantosa, ilegible mueca ante sus ojos ..." (41). Lleva René "un invisible halo de desgracia" (41) en adelante.

En una escena delicada en que Hélène trata de reestablecer relaciones con su hijo después de diez años, René no puede renunciar su soledad. No quiere ningún contacto con su madre. Puértolas infunde las soledades de madre e hijo en una luz crepuscular, "Un sol débil caía sobre las fachadas de las casas" (44). La intrusión del mundo exterior crea la ilusión de que la naturaleza comparte el dolor de la relación madre-hijo.

René se encuentra con Bernard, el padre de su novia Suzanne, cuya melancolía parece emanar de un matrimonio infeliz. Borracho, le confía en René, y denigra el estado casado. El joven es sugestible, y sucumbe a las palabras desilusionadas del anciano que refuerzan su propia tristeza. Empieza a consolarse con una serie de episodios amorosos.

Deprimido por la visita de su madre y el desengaño de Bernard, René siente el vacío de su vida más que nunca. El cuadro de Edward Hopper, *Office in a Small City*, 1953, (fig. 3.1), capta la preocupación de René en este momento por su futuro inseguro. El edificio gris hace eco del aislamiento del hombre sentado en su escritorio, sin plan ni dirección para su vida gris. El horizonte

Figura 3.1: Edward Hopper, *Office in a Small City*, 1953. Oil on canvas, 28 x 40 inches. The Metropolitan Museum of Art, New York; George A. Hearn Fund.

no le ofrece ninguna respuesta a sus problemas emocionales:

> René vio la vida que se extendía ante él: ver concluir la tarde desde aquel cuarto, un día tras otro, sin esperar nada, no sintiendo más que desaliento y confusión. Se sentía ajeno a su padre, a su madre, a Suzanne, a los amigos con quienes hablaba o se divertía. Las manos le temblaban y se sentía enfermo, pero algo le impedía levantarse y salir del despacho, bajar las escaleras y encaminarse hacia su casa. (49)

Lleno de estos sentimientos oscuros, busca un refugio por su enajenación en el placer sexual. Una serie de mujeres entran en su vida: Suzanne, una prostituta que le ofrece cariño, Bianca, Fanny, y Florence.

El señor Dufour, desde su perspectiva de solitario, reconoce que las diversiones de su hijo no tienen propósito, pero cree que la experiencia enseña más que la comunicación entre padre e hijo. El padre "opta por el silencio" (54). Su deseo por la tranquilidad después de la humillación por su mujer Hélène, le impide entender la vida interior del hijo.

René le considera a Bianca como un medio de satisfacer su necesidad de pasión en su vida cómoda y egoísta. Cuando la ve inicialmente, Bianca amamanta a su bebé. Representa a la madre perdida que René tiene que reconquistar. Completamente disatisfecho con su vida, la trangresión moral es una manera de matar su soledad opresiva. No tiene compasión ni respeto por su viejo compañero de escuela, Henri. Por eso, se siente justificado en traicionarlo. Ciego en cuanto a sus acciones, René engaña a Henri, a su padre y a sí mismo también. Puértolas no desvela sus pensamientos sobre su culpabilidad, pero es obvio que el asunto del adulterio y el robo sólo le traen a René más ansiedad y tumulto interior, lo cual disimula con más diversiones. René no sólo huye de las relaciones amorosas sinceras, sino también de la posibilidad de comunicar con su padre. La barrera entre los dos no se salva, y René nunca tiene el coraje de confesarle el robo de los fondos.

Hay muchos paralelos entre el señor Dufour y su hijo. Ambos exhiben una indiferencia social. Los dos son egoístas a su propia manera. Cuando ya es viejo, el señor Dufour reflexiona sobre su pasado: "He hecho lo que creí que debía hacer, pero la verdad es que entre esos deberes estaba el de no pensar mucho en los demás—..." (79). El padre duda del valor de las emociones profundamente sentidas. "¿A dónde nos lleva el conmovernos?" (80). Cree que las emociones lo gastan a uno.

La vida emocional de René se empeora cuando se da cuenta del fracaso de su relación con Fanny, "...entre Fanny y él existía un abismo insalvable. Ese abismo era como un símbolo: no sólo le separaba de Fanny sino de todos los seres humanos" (75). Puértolas asocia la profunda soledad que lleva dentro con la noche: "Fue a su casa y durante largo tiempo contempló la noche estrellada enmarcada en el balcón abierto de su dormitorio" (75). Como el joven borracho que René había ayudado durante una fiesta, quiere vomitar sus experiencias mediocres.

Otro encuentro entre Hélène y René, después de un lapso de diez años más, está lleno de silencios. El hijo, que ahora tiene más de treinta años, siempre había juzgado a su madre como una mujer vulgar. Esta percepción va en contra del juicio de la sociedad que admira su belleza y energía. La opinión de René ha cambiado: "El recuerdo de la mujer vulgar...se había ido desvaneciendo,...." (83); reconoce la fuerza y compasión de su madre ante el mundo, y concluye que "...no era una mujer vencida" (85). Esta intuición muestra que René ha madurado, y que ahora puede entender que su madre tiene sus propias penas. Lo triste es que René no la considere como madre, se limita a compararla a otras mujeres de la misma edad. La búsqueda de su madre no ha tenido éxito.

Sólo con Leonard Wastley se alivia un poco su sensación de aislamiento. La comprensión que recibe René de Wastley es como un bálsamo. Como un personaje atormentado de una novela existencial que busca un alma, René le confiesa a Wastley, "Hay un vacío dentro de mí—.... Te aseguro que no sé nada de la vida" (87). Admite que pasa por la vida como un *voyeur* sin la capacidad de entregarse a nada. Puértolas entra en la narrativa juzgando a los dos, "Seguramente, ni él ni Wastley llegarían a destacar en nada..."(88). Pero visto por Wastley, René es un héroe mítico porque es más ambicioso y más fuerte que él. La experiencia afectiva con este amigo es una nota conmovedora en la vida de René.

Cuando René toma la responsabilidad de la empresa familiar, su vida social se hace más activa. Pero su vida emocional sigue el mismo rumbo de antes. Vuelve a empezar una relación, nunca satisfactoria, con Fanny, que ya está casada.

"Entre-Dos-Mares" cierra con René en la balustrada mirando al Río Garona. La armonía que siente se mezcla con "...el reflejo del sol sobre la superficie del agua..." (92). La imagen visual que crea Puértolas es semejante a *Blackwell's Island*, 1911, (fig. 3.2), del pintor Hopper. Oscurece y el río es testigo de los años y la insignificancia de nuestras vidas. Sin embargo, le ofrece a René "una dulce paz" (92). El atardecer con el río encendido por la luz del sol, crea una atmósfera íntima en la cual René medita sobre sus "sueños y obsesiones" (94). La naturaleza y el entendimiento del fluir de la vida, simbolizado por el río, suavizan su desengaño por presentar una imagen natural del proceso.

3.4 El viaje y el auto-conocimiento

Pauline y René se confrontan con sus sueños y obsesiones, pero todavía se quedan abrumados por ellos. Lilly es diferente. Trata de encontrar un sentido a la vida. Su energía e inteligencia enmascaran la aflicción de su soledad. Busca el amor. Piensa que si encuentra al hombre que necesita, tendrá acceso a los secretos de la vida. Esto es lo que busca en su relación con Ben Harrison, pero paulatinamente, se da cuenta de que él está encerrado en su propio egoísmo. Cuando él se aprovecha de Lilly, encargándola con la responsabilidad de cuidar del chico Jean-Paul y buscarle empleo, ella no se muestra irritada, porque no quiere enfadarle, y con las consecuencias de quedarse más aislada ella después.

Los sentimientos de la alienación se intensifican por ser Lilly visitante en el extranjero. La soledad cultural está sobreimpuesta a su soledad personal y social. Todavía joven, sin embargo, se identifica con los ancianos en el parque de Burdeos: "Los ancianos, sentados en sillas de hierro, parecían meditar, melancólicos, sobre los abismos de la vida. Lilly, ... se sintió cercana a aquellas personas" (107). Puértolas ha captado la soledad de los viejos en "Pauline" también cuando dice: "Bajo los árboles del parque, los ancianos como Pauline, sentados en sillas de hierro parecían meditar profundamente" (20), y también en "Entre-Dos-Mares" cuando se describe la vejez del señor Dufour, "...cada vez más centrado en sí mismo, más indiferente con quienes le rodeaban" (89). En su libro *Solitude. A Return to the Self*, Anthony Storr habla de la soledad de la vejez que refleja las actitudes de estos personajes: "In old age, there is

Figura 3.2: Edward Hopper, *Blackwell's Island*, 1911. Oil on canvas, 24 x 29 inches. Whitney Museum of American Art, New York; Josephine N. Hopper Bequest.

a tendency to turn from empathy toward abstraction, to be less involved in life's dramas, more concerned with life's patterns" (169).

La soledad de Lilly tiene un aspecto positivo: le proporciona la flexibilidad y libertad necesarias para ser dueña de sus acciones. Puértolas nos presenta una doble imagen de cómo es la mujer. El lector es partidario de su inseguridad y estado desanimado, pero las personas que entran en su vida presentan a una Lilly fuerte, llena de vida y capaz de hacer lo que quiere. Por ejemplo, tenemos la observación de Michel: "Michel Clement recibió la mirada soñadora, dulcemente ambiciosa, de una mujer que ama la vida y se pone en medio de la corriente, sabiendo que no será arrastrada por ella" (112).

La interacción en el restaurante entre Michel y Lilly destaca la soledad personal de cada uno. El se enfoca en la personalidad de su invitada, y ella se dedica a mirar y disfrutar de la hermosura de la tarde y la belleza de los campos de Burdeos.

Lilly anda por la vida justificando su manera de vivir. Después de las infructuosas aventuras amorosas con Ben y Michel, se siente liberada:

> Lilly conocía esa sensación, la seguridad que confieren los encuentros ocasionales cuando no ha sido tocado el corazón. El horizonte de la vida aparece más amplio y más claro y el lugar de uno mismo, al que se ha llegado a través de aciertos, errores, batallas libradas y sin librar, como el destino apropiado de una trayectoria coherente o justificada. (112)

Va en tren a España donde descubrirá nuevas aventuras: "Un paisaje monótono se deslizaba al otro lado de la ventanilla del tren. Bosques de pinos la rodeaban. Para Lilly ese camino abierto en el bosque era también un signo de belleza y energía que le concernía directamente" (112). El pintor Hopper también está interesado en la persona que viaja y hace muchos cuadros de gente que viaja en tren. Lilly evoca el humor de la mujer en *Compartment C, Car 293*, 1938, (fig. 3.3), en la cual una mujer joven y atractiva que viaja sola, está absorta en sus pensamientos y su lectura. Su viaje tiene promesa. Pero el tinte del color verde que la circunda en las paredes y en la silla añade una nota inarmónica a la escena. La mujer, aparentemente tranquila, está circundada por un ambiente que choca. El tren, como el fluir del río en la viñeta "Entre-Dos-Mares," marca el paso del tiempo y la vida que pasa. Subraya el aislamiento y la insignificancia del pasajero en un mundo indiferente.

Figura 3.3: Edward Hopper, *Compartment C, Car 293*, 1938. Oil on canvas, 20 x 19 inches. Collection of IBM Corporation, Armonk, New York.

San Sebasián proporciona a Lilly un remanso donde puede reflexionar antes de resumir su viaje a Granada. Observa a la gente en la bahía: "...contemplando lo que siempre quedaría en el mundo: la belleza del mar y la alegría de los niños" (114). Los pensamientos y las observaciones de Lilly siguen en tono lírico: "Había dejado tras de sí muchos caminos errados. A veces, una oleada de amargura invadía su alma, pero se obstinaba en seguir descubriendo manifestaciones de nobleza o emoción" (114). La voz narrativa crea un ambiente crepuscular para sus meditaciones existenciales:

> La tarde que declinaba, los paseantes que se entregaban a saborear esas horas confusas que marcan la frontera de la noche, se convirtieron en una imagen, un símbolo: lo que pervive es el lento girar de los astros, la melancólica sucesión de las estaciones y de las vidas, la sabiduría de los gestos, las miradas, el tono de la voz. (114)

Lilly empieza a apreciar que las cualidades efímeras e intangibles son las más valiosas en la vida.

Los gestos frágiles que Lilly admira se captan en la conversación de Friederich Maag con su hijo, antes del anuncio del deterioro de la salud de su mujer enferma. Lilly, ahora, más alerta y sensible, está fascinada por los matices en la conversación en alemán entre padre e hijo. Esta comunicación se contrasta con los silencios entre René y su padre. Para Lilly, la muerte de la señora Maag mina su tranquilidad y provoca su meditación sobre la muerte y la fragilidad de la existencia.

La soledad consoladora que experimenta en Burdeos y San Sebastián, se transforma en una soledad inquieta en Granada, "...la soledad no aparecía ya como una categoría tan llena de ventajas" (117). Como contrapunto a Lilly y su deseo de amor, Ben se presenta como una persona que está más cómodo con las cosas que con las personas. Su personalidad es paralela a la de René:

> Los sentimientos de Ben respecto a Lilly no habían cambiado: le parecía una mujer sólida. Le gustaba su cuerpo y su seguridad. No estaba acostumbrado a dar ni pedir más. Tampoco analizaba si eso era amor; no necesitaba dar nombre a sus sentimientos. El mundo le parecía hermoso y profundo pero no se planteaba adentrarse en su profundidad o explicarse su belleza: le bastaba con pertenecer a él. (118)

La incapacidad de Ben para amar le afecta a Lilly, y su tristeza se acusa. Su ansiedad, también, crece cuando Lisa Parker admite las limitaciones de su relación matrimonial, y Lilly trata de comprender su obvia devoción a su tercer esposo. La decepción de Lisa se manifiesta en su mucho beber y en sus palabras cínicas: "Todas las mujeres necesitamos un hombre y te voy a decir una cosa... cualquiera sirve. Cualquiera que te quiera, por supuesto. Nos pasamos toda la vida buscando algo especial, soñando con un ser superior, excepcional. No existe. Todos se parecen bastante" (122).

Lilly sabe que Ben no es la persona que busca, "Ni su inteligencia ni su carácter decidido resultaban ya condiciones suficientes para la felicidad" (123). Este momento marca el principio de un nuevo entendimiento de su vida. "La visión personal" (124) que su jefe, Allan Rutherford requería de su reportaje fotográfico empieza a aplicarse a su vida propia. Su intuición intelectual de su sufrimiento tiene un lado emocional. Llora "desesperadamente" (125) entendiendo mejor su soledad profunda. Esta penetración psicológica de su estado mental está acompañada por el mucho beber que siempre le ha proporcionado seguridad en el pasado. Sin embargo, en su tristeza no le falta esperanza. Considera su trabajo y está abrumada por su falta de coherencia, pero se siente confiada; cree que encontrará un hilo que lo conectará todo:

> Existía un hilo conductor que la había llevado por las diferentes ciudades y países y ese hilo conductor era algo ajeno a las cosas, estaba dentro de sí misma. En realidad era el hilo de su propia desilusión. Su objetivo había sido realizar un reportaje, pero se había encontrado algo más. Había tenido miedo a fallar, había dudado de sí misma... le asustaba el vacío. (125-126)

La preocupación por el "vacío" es autorreferencial respecto a Puértolas. Se evidencia también en el relato autobiográfico, "El origen del deseo." Según Darío Villanueva: "El artista se retrata pintando el cuadro: el pasaje [citado] es una excelente descripción de *Burdeos*" (379).

Lilly no está enamorada de Friederich Maag, pero encuentra en él un refugio para su angustia. En esa relación se mantiene distante y superior. Observa con objetividad como Friederich se enamora de ella y como su amor por ella llega a ser una obsesión. Esta situación, poca satisfactoria, provoca más consideración de las cualidades verdaderas en la vida que ella valora. Considera que los éxitos en la vida son fáciles de medir, "Otra cosa muy distinta era intentar calibrar el valor íntimo de las personas. No se sentía con ese derecho ni se lo concedía a los demás" (134). Friederich ve la felicidad en términos muy concretos, y por eso, Lilly no quiere el papel de su futura esposa.

La esperanza empieza a emerger de su tristeza. En Venecia concluye que, "La vida se imponía, tenía valor en sí misma, en sus vaivenes y reflujos" (135). Reconoce la fuerza de sus recursos emocionales. El viaje le ha proporcionado muchos momentos de sufrimiento, pero ha logrado un mejor descubrimiento de quién es. La voz narrativa describe el resultado de este auto-análisis de las etapas de su vida y su presente viaje con estas palabras claves, "Empezaba a conocer que, más allá del triunfo o del amor, su destino era simple y profundamente el destino de todo ser humano. No una carrera o una vida brillante, sino conocerse" (137).

Las impresiones desordenadas que han acumulado para su reportaje empiezan a organizarse fácilmente. Con su nueva perspectiva, se concentra mejor en su trabajo. Las máscaras que ha empleado para esconder su vulnerabilidad se quitan. Se acepta a sí misma más que antes. "Tenía ganas de estar ya en su casa, rodeada de todo lo que conocía. De trabajar, escribir y volver a enfrentarse con el mundo desde la nueva visión y las nuevas emociones que se habían formado en su interior" (139).

Su lucha para entender su vida caótica y de aliviarse del peso de su pasado le ha permitido encontrar un oasis de paz. La lucha para entender la vida resuena más intensamente en la batalla contra la muerte que aguanta Allan Rutherford. Allan, aunque no haya realizado todos sus sueños, ha alcanzado una paz interior a través de su intimidad con la naturaleza. Lilly se siente con nuevas fuerzas espirituales por este descubrimiento. Ella misma halla paz en la belleza del cielo y de la tierra al atardecer. "Imaginó que Allan todavía contemplaría el horizonte sin hacer a la vida otro reproche que el de ser demasiado hermosa" (140). La soledad de este hombre moribundo le inspira, renovando su comprensión del sentido de la vida, y esta consciencia fresca, es afirmativa.

3.5 Conclusión

Cada personaje principal percibe la realidad a su manera. Pauline, la más solitaria de los tres, está atrapada en la soledad de sus memorias del pasado y su preocupación por la muerte. Su vida no tomará otro rumbo. Pauline es como un sonámbulo que no posee la capacidad de profundizar en sus experiencias. Puértolas la pinta como una mujer que "...mantiene una vida oculta, manteniendo todas las convenciones" (Talbot 883). René seguirá malgastando su vida en un esfuerzo de conquistarse, de superar su sensación de ser abandonado y desamado. Está consciente de la mediocridad de su vida, pero la comodidad que le ofrece su posición social lo impide cambiarla. Su soledad alimenta su escapismo y egoísmo. Lilly, la más reflexiva, y el personaje mejor realizado, posee la potencialidad para vivir auténticamente. Las circunstancias la impulsan a entrar en su soledad y entenderse. Su apertura al mundo le ofrece más avenidas por las cuales puede curarse y llegar a una tranquilidad interior. Es "caminante" en el viaje de la vida. Su viaje se hace una metáfora para su renacimiento personal. Su soledad involuntaria se hace voluntaria,[4] y llega a ser una compañera consoladora. La trayectoria de su vida ofrece esperanza.

La unidad de la novela es cuestionable.[5] Los tres fragmentos tienen el efecto de tres relatos separados en vez de una novela. Aunque las vidas de los tres personajes principales se entrelacen vagamente, y la autora construye la red efectivamente, con Hélène Dufour como el personaje que implícitamente conecta las tres partes; sin embargo, a veces hay confusión sobre los nombres: por ejemplo, Florence Clement se confunde con la señora mayor Clement. El rol de ciertos personajes como el chico Jean-Paul, dependiente de Lilly, parece innecesario para el avance de la trama. Los saltos de tiempo, especialmente en el retrato de René, son difíciles de seguir. En "Pauline," aprendemos que la madre de Pauline, Agnes, ha muerto. Pero cuando termina "Entre-Dos-Mares," Hélène ha llegado a Burdeos a visitar a su amiga Agnes, que se está muriendo.

Puértolas cruza las fronteras de España para plantear a sus personajes en Francia, Italia y los Estados Unidos. Cuando entra en España, presenta a su

---

[4]Empleo la terminología "soledad voluntaria e involuntaria" del libro *Themes and Motifs in Western Literature. A Handbook*. de Horst e Ingrid Daemmrich, (167).

[5]Aprecia Darío Villanueva la fragmentación de la novela y su impacto en el lector. Señala:

> ...la evidencia de que la novela está elaborada como ensambladura de fragmentos y, a la vez, la densidad significativa de cada uno de los elementos que le dan forma empujan irremediablemente al lector a preguntarse por el sentido de conjunto y a caer en la cuenta de que es él quien debe decidirlo de acuerdo con "una visión personal." (380)

país a través de los ojos de turistas o extranjeros como los Parker, que viven allí. Obviamente, no quiere la autora afrontar los problemas de su país en esta novela. Está más interesada en examinar problemas comunes a todos los hombres.

La autora crea un mundo reconocible; capta detalles reveladores de la vida cotidiana. A veces transforma el mundo real a otro lírico. Las sugerencias en algunas de sus descripciones invitan a la imaginación. Un ejemplo ocurre cuando Lilly visita Burdeos. Está fascinada por la ciudad: "Miraba con curiosidad hacia el interior de las casas, tratando de imaginar cómo sería la vida allí" (104).

Burdeos presenta un examen multifacético de la soledad y del aislamiento humanos por medio de tres protagonistas que se distinguen entre sí. Después de sus experiencias, Pauline, René y Lilly llegan a entender y vivir mejor con su soledad involuntaria. Mattalía indica que "Nos encontramos pues con tres visiones de la carcoma interior ..." (*Ventanal* 186). Según Janet Pérez, que habla de los tres protagonistas de la novela, "Their lives are symbolic of the lives of many, of a larger whole of which they are fragments, and are intended to reveal both the painful complexity of existence and its mysterious harmonies" (Pérez 168).

Entendemos a los personajes en esta novela porque sus preocupaciones son las nuestras. Hablando de los personajes de su novela *Burdeos*, Puértolas dice que "... todos ellos ... tienen que acabar aceptando que la vida y sus problemas no los pueden compartir con nadie" (Talbot 883).

Capítulo 4

Todos mienten

4.1 Palabras generales

Con *Todos mienten*, (1988),[1] Soledad Puértolas revela una madurez[2] y una competencia notables al presentar las relaciones sociales de un grupo de españoles de hoy. La confianza de la escritora se nota en la coherencia y naturalidad de la narración. Ya no estamos en el mundo apenas percibido de *El bandido doblemente armado*. *Todos mienten* es una novela de o sobre la memoria,[3] una tentativa de llegar a un acuerdo con el pasado. También nos da un cuadro del escenario español actual.

Un escritor, Javier Arroyo, durante su recuperación de una hepatitis severa, pasa revista sobre su vida. Joven, aún—tiene sólo veinte años,—nos entrega una memoria triste. Su padre, famoso dramaturgo y actor, murió joven. El niño Javier pasó una niñez interesante con su hermano Federico, y su madre,

---

[1]Utilizo la sexta edición de *Todos mienten* que publicó Anagrama en octubre, 1989. La primera edición de la novela apareció en marzo, 1988. Todas las citas vienen de la sexta edición.

[2]Ermitas Penas expresa la misma observación en una reseña en *Anales de la literatura española contemporánea*: "*Todos mienten* ...es una novela madura ...está bien escrita ...un mundo de ficción compacto y coherente" (282).

[3]David K. Herzberger, hablando de la novela de memoria de la posguerra explica:

> In the novel of memory in postwar Spain, history does not stand outside individual consciousness as a form imposed but, rather, impinges on the consciousness of characters and forces its way into their considerations. History supervenes against the discourse of myth in these novels because it both shapes and is shaped by the private affairs of the self. (38)

que había sido actriz, y sus muchas amigas, también actrices. La alegría que experimenta el niño en su piso, continúa en el de sus abuelos paternos, donde pasa muchas horas envuelto en el ambiente cálido creado por la abuela.

Los abuelos son idealistas y encarnan los valores conservadores de la época franquista. A pesar de la tragedia de perder a dos hijos, y de tener que ayudar a otros dos hijos depresivos y alcohólicos, se portan con entusiasmo.

El tío Enrique, hermano de la madre de Javier, recién llegado de México, donde ha hecho su fortuna, decide llevar a su familia a Madrid también. Trata de mejorar la vida de su hermana y de sus sobrinos. Le proporciona a Javier el dinero para iniciar un negocio de remodelar pisos porque Enrique no tiene confianza en la vida intelectual a la cual se dedica el joven como profesor de literatura. Javier se aprovecha del soporte económico de su patrón, y tiene éxito. Pero su independencia económica no viene acompañada de la felicidad. Javier sufre de un complejo Edipo que crea problemas en sus relaciones con las mujeres. Además, su vida se complica por la interferencia constante de Chicho Montano, un antiguo compañero de colegio que se ha envuelto en la estafa, y que interrumpe su vida a veces, con sus peticiones de ayuda psicológica y moral.

De cierto modo, Chicho sirve de espejo de la sociedad española. Irónicamente, es Chicho y no Javier que condena a su sociedad con sus observaciones críticas. Últimamente, Javier se enamora de la novia de Chicho, Leonor, mujer sumamente atractiva, cuya vida, como la de Chicho, carece de dirección.

La novela es una retrospección, cínica y astuta sobre el pasado de Javier. Revela a la vez la vida de la burguesía en su superficialidad. La vida de él parece tediosa, aburrida, sin sentido y ni sabor; acepta sus circunstancias porque cree que no puede remediar la situación. No sugiere cómo se puede mejorar el malestar espiritual que siente y observa, ni expresa ninguna fe en el futuro.

Inferimos que el tiempo de la novela es el de los años del fin del franquismo y el comienzo de la transición. La historia personal de Javier arranca de su escrutinio de las personas importantes de su vida.

Casi toda la acción ocurre en Madrid. La sensación de lugar está bien definida. El uso del espacio urbano es específico, y ayuda al protagonista a observar y opinar sobre el carácter español. En *Burdeos* y *El bandido doble-*

mente armado, la fuerza de lo extranjero desempeñó un papel importante. En *Todos mienten*, no hay ninguna distracción extranjera. Aún las referencias a México, donde había vivido la madre, y de donde viene el tío Enrique, están íntimamente relacionadas con España. Enrique mitifica a España, basado en los recuerdos favorables de su padre, que tuvo que abandonar el país. España es la tierra prometida. Al otro lado, los habitantes de España la desmitifican. Javier y su hermano Federico, por ejemplo, se centran en los problemas del presente y entienden que muchas de las creencias sobre el pasado eran falsas.

El testimonio de Javier, en primera persona, plantea preguntas sobre el uso de un narrador masculino por la autora. El tono íntimo de la novela es decidamente irónico y cínico, elección que se debe, a lo mejor, al hecho de que la autora se sintiera más cómoda si asociaba el cinismo a una voz masculina. En cualquier caso, el recurso resulta convincente. Y se cimenta la credibilidad, especialmente cuando el protagonista critica negativamente a las mujeres. Creo que la distancia y la objetividad mantenidas con el uso de voz masculina, hace posible experimentar y presentar la sensación incómoda del aislamiento que siente la autora. Además, esta habilidad de observar el mundo por ojos masculinos le da a la autora una perspectiva andrógina que da más sustancia e interés al cuerpo de su producción literaria.[4] Antes que ella, probó esta técnica Ana María Matute, pero por razones diferentes: quería amplificar su visión del mundo, y el uso de la voz masculina le permitió hacerlo.

La historia surge del ojo avispado de Javier. Es como si estuviera en el centro de una rueda desde la que emanaran los rayos que representaran los otros personajes, cada uno separado de los demás, pero todos integrados en la vida de Javier. Hay muchos diálogos directos en lenguaje cotidiano que dan una cualidad teatral a la novela. Los personajes se revelan con pocas palabras, así que por lo general, nuestra percepción de ellos depende de los comentarios penetrantes y racionales de Javier, y a veces de las observaciones de Federico. Puértolas escribe: "Ahora hay más desconfianza, más escepticismo y más recogimiento. Particularmente yo me enfrento al lenguaje tratando de contenerlo" (Riera, 48).

---

[4]En una entrevista con Miguel Riera, Puértolas explica "una de mis obsesiones a la hora de escribir es encontrar la voz narrativa, en el sentido de que el narrador sea capaz de describir el mundo del que yo quiero escribir, que sea objetivo y no quede contaminado por los intereses y la personalidad de cada uno de los personajes" (42).

El mensaje de la novela no es nada sutil. Desde el título mismo, la autora emite un juicio tajante; el decir "todos mienten" nos provoca, y sugiere que en este libro, se verá cómo todo el mundo se dedica a evitar la verdad y se autoengaña. La autora quiere presentarnos un cuadro de la realidad y las posibles causas de los problemas. Aún los lectores que no lean el libro, no pueden escaparse de las palabras del título, que sirve de estímulo para pensar sobre su significación moral, o la posible enseñanza moral que encierran. Creo que Puértolas no busca una minoría selecta como su público lector, sino que trata de atraer a muchos, pues el título es seductor. La novela critica la burguesía, el grupo que compone la gran parte del número total de los lectores.[5]

Me parece que la fuerza del tema de la hipocresía domina sobre otras consideraciones artísticas. *Todos mienten* es una novela melancólica inspirada por una rabia sincera que no está suavizada por soluciones fáciles ni lirismo. Es un grito que les dice a los españoles, "Así somos," y les pregunta, "¿Es posible cambiar?"

La soledad de una enfermedad larga provoca el análisis personal y social. La enfermedad sirve de metáfora del presente.[6] La soledad es el punto de partida y la respuesta final a las preguntas penetrantes. Al lado positivo, la soledad contribuye a la cura de Javier. Es un factor que efectúa una renovación espiritual parcial. En su aspecto negativo, la soledad le ofrece una visión más clara del vacío de su vida y del de las de las personas que forman parte de ella. La omnipresencia de la soledad exige paciencia y aceptación. Así, acompañado de su soledad, Javier aguanta la vida. Su máscara de afabilidad esconde una pasividad tímida que no puede vencer.

No es sólo Javier quien lucha con su soledad. Se evidencia el peso de la soledad en todos los personajes. En esta novela, la soledad no está tan ligada con la incomunicación como hemos visto en *El bandido doblemente armado*, sino con la búsqueda de la identidad. Aún cuando un personaje cree que está seguro en su papel, percibimos rendijas en la imagen que presenta al mundo. Pero ninguno de los personajes muestra suficiente energía para confrontar sus

---

[5]En la época de la transición, "The Spanish middle classes—who had dictated all their prejudices, fanaticisms, and inhibitions to the dictator—wanted to assume a more responsible position. It was precisely among these middle classes that the most dramatic changes in mentality were to take place, slowly but surely" (Mainer 17).

[6]Herzberger me ha influído aquí, cuando nota el uso del cuerpo enfermo como una metáfora en *Una meditación* de Juan Benet (37-38).

defectos. Por eso, todos siguen como antes, y se quedan impedidos en el camino a la auto-realización. Los personajes casi entienden sus problemas, y, en el caso de Chicho Montano, la filosofía que expresa con tanta conviccion está totalmente contraria a su modo de vivir.

La autora parece decir que todos los españoles están hablando en una sola voz: la voz de la hipocresía. Han pasado de la creencia en el mito forjado por Franco a la aceptación de la mentira como modo de vivir. La desesperanza se apacigua si se disfraza. Pero, incrementa la soledad en este ambiente semi-oscuro de la mentira. Es más fácil llevar la máscara que buscar al ser auténtico. La disección del problema es el primer paso de la cura. Me propongo estudiar la novela desde la perspectiva de la soledad de los personajes principales y mostrar cómo la hipocresía define sus vidas e intensifica su soledad.

4.2 Los abuelos–la tradición, la ceguera, y la soledad

Los abuelos representan el pasado—la época de Franco. Aunque han sufrido muchas desgracias en su familia, un hijo muerto por la causa fascista, dos otros hijos muertos de tuberculosis y dos hijos alcohólicos, nunca se quejan. Parece que no ven los problemas de sus hijos que beben en excesivo y muestran signos de enfermedad mental. Mantienen una vida muy ordenada. Javier percibe que es un orden falso: "Considerada desde mi casa, la casa de la abuela pareció poblada de felices fantasmas.... Por debajo, había corrientes confusas, pero en la superficie imperaba la calma: ..." (21).

La abuela Josefa representa el tipo de mujer idealizada en la época franquista, "la española perfecta" de quien habla Carmen Martín Gaite en *El cuarto de atrás*. Es fuerte, dedicada a la familia, y lleva sus responsabilidades y penas con una sonrisa. Está obsesionada por el orden en la casa. Su rigidez la analiza Javier: "Prefería la soledad a la aceptación de sus limitaciones" (52).

El abuelo Félix, siempre placentero, dulcifica la vida de los niños con caramelos. Vive en el pasado, visitando por rutina el cementerio y las tumbas de sus hijos muertos. Como su mujer, evita pensar en los problemas familiares y sociales. Se queda en su mundo idealizado.

Al principio, Javier frecuenta la casa de sus abuelos cada domingo. Poco a poco se hace más indiferente a su vida. Le interesa más el misterio que cirucunda las vidas de los tíos que no puede conocer. Según una amiga de su madre, los tíos son tímidos (56). El tío Joaquín muere de una locura y el excesivo beber. El tío José María, el más sentimental, enamorado de la madre de Javier, pasa la vida fuera del piso visitando los cafés y bares de la ciudad. Cada noche regresa tarde a su cuarto borracho. Javier comparte sus impresiones de sus tíos con su novia Leonor: "...pensaba en sus vidas deshechas, en la mirada vacía del tío Joaquín y la expresión desolada del tío José María" (183). Los tíos se enfrentan a su soledad con la embriaguez, la locura, y la muerte. Viven una soledad espantosa. Javier trata de entrar en el pasado y entender a sus mayores y el mito que viven, pero no puede. Su consciencia de sus tachas es obvia. Escoge otro rumbo, y empieza a profundizar en su vida presente.

4.3 La madre—el lamento del pasado, el presente confuso, y la soledad

La madre pasa los días lamentando el pasado. Había sido actriz, pero ahora, a los cuarenta años, se queda siempre en casa cuidando de sus dos hijos y recibiendo a sus amigas, que también se han dedicado al teatro. Todas estas mujeres parecen algo desorientadas. Tratan de entender sus vidas vacías. A pesar de la compasión y apoyo constante de las amigas, Dolores María pasa mucho tiempo llorando. Se puede comparar el sufrimiento constante de la madre con los cuadros de las Vírgenes españolas dolorosas que pinta Audrey Flack. El sentimentalismo que vemos en el cuadro de *Dolores of Córdoba*, 1971, (fig. 4.1), comunica la postura de auto-piedad de la madre. También muestra su inteligencia y sensibilidad, posiblemente perturbadas por los valores superficiales de la vida moderna. La madre se retira de la sociedad, lee sus novelitas policiacas y escucha música romántica. Escoge la soledad. No le gustan los cambios (24), pero tampoco piensa en el futuro.

Otra imagen artística que sugiere la madre y su ambiente es el cuadro *Morning Sun*, 1952, (fig. 4.2) de Edward Hopper. El retrato de Javier de su madre, corresponde, en mi opinión, al cuadro de Hopper, que capta la

TODOS MIENTEN 83

Figura 4.1: Audrey Flack, *Dolores of Córdoba*, 1971. Oil on canvas, 70 x 50 inches. Private collection.

Figura 4.2: Edward Hopper, *Morning Sun*, 1952. Oil on canvas, 28 1/8 x 40 1/8 inches. Columbus Museum of Art, Columbus, Ohio; The Howald Fund.

sensación de soledad que lleva: "...no se fiaba de sí misma. Era miedo en estado puro, el mismo miedo que la había recluido en su habitación ...desde la muerte de nuestro padre" (80). Prisionera de su casa y del tiempo, está ensimismada pensando en un pasado que nunca menciona, atrapada en un presente que no entiende y mirando fijamente hacia un futuro vacío. Ella dice, "Nunca he pensado en el futuro" (44). Según su hijo Federico, que revela aptitudes de comprensión psicológica, ella es "perfectamente inmadura" (45). Sin embargo, su inmadurez encarna mucha testarudez.

Cuando Dolores María tiene la oportunidad de hacer cambios en su vida, se rinde a la inercia. Rechaza al pretendiente Rafael Baquedano, sin dar explicaciones. Prefiere regresar a la vida de lamentaciones y la relación simbiótica que mantiene con sus hijos. Su constante depresión le roba las energías necesarias para cambiar. Dice ella: "No es que no me vea de casada, es que, no sé, no tengo fuerzas. Todo este lío de la boda, este entusiasmo, me abruma, no va conmigo" (96).

Su amiga Genoveva comparte las inclinaciones románticas de la madre, pero Genoveva crea más ilusiones para aguantar su soledad y los fracasos de la vida. Javier la aprecia, aunque sabe que ella cuidadosamente evita las espinas de la vida. Ofrece esta amiga un balance psicológico a la madre depresiva.

La madre, sin embargo, no está desprovista de la esperanza. Puértolas revela una actitud feminista expresada en las palabras de la madre cuando conversa con su hijo. Es la opinión de Javier que las mujeres son complejas, pero no frustradas. Ha comentado el joven en su falta de productividad, pero admira su manera de enfrentarse con sus problemas, y observa que su lealtad mutua les da ánimo. Su percepción de su madre es la de una mujer no oprimida, pero la madre lo corrige. La conversación madre-hijo revela mucho sobre la condición de la mujer en la sociedad española de hoy:

—¿No crees en la opresión de la mujer y todo eso? ...
—Yo no te he visto nunca muy oprimida, eso es lo que pasa. Me da la impresión de que siempre has hecho lo que has querido.
—Puesto que tú lo dices. —Se volvió a reír—. Pero ¿qué es lo que te hace pensar que he escogido precisamente esta vida, que me gusta lo que tengo y lo que hago y que no deseo nada más? ¿estás seguro de eso?
—Tuviste la oportunidad de cambiarlo y no lo hiciste.
—¿Crees que las cosas son así de fáciles? A lo mejor soy simplemente una mujer que se ha resignado. ¿Te parece una idea muy vulgar?

—Si quieres verlo así—le dije—, pero no me lo creo. No pareces resignada.
—Si no me he resignado es porque todavía espero algo y si espero algo y sigo sentada leyendo novelas y escuchando música es porque estoy oprimida. No por un hombre, Dios sabe si por la sociedad, pero oprimida. Oprimida o resignada, escoge.
—No podemos escoger, ¿no?
—No. (158-159)

La madre expresa la frustración de la mujer con familia y no mucha educación que no puede salir de la cárcel del papel impuesto por la sociedad. Su lamento es amargo y profundamente sentido. La explicación estoica aclara su percepción, y confirma que no depende de los hombres emocionalmente. Puede seguir con su vida llevando el peso de su soledad.

4.4 El tío Enrique–la soledad y el éxito económico

El tío Enrique viene a España de México donde hizo un dineral con sus almacenes. Su padre, exiliado de España, había sido intelectual y bohemio. Parece que la madre de Javier haya heredado sus atributos, mientras Enrique vive la vida de un comerciante práctico. Sencillo y materialista, Enrique es sumamente simpático. Javier lo describe, "Al tío Enrique le entusiasmaba ir de compras, porque él mismo era un comerciante. Disfrutaba de ese momento cumbre del intercambio: cuando el comprador escoge y paga y el dependiente envuelve y cobra" (46).

Desprecia a los intelectuales. Cree que son maricones y nada productivos socialmente. Por eso, está contento de prestarle dinero a Javier para que él empiece su propio negocio. Javier lo recompensa abandonando su carrera de profesor de literatura, que no entusiasma, y teniendo éxito con la nueva empresa.

Enrique muestra una fidelidad excepcional hacia la familia. Aunque la familia es una institución sagrada, y como tal la conserva, su propia familia no le satisface. Su mujer, Chichita, es frívola e insegura. Pasa sus días comprando e invitando a gente para hacer gala de sus compras. Javier dice de ella: "Había que huir de ella" (69).

Además, el tío Enrique no es el padre verdadero de sus hijos Hércules y Bárbara. Ellos no saben la verdad. Bárbara no sabe lo que quiere, y pasa mucho tiempo estudiando trivialidades y viajando por los Estados Unidos. Hércules mantiene una relación difícil con su padre. El enajenamiento entre padre e hijo se refleja en la vida hedonista del joven que quiere escaparse de sus problemas. La conformidad rige su vida y la de sus amigos que pasan el tiempo preocupados por coches y otros signos de la seguridad externa.

Enrique odia a los señoritos. Ve que Hércules se corta de ese molde. Su hijo vive una vida "provisional", contento de dormir todo el día y pasar las noches en las discotecas. No es el "luchador" que pretende el padre trabajador que sea. Hércules sigue su propia felicidad, y le informa a Javier: "Vives al día...el futuro no nos interesa" (109).

Un accidente en motocicleta lo cambia todo. Hércules tiene una recuperación lenta. Este rito de paso efectúa un cambio radical en el joven indolente y despreocupado. El resultante ensimismamiento del hijo evoca una devoción excepcional por parte de su padre.

Después de instalarse en el negocio de su padre, Javier nota que el cambio profundo en la personalidad de Hércules persiste. Antes siempre tenía una sonrisa, ahora, "Vi en su mirada los destellos de una irremediable distracción. Su amplia y sincera sonrisa había desaparecido de su cara" (114). Ahora Hércules esconde su inseguridad y falta de valores detrás de la máscara de la hipocresía. Se hace un joven "robotizado" y desengañado. El rito de paso ha sido inefectivo: Hércules no llega a una concienciación.

4.5 Chicho Montano–la soledad y la mentira

Se puede definir a Chicho Montano como hombre engañoso y filósofo falso. El papel de Chicho es significativo en la novela porque forma parte de la intriga de una novela policiaca. Parece el criminal de una micronovela dentro de la novela propia. Como compañero de colegio, siempre le gustaba hacer picardías. Ahora entra y sale de la vida de Javier, dándole problemas siempre. A pesar del peso de los fracasos: sus tiendas de modas, sus líos amorosos, sus actividades criminales, siempre presenta al mundo *la bella figura*. Javier nota su preocupación por la imagen y el estilo:

> Sentado frente a mi mesa, mantenía su aspecto impecable. Refulgían sus dientes blancos. Sus manos perfectamente cuidadas se movían en el aire, orgullosas de su limpieza y sus proporciones, y se posaban brevemente sobre su corbata, su pañuelo (de los mismos colores pero no exactamente igual), la fina lana de su traje. No tendría trabajo ni dinero, pero el poco que tuviera estaba allí, cubriendo y protegiendo su cuerpo. (127-128)

Javier revela poco sobre sus propios pensamientos y acciones, pero creo que pone mucho de su filosofía de la España contemporánea en boca de Chicho. La ironía implícita en lo que hace la autora con esta estrategia narrativa es efectiva, pues el choque de escuchar la verdad hablada por Chicho provoca una reflexión concentrada por parte del narratario. Chicho se entusiasma cuando puede pontificar sobre lo que sea. Le dice a Javier:

> ...hoy la gente quiere dos cosas: divertirse y ganar dinero. Rápidamente, dinero para gastarlo. No porque lo quieran gastar, quieren ganarlo. El dinero se ha desvalorizado: tan pronto entra por una puerta, ya está saliendo por otra. Hay una explosión del consumo, eso está claro. El dinero arde en las manos. (128-129)

Chicho no cree en lo que expresa. Habla con "la falsedad del vendedor—" (129). La codicia y la mentira rigen la vida de Chicho. La máscara que lleva es tan obvia que Javier comenta que parece "como un mal personaje de teatro" (130). Bajo el misterio que circunda la vida de Chicho, esconde sus empresas inmorales.

Para Javier, Chicho es un ejemplo de todo lo que rechaza en el orden social. Llegamos a entender el narcisismo de Chicho cuando Leonor le explica a Javier que su relación amorosa con Chicho es poco satisfactoria. Dice ella: "—No piensa nada de mí..." (153). Más tarde, su mujer Bárbara le revela a Javier que cree que Chicho ha perdido interés en el matrimonio y que evita su compañía. "Te aseguro que no me conoce, no sabe cómo soy" (179).

Reserva Javier los juicios más severos para Chicho. Su debilidad moral es una afrenta personal. Cuando Chicho implica a Javier en uno de sus asuntos ilegales, el resentimiento de Javier se intensifica, aunque no ha tenido que cometer ningún acto inmoral. La crítica mordaz de Chicho es constante: "...era un gran mentiroso" (138), "...ese perfecto mentiroso que acaso creía en sus propias mentiras" (140), "...sus absurdos proyectos, sus juegos peligrosos, su ansia de dinero y de triunfo, su mente práctica y sus análisis sociales" (146).

Chicho manipula a todos. Leonor sirve de modelo de sus diseños de moda, Javier es la caja de resonancia para sus meditaciones sobre la escena nacional, y el tío Enrique, su suegro, siempre está listo con los fondos para protegerlo contra la ley, cuando se encuentra en un apuro. Chicho sabe ganar el corazón del tío Enrique con su interés en su hijo inseguro, Hércules. Javier observa: "Era como si hubiera comprendido que ésa fuese la clave para limar cualquier posible aspereza con su suegro" (162).

Confuso y sin dirección, Chicho le admite a Javier sus inseguridades "...nunca sé dónde está lo importante, lo verdadero ...no me importa de verdad nadie" (166). La inminente responsabilidad de ser padre lo abruma, y provoca una crisis de identidad que ahoga con el alcohol. Otra vez, lo obliga a Javier a escuchar sus quejas. Chicho le dice: "La vida nos empuja y nos agita y sólo podemos desdoblarnos: observarla mientras estamos en el centro de ella, porque todo transcurre al mismo tiempo..." (167). Atormentado, finalmente entiende y admite que es víctima de la mentira en su soledad.

4.6 Leonor–la soledad y la preocupación por el estilo

Leonor Vilas es guapísima, "Una de esas chicas muy delgadas, con tipo de modelo y mucho estilo" (72). Tiene éxito como vendedora en las mejores boutiques de Madrid, pero su vida no tiene rumbo fijo. Aunque se burle de su madre que ha tenido una vida ociosa a la sombra de su marido rico, Leonor desperdicia su vida por acompañar a Chicho. Se jacta también de sus numerosos líos amorosos (diecisiete amantes) (152). Últimamente sus relaciones íntimas con Chicho terminan, y su matrimonio después fracasa. Está interesada en Javier, pero sabe que no puede casarse con él porque lo considera un hombre demasiado complejo.

Leonor es anti-intelectual, y Javier la caracteriza de la siguiente manera: "...aborrecía los libros difíciles" (148), y es incapaz de auto-analizarse. Javier trata de comprenderla, pero se da cuenta de que nunca podrá ayudarla para resolver sus problemas. Vive Leonor en la superficie de la vida. Según Javier, no tolera la soledad: "No soportaba la soledad. En cuanto Chicho salía por la puerta, me llamaba" (154). Su expresión enigmática forma parte de la máscara que lleva; cubre su sentido de identidad, frágil, y quebradiza. Como novia de Javier, su oscilación entre la alta moda y los blue jeans y su promiscuidad subraya la confusión y la soledad que experimenta. La preocupación por el estilo no le ofrece el camino para la armonía personal. Cuando ella le regala al enfermo Javier libros de religiones orientales le dice: "—Te ayudarás.... A mí me gustaría poderlos leer ... pero no tengo tiempo" (175). Leonor prefiere vivir su vida superficial.

4.7 Federico–la soledad y las crisis permanentes

Federico, el hermano menor, tiene más energía y ambición que Javier. Empieza como músico, dirigiendo una banda de música rock que se llama "Clac," nombre que es un tributo a su arrogancia. Siempre en contra de los intelectuales, sale para América donde estudia en una universidad del este, y se hace un intelectual verdadero.[7] Federico expresa cierto desdén hacia España. Le explica a su hermano: "... los americanos ... Se atreven a cualquier cosa.... Puede sonarte un poco peligroso, pero es que estoy harto de la rigidez de este país " (125). A pesar de su crítica áspera, quiere mejorar la situación intelectual de su país. Propone iniciar una publicación artística, y Javier consiente en ser colaborador.

Federico es muy listo y ecléctico. Anuncia: "Soy un poco de todo" (102).[8] Es el Freud de la familia; psicoanaliza a todo el mundo. Está consciente del complejo Edipo que sufre Javier. Éste acepta sus observaciones con cautela y piensa: "Federico había presumido de entenderlo todo, pero al fin, los problemas no habían sido resueltos. Además de inteligente, era una persona" (115).

Cuando sus aspiraciones musicales fracasan, algo decepcionado, Federico persigue la vida intelectual. Llega a ser un modelo de éxito para Javier, que entiende el sentido de humor de su hermano menor, y lamenta su propia incapacidad de reírse de la vida y de traer a su obra literaria esa ingeniosidad que

---

[7]Es interesante notar que Puértolas parece concibir de la intelectualidad como un valor que se logre fuera de España. La autora misma ganó su maestría de la Universidad de California, Santa Bárbara.

[8]En un artículo en *The New York Times Book Review*, "Spain's Lively Literary Revival", Barbara Probst Solomon refiere a los '80 como una época de eclecticismo (35).

caracteriza a su hermano:

> Federico nos escribía largas cartas ...conseguía hacerme reír hasta las lágrimas. Con todo, sus cartas dejaban en mi ánimo un poso melancólico. Una vez más, lo envidiaba, no sólo por el hecho de ser capaz de dar a su vida ese tinte frívolo, intrascendente, sino, sobre todo, porque sabía exponerlo, comunicarlo. Irradiaba vigor y seguridad y, al cabo, se le presentía a él, colmado de conflictos y dispuesto a decirlo una y otra vez, como si valiera la pena ser así sólo para poderlo contar.
> Mi vocación de escritor se sentía herida con aquellas cartas. (172)

Personaje admirable, Federico parece aceptar el reto de la vida, y tiene el valor y la ingenuidad de vivirla con una actitud positiva.

4.8 Javier–la soledad y la búsqueda de identidad

> "...el tránsito hacia la madurez es también un regreso a la infancia"
> (Paz, *La otra* ... 27)

El nombre del protagonista, Javier Arroyo, no se menciona hasta la página 89. Este recurso de no nombrar al protagonista refuerza la idea de que el narrador está buscando una identidad satisfactoria. Su encuentro con Leonor proporciona la oportunidad de nombrarlo. En el último capítulo de la novela, aprendemos que Javier ha estado enfermo con una hepatitis, "Al fin fui yo quien caí" (171). Esta enfermedad física y emocional le proporciona el ímpetu de mirar hacia atrás y examinar su vida. Las memorias que reanima son separadas en el tiempo, y se enfocan en sus relaciones interpersonales. Javier es siempre el punto de partida de los encuentros. Como he dicho, es el centro de una rueda, en la que los otros personajes forman los rayos. Su perspectiva de escritor solitario nos orienta bastante para que observemos cómo funciona esta rueda simbólica de sus interacciones sociales.

Javier es simbólico del hombre español de la época posfranquista. Es huérfano y un alma perdido. Sufre de un complejo de inferioridad además del complejo Edipo que sirve de obstáculo a su independencia. Le faltan modelos masculinos. No quiere imitar a sus tíos, y en casa siempre está en la presencia de su madre depresiva y sus amigas frívolas. Se regodea en su confusión y pasividad. Una amiga de su madre lo ve como un verdadero capricornio y lo describe así: "—Lo malo de los capricornios ...es que son como esas cabras atadas a un poste, que dan vueltas creyendo que han recorrido mucho camino, y en realidad apenas se han movido" (22).

Es un hombre racional. A los quince años se observa a sí mismo de esta manera: "...me había fijado como norma el control de las emociones" (35). Astuto observador de sus compatriotas, como el narrador-protagonista de *El bandido doblemente armado*, es "paseante" y no "caminante" de la vida. Es como un doble del escritor-protagonista de *El bandido* examinado por otra perspectiva. Javier añora la belleza y la emoción, pero no sabe cómo incorporarlas en su vida. Federico lo dice: "No eres libre" (104). La inquietud lo aprieta a Javier, y la paz interior se le escapa. Dice: "Esa paz parecía demasiado lejana" (175). Es crítico social que no perdona a sí mismo. Su prima Bárbara comenta que Federico ha dicho que Javier "...tiene una habilidad especial para captar a las personas" (178). Leonor describe su habilidad de observar la escena de modo desapasionado y remoto: "—Tienes una extraña cualidad.... Me haces ver todo lo que me sucede desde muy lejos. Creo que vives en las nubes" (152).

Javier tiene que reconciliarse con su pasado. El poder del pasado se revela en las memorias alegres de su niñez. Cuando el pasado se hace más opresivo, su tono se hace más cínico. El crescendo de su cinismo aumenta con los años, revelando al final de la historia su desengaño con la vida. La soledad y el desengaño forman parte del "proceso evolutivo" (Penas 283) de su vida.

La muerte temprana de su padre no le ofrece memorias de él. Expresa su deseo por un padre:

> Aquella noche soñé con mi padre.... Había visto su fotografía en los periódicos, su nombre en letras de molde. Para entonces, había leído a todas sus obras. Pero no tenía ningún recuerdo suyo. La conclusión de todos aquellos sueños era que él, que surgía al final de un pasillo, en el parque, en nuestra propia casa o en la de los abuelos ...no me reconocía. Aquella noche me sentí verdaderamente huérfano. En cierto modo ...renuncié a mi padre. (26)

El anhelo por el padre no se resuelve, y un vacío emocional se queda. Javier ha sido estigmatizado por el pasado, y lo utiliza como explicación para evitar la auto-realización.

En una noche de soledad, busca en su lectura de los dramas de su padre, cierta orientación vital. La obra dramática de su padre se caracteriza por sus calidades edificantes, y Javier se inspira en uno de los textos que lo anima a seguir sus instintos. Es como si hablara el padre: "'No es fácil para mí darte este consejo y no puedo pedirte que me obedezcas a ciegas, así que tendrás que confiar en tu instinto.'" Así, el padre le da el permiso por medio del texto escrito de buscar una nueva orientación en su vida, basada en sus necesidades emotivas. Es posible que este permiso paterno facilite su relación con Leonor.

Hay una nota de esperanza al final del libro cuando se da cuenta Javier de los beneficios del amor de Leonor: "Si una chica tan atractiva como ella confiaba en mí, algo podía suceder, algo podía cambiar" (175). Pero el tono pesimista vuelve. Piensa en la vida frustrada de Bárbara, que busca en él soluciones a su infelicidad con Chicho. Javier "clausura toda posibilidad de heroísmo: ..." (Mattalía, *Ventanal* 191), cuando concluye: "...no hay nada que llene la vida" (181). Elucida sobre este punto:

> Con la debilidad que me daba mi convalencia, saqué algunas conclusiones sobre la dificultad del entendimiento entre los seres humanos. Todos mienten, me dije, todos se esfuerzan, todos esconden algo, tal vez lo mismo: el miedo, la impotencia, la soledad, la muerte. En mayor o menor medida, todos han de convivir con eso. Yo también mentía: sonreía, aceptaba y besaba y no hablaba de mis frustraciones. A veces, me derrumbaba o vivía al borde del derrumbamiento. Todos lo hacían. (181-182)

La angustia del protagonista reverbera por toda la novela. Al final admite que si quiere salir adelante, él también tendrá que ser insincero. Sólo puede compartir su dolor con el lector, que tal vez vea su propia cara en el espejo de la sociedad que pinta el narrador. Puértolas hace eco del tema de Calderón de la Barca en *El gran teatro del mundo*.[9] Todos desempeñamos un papel, unos con más éxito que otros, pero en la sociedad española contemporánea, parece que muchos tratan de buscar su camino en la libertad nueva y confusa de la democracia mediante un nuevo papel. La carencia de honradez personal—consecuencia general—afecta todas las relaciones sociales, que se hacen más impersonales y frías.

En una escena introspectiva, la inquietud de Javier, adolescente, se relaciona con la luz crepuscular de la tarde. Su abuelo materno, exiliado en México, siempre hablaba de la luz de Madrid. Este recuerdo de la luz y la experiencia

---

[9]El primer capítulo de la novela se llama "Fuera de escena". El padre de Javier ha sido dramaturgo, creando roles para otros. Su hijo parece decir que la sociedad represente un gran teatro también.

de ella por Javier es algo que eslabona las generaciones. La luz de Madrid persiste y permanece. Está teñida de memorias. El cuadro inquietante de Giorgio de Chirico, *Melancholy and Mystery of a Street*, 1914, (fig. 1.9), capta la sensación de soledad y nostalgia que siente el maduro Javier cuando sale del piso de sus abuelos, y camina hacia su propia casa. Regresa a su casa, que representa un presente lleno de memorias de su pasado. El carro del circo en el cuadro puede ser un símbolo del ataúd de su padre muerto, la chica joven, que corre con el aro, sugiere la madre enigmática y aparentemente inmadura, según Federico. La sensación que evoca el cuadro es una de melancolía en la luz de una tarde que se apaga. El misterio lúgubre que expresa la imagen refleja las ansiedades de los pensamientos tristes y líricos de Javier. Parecen corresponder al cuadro surrealista:

> Ese trayecto que tantas veces había recorrido en el otro sentido (de la calle Blasco de Garay a la de Castelló), y siempre deprisa, lo hice ahora lentamente, a la luz dorada de la tarde que tanto había recordado nuestro abuelo materno desde México... sentí que yo también había dado la espalda a muchos tiempos muertos, intrascendentes y felices, como los buenos recuerdos de mi abuela.... Aquella primavera que tantos cambios había introducido en nuestra vida y que demostraba la tenacidad de la vida me mostraba también su faceta implacable.... Dentro de mi mundo, sofocado en mis propias preocupaciones, demasiado inconcretas. Y presentí que no sería fácil librarme de esa inquietud. (54)

Cuando termina la novela, Javier se despide otra vez de los abuelos, pero ahora está acompañado por Leonor. Tenemos la impresión de que armado con su amor por ella, que mitiga su soledad y ansiedad, es posible que tenga más éxito en su búsqueda de auto-definición. Hay cierto aire prometedor en la última escena de la novela. Parece que ha cerrado un capítulo de su vida, y que ahora empieza otro que va a vivir con más entendimiento: "... escuchamos el ruido de la puerta al cerrarse. Leonor cogió mi mano y salimos a la calle" (186).

4.9 Conclusión

Las reflexiones de dos jóvenes intelectuales, Federico y Javier, ofrecen en su conjunto una visión del mundo español actual. Federico, ecléctico y cosmopolita, y Javier, más arraigado en la tradición de su país ofrecen perspectivas distintas. Sólo la síntesis de sus visiones puedan ofrecer algún entendimiento y posible solución a la hipocresía y contradicciones que se describen claramente. Los dos hermanos huérfanos luchan para descubrir su identidad, una vida auténtica en medio de las vidas superficiales que ven por todas partes. Las máscaras que todos llevan parecen prohibir la aparición de cualidades honestas e individuos auténticos.

Culturalmente, los españoles también sufren una crisis de identidad en la época de la transición, luchando para definirse dentro de su tradición, que los había aislado antes del resto del mundo. Con la nueva situación de los españoles europeizados e internacionales, la lucha por reconocer y equilibrar los valores tradicionales con los nuevos exige introspección y la habilidad de escoger bien a la hora de tomar decisiones importantes.[10] La novela ofrece una crítica eficaz de la superficialidad de la vida moderna.[11] En *Todos mienten*, la autora subraya la consciencia y búsqueda personal que puedan producir cambios más profundos que cualquier ideología. La visión moral que se presenta, posee dimensiones universales. Podemos vernos a nosotros, al hombre posmoderno en las páginas de la novela.

Javier se recupera de su enfermedad. Llega a reconciliarse con su pasado. Al final de la historia, recibe la bendición del pasado en forma de la abuela y la tía monja, Mercedes. El amor que comparte con Leonor, combinado con la intimidad que ha establecido con el lector, que le ha ofrecido la ilusión de la compañía en su soledad, producen un cambio de percepción en el protagonista.[12] La esperanza para Javier yace en su reconocimiento de uno de los problemas espirituales de los españoles y de sí mismo y en su lucha con

---

[10]Ignacio Sotelo escribe en "La cultura española actual", "Al fin y al cabo, nada coarta tanto a una cultura como el olvido o peor, la vergüenza de sus orígenes" (10).

[11]Mattalía enfatiza que las novelas de Puértolas forman "un cuadro moral...en el que la acidez o la crítica dura no tienen sentido" (*Ventanal* 192).

[12]Sherman H. Eoff en *The Modern Spanish Novel* subraya la importancia de la interacción entre el narrador y el lector, y cita a Miguel de Unamuno:

> The company of others is indispensable in the process of self-creation. The novelist, for example, creates his novel in order to create himself, but this can be done only by including the reader at the same time: 'Only when novelist and reader make themselves one do they save themselves from radical loneliness. When they become one they become actualized and by actualizing themselves they become eternal' (*Cómo se hace una novela*: IV, 985). (209)

ello. En sus ruminaciones y críticas hay ecos de los sentimientos expresados por los escritores de la generación de '98. Cuando termina su historia, parece que Javier tiene la volundad de enfrentarse con la encrucijada del presente y pensar en un futuro inseguro que ofrezca nuevos retos morales, culturales, y espirituales.

Capítulo 5

Queda la noche

5.1 Generalidades, resumen e intertextualidad

La novela más lograda de Soledad Puértolas, *Queda la noche*, (1989), fue galardonada con el Premio Planeta de 1989.[1] La autora la describe como su obra "más reflexiva ... En mis libros anteriores dejé voluntariamente muchos cabos sin atar, aquí, por el contrario todo está muy atado" (*El País* 41). Es una novela de espionaje, o mejor dicho, una novela de intriga. Empleando este género popular y accesible, la autora expresa su temática y su consciencia de mujer. En su obra novelística anterior, sólo han aparecido dos protagonistas femeninas, Pauline y Lilly, en la novela *Burdeos*. En esta novela, la voz femenina es más efectiva.

La trama, llena de suspense, amor, y unas meditaciones personales y filosóficas, tiene muchas vueltas y sorpresas. Como resultado de unas vacaciones pasadas en el Oriente, la vida de la heroína Aurora cambia dramáticamente. Sin darse cuenta, se encuentra implicada en un círculo de agentes secretos de la KGB y del servicio secreto británico.

Mujer de treinta y dos años, emancipada en la Nueva España posfranquista, vive con sus padres viejos, y se siente responsable por ellos. Decide viajar a la India, deprimida por un amorío fracasado con un político español. Allá se enamora de un hindú, Ishwar. Las amistades nuevas, el calor, el whisky, y el hachís van formando una red de intriga que empieza a circundarla.

---

[1] Todas las citas vienen de la primera edición de *Queda la noche*, publicada por Planeta en noviembre de 1989.

Otra viajera, una alemana, Gudrun Holdein, la admira e insiste en sacar unas fotos de ella que aparecerán luego en España. En Delhi, Aurora también llega a conocer a James Wastley, que la impresiona por su confianza y su habilidad para adueñarse de la situación. Cuando regresa a la rutina de su vida en Madrid, Aurora aprende que otra turista española que conoció en el viaje ha muerto de una manera sospechosa. La policía le interroga porque sabe que ella pasó tiempo con la mujer en la India.

Gudrun Holdein reaparece en Madrid, y visita a Aurora en el piso de sus padres donde le presenta las fotos del viaje. También le da un brazalete, que le explica que es regalo de Ishwar. Cuando la alemana le propone que la acompañe a Toledo, la intimidad de la propuesta le da asco, y no la acepta.

En una fiesta en Madrid, un pintor joven, Alejandro, reconoce a Aurora. Parece que durante una visita a la casa de campo de su tía Carolina, él había encontrado unas fotos en un cajón que la señora Holdein había dejado allí durante una visita a su vieja amiga. Inspirado por la foto, había hecho un retrato de Aurora. Después de este encuentro, Aurora y Alejandro se hacen amantes.

La vida de Aurora se complica más con la visita de Félix, hijastro de su tío Jorge. La irresponsabilidad de sus tíos hacia el joven provoca la compasión de la madre de Aurora, y él pasa unos días con la familia en el piso. Debilitado por una enfermedad reciente y con necesidad de descanso, Alejandro le recomienda que Félix se recupere en la casa de campo de su tía Carolina, mujer rica que comparte la vida con la madre-viuda de Alejandro. Félix pasa un mes agradable con las mujeres mayores, pero escapa antes de que su padrastro lo recoja. Al final de la historia aprendemos que ha salido de España para vivir en Honolulú.

Un año después del viaje misterioso al Oriente, Aurora y Alejandro pasan un mes en el Levante en una casa cerca de la playa; él pinta y ella disfruta del ocio, lejos de su trabajo y de sus padres. La tranquilidad se rompe cuando James Wastley entra de nuevo en la escena, explicándole a Aurora las noticias enigmáticas de los espías de la KGB que ella había leído en el periódico. Revela que Gudrun Holdein es agente de la KGB, y que él trabaja para el servicio secreto británico como agente doble. La atracción sexual entre James y Aurora, que había empezado en Delhi, se cumple ahora. Wastley muestra curiosidad en cuanto al brazalete indio que lleva. Cuando se lo pide, ella se lo entrega. Como Ishwar en la India, James desaparece rápidamente de su vida. Entretanto, Alejandro se esfuerza por esconder los celos que siente a causa de la intrusión romántica de James en su idilio veraniego. Los silencios en la relación dan lugar a su disolución previsible.

Así como Aurora representa a la nueva mujer española, su hermana Raquel, doce años mayor que ella, simboliza la mujer de la generación anterior. Cargada con una familia grande y un esposo insoportable, está pasando por una crisis sentimental. Descontenta de su matrimonio, se enamora del psiquiatra que la está tratando a causa de su depresión. Ambas hermanas comparten una disatisfacción con sus vidas, aunque por razones diferentes.

El próximo otoño después del viaje al Oriente, Aurora recibe una carta de Gudrun, en la cual confiesa que el brazalete fue regalo suyo, y que se ha enamorado de Aurora. Tenemos la impresión de que la señora Holdein está encarcelada ahora por sus actividades ilegales como agente de la KGB y por haber robado la pulsera de una colección de antigüedades.

En otra carta, ésta de James Wastley, Aurora aprende que la señora Holdein ha sido detenida, y que la española, cuya muerte se había investigado, en realidad se suicidó. Afligida, Aurora se da cuenta de que ella misma ha ayudado a James a condenar a Gudrun porque él había utilizado la pulsera como evidencia para traicionarla. Sin saberlo, Aurora ha sido "colaboradora." Aunque James revela en su carta algo de la red de espionaje y contraespionaje, se quedan muchas preguntas sobre el papel que han desempeñado las otras personas que han entrado en la historia. Aurora está abrumada por la intrusión del azar en su vida. Es incapaz de descifrar lo que le está pasando, y se siente impotente frente al misterio del drama que se va desenvolviendo. Se ahonda en su soledad oscura e inquietante.

5.1.1 Espacio, tiempo, estilo, tono

La novela está escrita en primera persona. Es una confesión de memorias recientes. De Madrid y el piso de sus padres, sale Aurora a los arrabales de la ciudad con ellos en su visita anual a El Arenal, y con Alejandro a la casa de campo de su tía en El Saúco. Pasa la narradora unos días en el Japón y

Hong Kong antes de pasar la temporada en la India. El ambiente exótico del Oriente llega a ser escenario apropiado para las ocurrencias misteriosas. La acción transcurre durante un poco más de un año. Como en las novelas anteriores, el estilo de *Queda la noche* es sencillo y conversacional. Las elipsis, tan características de las novelas previas, no fragmentan esta narrativa. La obra se caracteriza por una fluidez de lenguaje y trama. A diferencia del tono cínico y amargo de *Todos mienten*, esta novela emplea la ironía, y se desprende un tono más delicado, poético, y reverencial, notable en sus referencias al azar y a la naturaleza. Al llegar a Delhi, en el taxi, Aurora se deja envolver "por la atmósfera caliente, llena de olores y ruidos[,] de la noche..." (23). Empiezan sus reflexiones sobre el azar: "... creo que intuí que todos los pasos que había dado para llegar hasta allí eran el preámbulo de algo, y aun cuando entonces no podía saber qué sería ese algo ni las consecuencias que en mi vida tendría, recuerdo que decidí aceptarlo" (23). Y, rumbo al Valle del Saúco, es impresionada por la belleza del paisaje: "Había florecido los almendros y su color rosado se divisaba desde lejos, entre las tonalidades verdes del campo" (128). Además, la prosa crea un ambiente de miedo, que sirve para ahondar las sensaciones de persecución y aislamiento experimentadas por la narradora-protagonista. En un "mosquito" en Delhi, por ejemplo, nuestra heroína piensa: "Y hacía el mismo calor, y el mismo calor que la noche de nuestra llegada, cuando Mario y yo atravesamos a Delhi en un taxi, silenciosos y cansados, mientras yo pensaba que algo me esperaba en esa ciudad oscura y sofocante" (67).

5.1.2 La intertextualidad

Dentro de la narración compleja que es *Queda la noche*, encontramos referencias a la ópera, al cine, y a la literatura. La frase que pronuncia Wastley en Delhi, que Aurora descubre más tarde, es nada más que un código secreto: "Hay dos formas de aficionarse a la ópera. Ver *Norma* en la Scala de Milán o ver la película *Fitzcarraldo*." (68), influye en la decisión de Aurora de asistir a la producción de la ópera en Madrid. Más tarde, trata de encontrar pistas a las casualidades misteriosas que invaden su vida, escuchando y reescuchando un cassette de la ópera romántica y trágica de Bellini.

Cuando Aurora ve la película *Fitzcarraldo* de Werner Herzog, es a fin de entender el mensaje de Wastley. Esta película describe detalladamente cómo un hombre convierte su amor por la ópera en una empresa de construir una casa para la ópera en la selva tropical de Sudamérica. Emplea la ayuda de una multitud de indios, que sin entender la visión idealista de su jefe, le ayudan, pero también le presentan con muchos obstáculos. Al final, el arte triunfa con la representación de *I Puritani* desde barcos en medio del Amazonas. La imagen potente del barco que empujan los indios sobre la montaña en la película se transforma en un sueño con un escenario de *The Adventures of Huckleberry Finn* de Mark Twain. Aurora recuerda:

> Aquella noche soñé con el Mississippi, con aquel legendario barco de ruedas que avanzaba majestuoso por sus aguas. Alguien me cogió de la mano y yo me volví. No sé con quién esperaba encontrarme, pero no con aquella persona que seguía apretando mi mano, cada vez con más fuerza, pero sin hacerme ningún daño. "¿Quién eres? — le pregunté —; ¿por qué me has cogido la mano?" "No soy Tom", me dijo él, y entonces vi que era un chico, uno de esos chicos como los hay a cientos, con los que te puedes cruzar por la calle sin mirarlos nunca, un chico normal, ni alto ni bajo ni feo ni guapo, un chico que, sin embargo, se acerca de repente a ti desde el fondo de un bar y todo se transforma, todo encaja. "No soy Tom — repitió —; soy Huck."
> Anoté ese sueño, que en aquel momento me pareció extraordinario; creo recordar que lo que me impresionó fue el paisaje que se veía desde el barco, y el aire que acariciaba el cuerpo, y el sol dorado, la sensación de placidez y calma y no querer nada más sino seguir a lo largo del río. Y lo que me dijo el chico también me gustó. Yo siempre he preferido a Huck. (122-123)

Se puede hacer una relación entre Huck en el sueño y el joven Félix que visita a la familia y que había pasado la noche mirando *Fitzcarraldo* con Aurora. El sueño refleja su necesidad de paz y un interlocutor simpático. Aprendemos al final de *Queda la noche* que *Fitzcarraldo* fue el código secreto de la operación secreta soviética.

En las novelas anteriores, Puértolas apenas ha utilizado el recurso de la intertextualidad. Ha hecho homenaje a Raymond Chandler en *El bandido doblemente armado* por prestar atención al tema de la amistad y por llamar a sus personajes por los mismos nombres de los de *The Long Goodbye*, pero sin mencionar ni el autor ni la novela norteamericana dentro del texto. Es distinto con *Queda la noche*, donde las alusiones literarias figuran como citas, y forman parte integral de la novela.

A petición de la tía Carolina, Félix lee el primer párrafo de la novela *Wuthering Heights*. El tributo a Emily Brontë se subraya acto siguiente con el elogio de la novela inglesa del siglo XIX. Dice Carolina: "—No hay novela comparable a ésta ..." (137). Después de la lectura breve, parece que el mundo literario invade el ambiente que ocupan los personajes. Aurora parece ser transportada por las palabras que ha escuchado. Observa:

> Tomamos aquella copa y al fin la madre de Alejandro se levantó y nos deseó las buenas noches. Alejandro volvió a sentarse en su butaca y perdió sus ojos en la pared de enfrente. Su mirada no guardaba ninguna semejanza con la mirada huraña y desconfiada de Heathcliff, ni aquel cuarto era en absoluto parecido al que había habitado Heathcliff. Pero el aire enrarecido de la novela cuyo inicio acababa de ser leído en voz alta se había quedado flotando sobre nuestras cabezas. Y deseé tener las dotes de observación del viajero Lookwood y su capacidad para escuchar serenamente apasionadas historias. (137-138)

La vida de Aurora llega a ser un palimpsesto en el cual se mezclan el arte con la realidad en su percepción consciente e inconsciente del mundo. Otro ejemplo de la confluencia de la literatura y la vida ocurre cuando Aurora se despide de su hermana. Ve a Raquel como heroína rusa, posiblemente una de las mujeres tristes de Chejov:

> ...después de dejarla aquel atardecer, rodeada de las bolsas de sus compras, la volví a envidiar, porque su vida, que a ella le parecía triste, sin sentido y sin esperanzas, según hubiera definido un novelista ruso, había dado paso, repentinamente, a ese momento que había evocado en la cafetería.... (156)

Esta juxtaposición entre la realidad vivida y las alusiones culturales internacionales dan textura y riqueza a la narrativa. En una entrevista con Miguel Riera, Puértolas comenta sobre las influencias en la literatura de los novísimos. Refiriéndose a la censura y la represión de la época franquista, dice:

> — En este país ha habido una especie de eslabón perdido, y yo me siento un poco así. La generación inmediatamente anterior a la mía vivió una gran admiración por todo lo francés. Los libros se compraban en Francia. Pero yo no participé de esa etapa. Para mi generación lo más importante fueron la música y el cine.... (Riera 48)

En *Queda la noche* la interacción con la cultura del pasado enriquece el desarrollo psicológico de la heroína, ofreciéndole nuevas perspectivas.

5.2 Aurora

> "...la tristeza es amiga de la soledad."
> (Rojas 121)

La dinámica de la novela se centra en Aurora. Hay pocas descripciones de ella, pero intuimos que es atractiva y que posee un magnetismo personal que atrae a la señora Holdein y a los seis hombres que exhiben un interés romántico en ella. Si examinamos la novela estructuralmente, Aurora parece estar colocada en el centro de una rueda, como Javier en *Todos mienten*, y sus acciones corresponden a las exigencias de todos que la afectan, como si fuera manipulada por ellos. Su nombre, sin embargo, no se revela hasta muy avanzada la novela, en la página 108. Puértolas ha empleado este mismo recurso en *Todos mienten*: se guarda el nombre del protagonista hasta casi el final de la novela. Tiene el efecto de negarles una identidad social y psicológica (McNeece 8). El nombre Aurora parece irónico, porque además de buscar su identidad, busca la iluminación, una clave para entender la vida. Sólo encuentra complicaciones que la arrastran cada vez más hacia la oscuridad que la luz. Es interesante notar que la historia principal empieza con Aurora, (nombre mitológico para el amanecer), en el Oriente y termina en España, el oeste, (el atardecer). Por toda la novela la heroína se muestra sensible a la luz, y especialmente a la luz crepuscular y la ausencia de luz de la noche; de donde colegimos que le "queda la noche."

Si examinamos a la protagonista bajo los parámetros elucidados en el capítulo introductorio de este estudio, interpretando su soledad desde la perspectiva personal, interpersonal, social, cultural, y cósmica, podemos hacer unas generalizaciones. Aurora es de la clase media alta, guardián a pesar suyo de sus padres y mujer emancipada a la vez. Está deprimida por ser abandonada por un político español. El viaje a Oriente le sirve de escape, un medio de olvidarse de los problemas personales. Su *anomie* se evidencia por toda la novela, y su melancolía se intensifica mientras se enreda la trama. Al nivel personal observamos a una mujer que ha elegido la soledad; no quiere ni casarse ni formar una familia. Descubre, sin embargo, que el peso de la libertad es demasiado oneroso.

La autora explora el aislamiento de Aurora más en el sentido interpersonal. Mientras guarda su independencia personal ferozmente, entra en relaciones que ni le convienen ni le enriquecen, pues no duran apenas. Necesita al otro, pero generalmente la interacción resulta insatisfactoria.[2] Cuando observamos a Aurora con su familia y sus amigos, las interacciones nos impresionan por la falta de calor. Como lectores estamos conscientes de su atractivo y su poder seductivo, pero nunca se describen explícitamente. Tampoco leemos descripciones detalladas de los otros personajes. Esta técnica contribuye al misterio de la narrativa, y también crea una sensación de distancia de los demás personajes. Compartimos, de cierta manera, la alienación que experimenta la narradora. La soledad interpersonal se revela efectivamente por esta vaguedad en las descripciones. El detalle meticuloso se guarda para la estructura de la trama. Así que la forma y el tema de la novela se unen. Aurora sufre más a causa de su dificultad con crear enlaces auténticos con los otros. Las relaciones sexuales consecutivas que busca dan lugar a una soledad intensa; si representan un medio de establecer la comunicación con el otro, también representan, en este caso, lo efímero de esa comunicación, "las imposibilidades de la comunicación"(R. Gullón 28).

Aurora no muestra ninguna conciencia social. Su precupación por el cuidado de sus padres, el trabajo, y sus relaciones amorosas tienen más importancia en su vida. Parece abrumarse con sus responsabilidades, y en los momentos libres quiere disfrutar de la vida.

Si consideramos la soledad cultural que experimenta, observamos que es atraída por gente de otras culturas, como Ishwar y James, mientras que hace crítica explícita o implícita de Fernando, Alfonso, Mario, Alberto y Alejandro. Por ello deducimos en ella cierta intolerancia por el hombre español. Como hemos apuntado en *Todos mienten*, la autora observa su propia cultura con ojo crítico. En *Queda la noche*, comenta Aurora sobre su ciudad y sus habitantes:

---

[2]Joan Lipman Brown habla de la insatisfacción de la vida emocional de la nueva mujer española:

> For women of the second generation...individual struggles for autonomy are much less brutal than they were in their mother's day. However, emotional rapport with another human being is no easier, and possibly more difficult to achieve in the casual, hedonistic society of contemporary Madrid. And the much-touted 'new standards' do not vitiate the cruel 'double standard' by which women traditionally have been judged. (Brown, "The Challenge..." 97)

Había acabado el verano. Madrid volvía a recuperar su ritmo de gran ciudad desbordada, que promete más expectativas de las que es capaz de cumplir. Y, dentro de ese ritmo, las personas pierden un poco el suyo, se diluyen en las tensiones de la ciudad, se adaptan a sus reglas, más o menos fácilmente, con más o menos resistencias. (230)

Esta crítica cultural de la existencia autómata refleja también su propia melancolía.

La imposibilidad de establecer la intimidad y la confianza con el otro se transforma en una meditación sobre la naturaleza que le ofrece un refugio. Aurora se identifica tanto con su fealdad, como con su belleza. Durante la visita al Taj Mahal, analiza su condición deprimida al contemplar el rió: "Dimos la vuelta al imponente edificio y nos asomamos al río. Un río marrrón, ancho, detenido, levemente agitado por una corriente de aire. Ese río fangoso parecía no avanzar hacia ninguna parte y sentí una gran simpatía por él, casi identificación" (51). En El Saúco, la vista del jardín le inspira tranquilidad y placer. Pinta una soledad cósmica líricamente:

> Estaba algo descuidado pero era un jardín diseñado según los cánones de la jardinería francesa. Nada faltaba en él; entre los parterres, que formaban dibujos geométricos y que hubieran necesitado una poda, divisé un estanque, una pérgola, bancos de piedra entre los senderos y, más a lo lejos, una gran jaula vacía. El sol estaba descendiendo y los árboles eran ya oscuras manchas de color que destacaban contra el azul cobalto del cielo. No se escuchaba el ruido de ninguna voz humana, sólo el alboroto que producían los pájaros y, a lo lejos, el rumor de un motor en marcha. (132-133)

La música de los pájaros y la luz crepuscular infunden su estado solitario con armonía y paz. Su identificación con la naturaleza se desarrolla mientras su alienación del otro persiste.

Además de apreciar la belleza natural, Aurora encuentra cierto placer al observar las simetrías que parecen existir en las casualidades que rigen su vida. Últimamente, sólo tiene confianza en la naturaleza y el azar.[3]

---

[3] Como hemos dicho en la introducción de este estudio, Puértolas está vinculada con la tradición literaria española. En *La creación del personaje en las novelas de Unamuno*, Agnes Moncy habla de la lucha con la soledad de algunos de los personajes de Unamuno: "...Unamuno estudia al hombre en el vacío, con intención de descifrar cuál es el sentido de la soledad en la existencia humana." Al examinar a Don Rafael, Moncy explica: "...su libertad consistía estrictamente en aceptar lo que le ofrecía el azar. Dentro de su concepto de ser—que excluía el comprometerse voluntariamente, sin esperar la ocasión concreta que lo exigiera—era libre." En *Queda la noche*, Aurora vive una filosofía semejante. Moncy

5.3 La religión de la familia y el pasado

Aurora no puede separarse de sus padres mayores. No oculta el leve resentimiento que siente por tener que atenderlos:

> Desde que mi hermana Raquel, hace muchos años, se casó, estoy a cargo de mis padres, que reservan toda su fragilidad para los momentos críticos, del tipo que sean, aunque sólo se trate de organizar un veraneo, y cobran un aspecto estremecedoramente desvalido en cuanto me ven salir por la puerta. (9)

La narradora apunta que la inercia y la monotonía marcan su vida cotidiana. Las tensiones en su relación como pareja alientan su dependencia emocional de su hija soltera. Ella necesita huir del mundo ordenado que sus padres prefieren, y que ella los ayuda a mantener. También, los padres encarnan las memorias de su pasado, algo que prefiere olvidar. Nos ofrece un retrato nada simpático de ellos: "...mi madre, espíritu frívolo y huidizo que disfrutaba, como mi padre, más fuera del hogar que entre sus serenas disposiciones. El momento estelar de mi madre era cuando salía de casa, bien arreglada y perfumada, para tomar el aperitivo con sus amigas" (12). Sigue la crítica de su madre: "...se quejaba tan continuamente y de las cosas más insignificantes y cotidianas que no dejaba de oírla" (84). De su padre indica que sólo estaba contento cuando revivía el pasado o criticaba a los nacionalistas: "...ese delicado asunto en el que tenía las ideas especialmente claras" (80). Autoaislados, de cierta manera por su vejez, son el cuadro de la pareja triste: "Quejarse el uno del otro, eso era lo que consistentemente hacían cuando hablaban conmigo. Ése era el papel que jugaban mejor. Llenaban años entrenándose" (174).

Por rutina, cuando Aurora regresaba de su trabajo, los encontraba mirando la televisión, "...envueltos en una atmósfera de miedo, impotencia y tristeza, porque su vida, como todas las vidas, se acababa.... ¿Qué era lo que los entristecía?, ¿su vida, la mía o la vida en general?" (79).

En el cuadro *Hotel by a Railroad*, 1952, (fig. 1.4), de Edward Hopper, vemos a una pareja vieja, que recuerda a los padres de Aurora, por su aire. La mujer está ensimismada, leyendo su libro, y el hombre tiene una mirada amortiguada por los años, incapaz de anhelar nuevos horizontes. Podemos intuir que están

---

concluye: "El hombre cuya soledad se debe al azar no llega ni a concentrar ni a difundir su ser. Vive amputado porque no sabe salir de la soledad impuesta por las circunstancias." (53-55).

casados, y que el estado matrimonial les ha exigido demasiados compromisos. El calor que sienten contribuye al estancamiento de sus vidas. La luz del sol se observa afuera, mientras el cuarto que habitan se llena de sombras. Los colores apagados, azules y grises, y la escasez de detalles en la representación de las figuras y del cuarto, comunican la monotonía de sus vidas.

Aurora es prisionera de sus padres. En un artículo "The Feminine Spirit," Puértolas enjuicia este aspecto de la vida de su heroína:

> In the States, it would be strange for a young woman to go off with different men and continue to live at home, ... One wonders, why doesn't she just get her own apartment? But in Spain parents want their children near, so everyone adapts rather than lose that important tie. (109)

En realidad, Aurora no puede huir ni de ellos ni del pasado que encarnan.

5.3.1 Raquel—la soledad sentimental

Raquel es la mujer estereotipada de la generación anterior. Los doce años que separan a las hermanas abarcan dos mundos distintos. Raquel se sacrifica por su esposo egoísta y sus cinco hijos. Reconociendo las compensaciones de su estilo de vida *yuppie*, Aurora piensa en la vida dura de su hermana y se pregunta: "...a pesar del trabajo que su familia le exigía, habría un momento en el día en que ella también se sentiría libre y miraría al mar, al horizonte, a las puestas del sol, y lanzaría un suspiro de dolor, alivio o nostalgia" (15).[4]

Después de veinte años de matrimonio, Raquel admite que se siente atrapada en una vida "vulgar". Ha consultado con un psiquiatra, y se ha enamorado de él. Explica: "Me gustaría llamarle para hablar, para tener un amigo, para sentirme comprendida" (153).

---

[4]Hay una crítica más aguda del esposo de Raquel, Alfonso, en un borrador del primer capítulo que apareció en *Revista de Occidente*, julio-agosto, 1989:

> ...Alfonso no puede prescindir de sus aficiones marítimas: desde la pesca submarina hasta el windsurf. Plenamente dedicado a todos los deleites que el mar, el calor y la playa ofrecen, mientras mi hermana cocina, limpia y plancha, y sus hijos se pasean por el pueblo, las carreteras, los callejones, senderos y caminos más recónditos, libres al fin del rígido control paterno, no toleraría la menor alteración de sus planes y mucho menos la presencia de dos personas ya achacosas a las que hay que dedicar algún cuidado. (Puértolas, *Revista de Occidente* 239)

Se puede comparar este párrafo con la versión final en la página 14 de la novela.

Hay un paralelo entre la escena en la cafetería y el cuadro *Chop Suey*, 1929, de Hopper. La conversación de dos mujeres en un restaurante simple pueda tratar de problemas íntimos. El artista parece captar esta tentativa de comunicación en las expresiones de las caras que vemos. Al fondo, vemos a un hombre que parece ser incomunicativo; está perdido en sus pensamientos. La luz del atardecer que entra por la ventana evoca la epifanía de Raquel al atardecer en la oficina del psiquiatra cuando descubre un nuevo sentido en su vida.

Aurora revela que jamás se casará. Se da cuenta del vacío emotivo en su vida, y envidia a su hermana, porque ella ha llegado a un momento en el cual está lista para cambiar su vida, reinventarla con otra persona y recrear la felicidad del amor que ha perdido. Antes, en la India, Aurora se había imaginado en otras realidades con otras identidades. Ahora desea saber cómo hubiera sido su vida si hubiese sido su hermana. En la India había pensado: "...lo mejor siempre está en la otra orilla..." (51). Esta atracción por "la otra orilla," junto con sus pensamientos ansiosos da lugar a su decepción con su posición de mujer liberada. Presenta un autorretrato algo amargo de su vida sin amor:

> Bien sabía yo cómo acababan esas experiencias y qué cúmulo de desencanto iban dejando en mí, qué significaba volver a casa después de un rato de amor sin encontrar nada nuevo en mí, sólo una sensación de vacío, y la remota conciencia de que alguien había sido engañado, porque nunca se alcanzaba la igualdad, porque ni siquiera yo era capaz de ofrecer lo que hubiera pedido siempre del otro, sea lo que fuere. Un juego de malentendidos y de desconcierto que trataba de apartar de mi mente al cabo de unas horas o unos días, para tratar de vivir sin analizar mis sentimientos, sin dejarme hundir por ellos, porque sabía que era mejor seguir buscando, sin esperanza alguna, pero seguir buscando, o vivir como si siguiera buscando, de forma que todavía no estaba a salvo de nada, porque la única conclusión a la que había llegado es que la desesperación no puede combatirse, al menos, esa clase de desesperación y esa clase de combate, que nacen de saber que, por debajo del vacío que se siente en cada regreso a casa después de un rato de amor, está el vacío del que nunca se puede marchar, del que nunca consigue avanzar hacia el otro, del que avanza más por huir que por convicción. Pero, seguramente, en la imaginación de Raquel, mis aventuras o mi sucesión de novios debían de obedecer a un sentido feliz de la vida, una capacidad para enredarme en la vida de los demás y compartir con ellos el placer, obtener y ofrecer comprensión, apoyo y estímulos. (155)

En *Queda la noche*, las dos hermanas muestran su habilidad para autoanalizarse, pero la visión del futuro prefigurada por Raquel posee más promesa que la de Aurora, que parece estar condenada a acciones repetitivas y fútiles.

5.3.2 El feminismo como subtema

Durante un próximo encuentro con Raquel, Aurora se encuentra revelando opiniones feministas. Después de comprar mucha ropa en rebajas, Raquel está disgustada con su codicia, cuyo exceso atribuye al desierto afectivo de su vida de casada. Aurora no apoya su posición. Enojada le dice: "No creo en la satisfacción sexual.... Son los hombres los únicos que tienen la fórmula de la satisfacción. Para la mujer, obtenga o no esa satisfacción, la vida sigue siendo lo mismo: insatisfactoria" (207). La intensidad de sus palabras se anula porque a continuación nos expresa sus pensamientos sobre su novio Alejandro: "A pesar de todas mis teorías, tenía ganas de verle" (208). Su antagonismo hacia el sexo opuesto está subvertido con su dependencia de ellos por la felicidad y su insistencia en el placer. Quiere creer en el poder redentor de un amor romántico, pero las relaciones amorosas que experimenta nunca duran.

El texto explora la experiencia femenina. Como su antecedente, la norteamericana Lilly en *Burdeos*, el personaje de Aurora nos capta por su credibilidad y autenticidad. Mientras Lilly encuentra paz en el auto-conocimiento, Aurora sigue un camino más torturado. Aunque es la encarnación de la nueva mujer liberada española, profesional, con poder económico, en realidad se queda sin poder en el patriarcado. La heroína, con sus afirmaciones sobre sus insatisfacciones, parece estar cuestionando los nuevos mitos de feminismo. Es el desencanto y la angustia de la libertad. El exilio personal que ha vivido su hermana Raquel en su estado tradicional de supermadre y casada perfecta, se transforma en un semejante exilio interior en Aurora. Ella presenta un orden social en el cual el abismo entre los sexos todavía perdura. No quiere ser una "pobre mujer," nombre que ha empleado su madre para describir a su hermana. Ha notado que la señora Holdein también ha sido estigmatizada con el epíteto "pobre," por la tía Carolina. Aurora está orgullosa de que su amigo Mario no la considere una mujer vencida: "Mario se preciaba de conocerme bien y no daba demasiada importancia a mis obsesiones. Siempre he pensado que me tiene por una mujer fuerte" (20). Sin embargo, al fin y al cabo tenemos la impresión de que la protagonista es una figura doblemente atrapada — primero, como mujer, buscando sin éxito una afirmación de su feminidad, y como ser humano, vulnerable a las peripecias y fuerzas incontrolables del destino.

Después de contarnos su historia, Aurora nos deja con la imagen de la noche. ¿Puede ser una noche del alma donde ella está dispuesta a entregarse?[5] ¿O es una referencia a la interacción inevitable de las fuerzas cósmicas de *yin* y *yang* en la presencia de cambios dinámicos en el mundo y en el universo? La noche, la sombra o *yin*, símbolo de lo femenino, forma parte de la dualidad constante que queda pasiva en su interacción con la fuerza agresiva del *yang*. Así que "queda la noche" puede implicar que también queda la feminidad, captada en la red de la oscuridad. Asís Garrote interpreta la noche de esta novela poéticamente: "La noche aquí, banal y vacía, sigue siendo la metáfora tradicional que expresa la oscuridad de la existencia" (Asís Garrote 397). Irónicamente, la heroína se llama Aurora, nombre que sugiere tal vez su intención de luchar con la noche.

5.4   Aurora y el espacio de la soledad

Aurora pasa por espacios reales: Madrid, El Arenal, Kyoto, Hong Kong, Delhi, el Valle del Saúco, y Jávea en el Levante. Hay énfasis en los espacios interiores de la mente de la protagonista. Madrid es el punto de partida y la destinación de su peregrinación. El Arenal representa los veranos de su niñez que quiere olvidar. En El Oriente experimenta la aventura corta, que complica su vida con consecuencias que la asustan. El Valle del Saúco y Jávea le ofrecen oportunidades de descansar y de pensar en las casualidades misteriosas que insidiosamente han cambiado su vida. Expresa una actitud negativa en cuanto

---

[5]En la escritura de Luce Irigaray, habla de la noche y su afinidad con la experiencia mística:

> ...mystical discourse is the 'only place in Western history where woman speaks and acts in such a public way'.... Mystical imagery stresses the night of the soul: the obscurity and confusion of consciousness, the loss of subjecthood.... Though still cirumscribed by male discourse, this is a space that nevertheless is vast enough for her to feel no longer exiled. (Moi 136-137)

a Delhi: "...esa ciudad oscura y sofocante" (67). Su visita al Taj Mahal no la emociona tampoco: "Recorrimos magníficas estancias y patios, arrastrando los pies por el suelo sagrado. Yo estaba demasiado cansada y hacía demasiado calor. Había demasiada gente a mi alrededor y el Taj Mahal era demasiado grande" (50). El calor la rodea por toda la historia. Parece que ella se sofoca en los ambientes calientes. En el apartamento de sus padres en Madrid, no hay aire acondicionado, y subraya que todos tienen que escapar del calor de la ciudad durante el verano.

Sola y encerrada en el piso de Madrid, después de un viaje profesional, Aurora se queda en la terraza imaginando cómo son las vidas de las personas que ocupan los apartamentos de enfrente:

> Creía conocer de memoria esa fachada de balcones redondeados y barandillas de barrotes horizontales, al estilo de los años veinte.... Casi todas las ventanas del piso de enfrente estaban abiertas.... Las vidas de la casa de enfrente, sólo intuidas, eran, todas envidiadas por mí. No eran, sin duda, tan distintas de la mía, pero todas parecían resueltas, acabadas, en su aburrimiento perfectamente justificado de tarde de verano. Todavía sin completar, como cualquier vida humana, e igualmente dignas de compasión unas y otras, todas parecían asombrosamente autosuficientes a esa hora de la tarde, cuando se inicia el declive de la luz. (224-225)

Esta observación resalta la sensación que ella tiene de ser incompleta. Hopper, como Puértolas, parece tener un interés melancólico en las vidas desconocidas. Esta obsesión con la arquitectura y con los mundos distintos de las vidas ajenas recuerda dos cuadros de Hopper. En *House at Dusk*, 1935, (fig. 5.1), el artista representa la diversidad y la monotonía a la vez, de las vidas que habitan los espacios detrás de las ventanas parecidas. *Night Windows*, 1928, (fig. 5.2), muestra una exploración de la interacción entre la arquitectura y el espacio que ocupa el individuo dentro, que lo encarcela. De algún modo, el ser humano parece más solitario dentro de los edificios grandes que pinta el artista. Esta habilidad de juxtaponer lo de fuera con lo de dentro también se nota en las referencias a la ventana del cuarto de Ishwar y James. Ishwar puede escuchar y mirar a Aurora mientras nada en la piscina del hotel.

El espacio interior de los sueños de la heroína nos proporcionan intuiciones sobre su estado anímico. Cuando sueña con el barco de ruedas en el Mississippi, le impresiona la tranquilidad del paisaje y el calor placentero del sol. Ella no quiere sino "...seguir a lo largo del río" (123). Esta noción de dejarse pasear

112 QUEDA LA NOCHE

Figura 5.1: Edward Hopper, *House at Dusk*, 1935. Oil on canvas, 36 1/4 x 50 inches. Virginia Museum of Fine Arts, Richmond, Virginia; The John Barton Payne Fund.

Figura 5.2: Edward Hopper, *Night Windows*, 1928. Oil on canvas, 29 x 34 inches. The Museum of Modern Art, New York. Gift of John Hay Whitney.

por la vida sin cuidados y su curiosidad renovada por "la otra orilla," parecen ser compatibles con su personalidad.

En el Hotel Imperial en Delhi, después de una noche larga combinada con una mezcla desastrosa de whisky y hachís, vemos a una Aurora mareada y confusa buscando su cuarto en la oscuridad del pasillo:

> Subí al segundo piso y busqué como pude, apoyándome contra las paredes, el número 219. Vencí con dificultad la empresa que surge, ineludible y tópica, en esos casos: introducir la llave en la cerradura. Uno se siente bastante estúpido frente a un problema tan repetido en la historia de la humanidad, desde que existen las cerraduras. (43)

Parece que simbólicamente Aurora busca no sólo el sexo, sino también una clave para la vida, cierto entendimiento de su identidad y su soledad.

Durante la noche de amor con Ishwar, no puede soportar el sonido de su respiración. Expresa su preferencia de estar sola en su propio cuarto: "...salí de la cama y de la habitación y me encaminé a las mías, andando de nuevo un poco perdida y desorientada por los pasillos del hotel, habitualmente en penumbra y ahora blanqueados por la pálida luz del alba" (58). Este episodio real está transformado más tarde en un sueño paralelo a la experiencia. Así que su estado depresivo, perpleja y miedosa se refleja en sus acciones en los espacios que habita, consciente e inconscientemente. Antes de reencontrarse con James Wastley, vemos la transformación del episodio actual en el sueño que describe:

> Aquella noche soñé con Delhi. Por los pasillos alfombrados del hotel Imperial, a una hora confusa de la madrugada, yo iba de habitación en habitación dando pequeños golpes de alarma. Eso es todo lo que vagamente recuerdo de aquel sueño, porque no lo anoté. Me pareció importante y simbólico, pero no tenía a mano lápiz y papel. (183)

El cuadro *Anxious Journey*, 1913, de Giorgio de Chirico, (fig. 5.3), capta el miedo que Aurora experimenta en el sueño. Las sombras que aniquilan la luz poseen un misterio insondable. El viaje que ella había emprendido para olvidarse del dolor afectivo, se convierte en viaje interior que exige una confrontación con sí misma. El resultado es que ni los espacios en España, ni los espacios fuera del país le producen escape o iluminación. Muy al contrario; van formando una red confusa. Sonia Mattalía llama el viaje una "parodia de la aventura," y dice: "El viaje de Aurora no es un viaje romántico, sino un

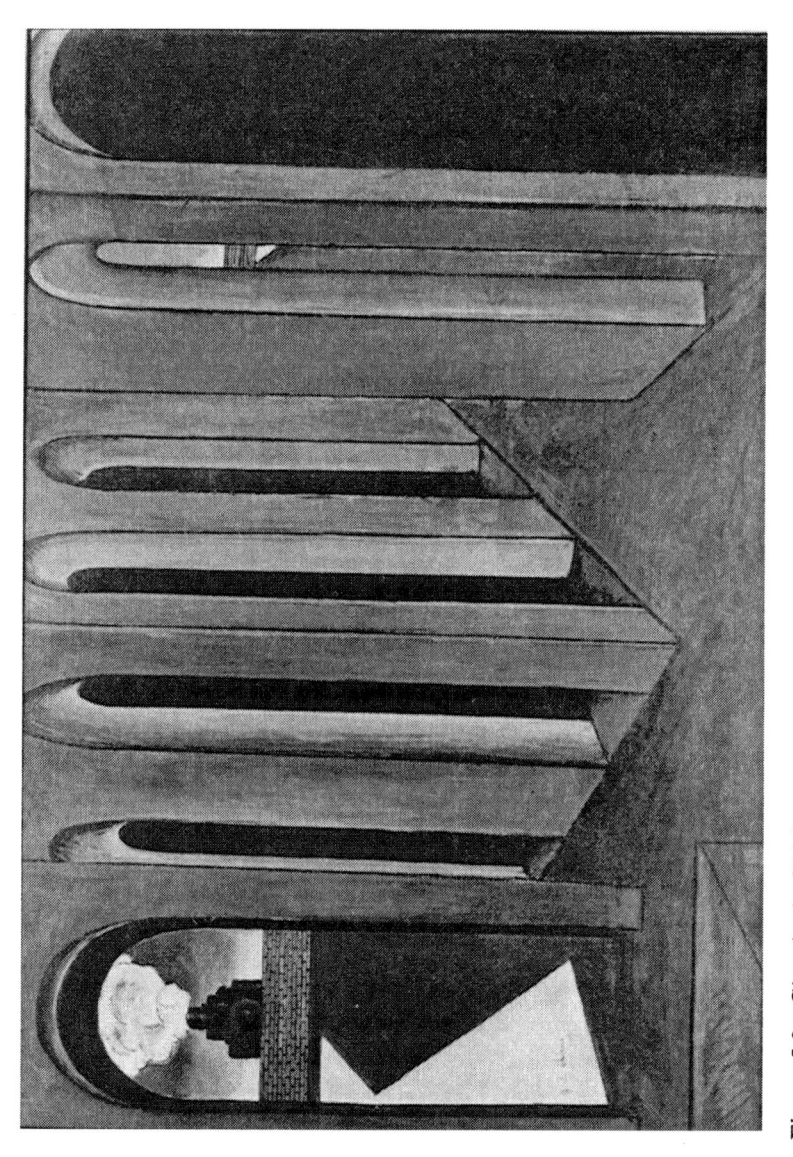

Figura 5.3: Giorgio de Chirico, *Anxious Journey*, 1913. Oil on canvas, 29 1/4 x 42 inches. The Museum of Modern Art, New York. Acquired through the Lillie P. Bliss Bequest.

viaje deceptivo donde el 'tocar fondo' y la 'aventura' se reintegran a la rasa verdad de lo cotidiano" (Mattalía 27).

5.5 Ishwar y el preámbulo de amor

Este preámbulo romántico empieza en la casa del sacerdote cuando los dos son purificados en un rito que sirve de un bautismo de amor: "Habíamos salido de la fiesta religiosa no sólo bendecidos sino más seguros de nuestras intenciones, que habían empezado a manifestarse en unos abrazos un poco furtivos y casi disimulados ..." (39). La narradora emplea la elipsis para evitar una descripción de la experiencia sexual y para guardar su privacidad. Recordando la belleza del encuentro con Ishwar, Aurora se concentra en la magia de los momentos perdidos. Piensa:

> Lo que hace que la aproximación quede en nuestro recuerdo como la mejor y más rica etapa de las relaciones es, precisamente, la llegada a la meta.... Con Ishwar todo había ido discurriendo al mismo tiempo, nos habíamos instalado en el mismo ritmo, habíamos disfrutado confiadamente en preámbulos y metas y podíamos despedirnos con satisfacción, aunque con dolor, con pena, con nostalgia. (70)

Contrasta este encuentro con la aventura insatisfactoria con Fernando: "... para él no había preámbulo, sólo metas" (70). Cree Aurora que una relación amorosa satisfactoria no puede perdurar. Ishwar no vuelve a entrar en su vida, y está condenada a lamentar la pérdida de sus experiencias felices, desde la soledad.

5.6 Mario — el único interlocutor

Mario es la única persona con quien Aurora puede compartir sus sentimientos íntimos. La tensión en esta relación resulta de la dimensión sexual que había existido en el pasado. Se toleran mutuamente sus peculiaridades, y disfrutan de las mismas cosas como los buenos vinos y los buenos hoteles. Pero la identificación entre ellos tiene ciertos límites, causados por esa "recíproca desconfianza" (77) que también sienten ambos. Cuando regresan a España después del viaje a Oriente, Aurora elige no verlo por muchos meses. Tenemos la impresión de que ella se aburre fácilmente y de que ningún ser humano pueda mantener su interés. La descripción de su amistad con Mario, nos proporciona una intuición de la personalidad de Aurora:

> La intimidad, entre nosotros, era algo que se desarollaba en un espacio más bien abstracto, aunque tenía contrapartidas muy concretas. Lo fundamental era que nos llevábamos bien. Éramos, los dos, muy formalistas. Íntimamente desordenados, caóticos, unas veces escépticos, otras desesperanzados, rabiosos y apasionados, nos refugiábamos en la misma clase de convenciones. Y sabíamos que eso era lo que nos unía, aunque en seguida podíamos encontrar otros términos más importantes en los que medirnos. (77)

Perturbada por todos los eventos extraños que le estaban pasando, Aurora busca a Mario para relatar estas circunstancias, y busca su ayuda en clarificarlas. Ella entiende que, "...cuando las cosas se cuentan se transforman y simplifican" (233).[6] Admira la capacidad de Mario de analizar a las personas imparcialmente, y envidia su habilidad de interpretar las situaciones fríamente: "...sus análisis, por muy exagerados que fueran, me tranquilizaban, me ayudaban a situarme, yo también al margen de los hechos..." (235).

Mario va al corazón de la situación que amenaza el bienestar de su amiga, y le ofrece explicaciones. Sugiere que James y Gudrun habían sido amantes, y que después de ser rechazada por James, Gudrun persiguió a Aurora, cuya falta de interés en la mujer mayor, provocó un regreso a James, que últimamente la traicionó.

Con esta conversación entre Mario y Aurora, Puértolas emplea efectivamente el recurso cervantino del perspectivismo. Aunque él ha vivido una experiencia semejante a la de la protagonista, ha llegado a interpretaciones no percibidas por ella. La autora tiene éxito al presentar la vida como un prisma — multifacética con puntos de vista múltiples.

El punto de vista, generalmente surge de las observaciones e interpretaciones de Aurora, pero las conversaciones que tiene con familiares y amigos ofrecen otras perspectivas. Además, tres cartas reveladoras de Gudrun Holdein, James Wastley y Alejandro, que aparecen al final, contribuyen a la habilidad de la autora de manipular visiones diferentes del mundo.

---

[6]Esta reunión nos recuerda la importancia del interlocutor en *El cuarto de atrás* de Carmen Martín Gaite, que facilita su creatividad.

5.7 Gudrun — el amor desesperado

La tía Carolina caracteriza a la señora Holdein como "alma en pena" (135). Tenemos la impresión de que ella ha envejecido antes de tiempo, sin perder, sin embargo, sus aspiraciones a las grandes pasiones cantadas en las óperas que ama. Aurora se da cuenta de que Gudrun la persigue implacablemente. Se disfraza su desprecio, y no responde a sus avances. El único momento de solidaridad entre ellas ocurre cuando Aurora es testigo del rechazo desdeñoso de James; Gudrun sale del grupo de amistades muy insultada.

Las fotos que la alemana ha tomado en la India ponen a Aurora en contacto con su pasado cercano. Aurora, examinando las fotos cuidadosamente en su cuarto después de la visita de Gudrun, evoca el cuadro, *Hotel Room*, 1931, (fig. 5.4), de Hopper, en el cual la carta leída tiene más importancia que la cara de la mujer que está bañada en sombra. Las maletas sirven de recuerdo del viaje. La severidad del cuarto pequeño, el encerramiento de las paredes desnudas, la cama sencilla, la noche que se ve por la ventana, contribuyen a su aislamiento. La imagen de la mujer representada en el cuadro puede ser Aurora, contemplando sus memorias en las fotos melancólicamente.

Cuando mira su propia foto, ve a una persona más "conforme con su destino" (103). La foto sirve de espejo de otro ser. Explora la noción de la doble identidad:[7]

> Había perdido lo que me había dado identidad, coherencia y paz. De forma que la fotografía, aun siendo muy buena, me molestaba, porque señalaba una cualidad perdida, irrecuperable. Y tuve la impresión, algo inquietante, de que una doble mía andaba suelta por el mundo sin saber con qué consecuencias, en aquella fotografía que se podía mostrar, observar y tocar (103-104).

Empieza a aplicar la perspectiva de "la otra orilla" a su propia identidad. Cuando más tarde ve el retrato pintado por Alejandro, su reacción a esta transformación es negativa: "Me llamó y fui a su estudio a contemplar mis fotos de nuevo. Tinta de todos los colores me cubría. Estaba bañada en colores y acabé por no reconocerme. Mejor" (111). Alejandro la ha definido

---

[7]Biruté Ciplijauskaité habla de los acercamientos a la concienciación en *La novela femenina contemporánea (1970- 1985)*: "El recurso técnico usado con más frecuencia en la novela de concienciación es el desdoblamiento con todas sus posibles ramificaciones, incluyendo el doble y el espejo, que también tienen aplicación muy variada" (73).

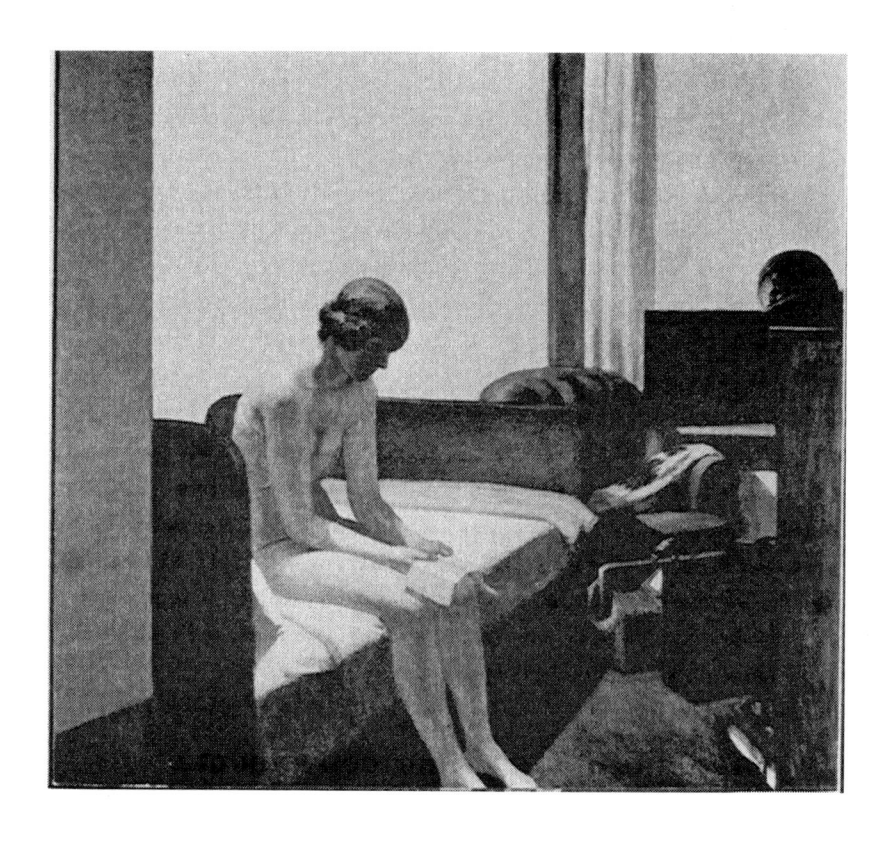

Figura 5.4: Edward Hopper, *Hotel Room*, 1931. Oil on canvas, 60 x 65 1/4 inches. Thyssen-Bornemisza Museum, Madrid.

como una figura casi abstracta, semejante tal vez a una pintura de Willem de Kooning. Por medio de la foto y del cuadro, Puértolas parece estar jugando con la cuestión, ¿qué es la realidad?

Al regalarle el brazalete indio, recuerdo de Ishwar, Gudrun tiene la oportunidad de hacer contacto físico con Aurora, pues la ayuda a ponérselo. En ese contexto le pregunta si quisiera acompañarla a un viaje a Toledo. La joven rechaza el avance sexual y la oferta firmemente.

Aunque las acciones de la señora Holdein empujan la trama, su presencia en la novela es mínima. Revela sus sentimientos íntimos en una carta que le envía a Aurora. La carta expresa su sensación de aislamiento en el mundo y su amor sentimental e idealista por la heroína que guarda como una emoción redentora de su vida. Entiende que el regalo del brazalete la ha traicionado, pero no la culpa a Aurora.

Otra vez podemos imaginar a Aurora como la mujer que lee la carta en el cuadro *Hotel Room*, (fig. 5.4). Gudrun explica que está separada del mundo y desilusionada ahora; atribuye su infelicidad a la falta de amor, y escribe: "Usted despertó en mí un viejo, eterno sentimiento, la única emoción por la que merece la pena vivir y sin la cual morimos lentamente" (214). El idealismo ciego de Gudrun ha producido su interpretación equivocada de la realidad y particularmente su deseo de una relación amorosa con Aurora. Es paradójico que su amor sincero y puro fuera responsable por su caída.

5.8 Alejandro — el amor conveniente

Alejandro llena el hueco afectivo en la vida de Aurora después de la aventura con Ishwar. Ella está orgullosa de su poder sobre él: "Alejandro no era un hombre casado y estaba perfectamente libre de compromiso y, no es por hacer alarde de ello, pero más de una vez me propuso que me casara con él" (111). Seis años menor que Aurora, la vida de Alejandro se rige por su familia en El Saúco y su profesión de pintor. Durante el mes que comparten en una casa cerca del mar, ella se da cuenta de que la relación tiene defectos y con el tiempo se deshace. Analiza la situación así: "...aunque entre Alejandro y yo no todo era perfecto y a veces surgía, inesperadamente, un punto que nos hacía apartarnos y observarnos a distancia, había ratos muy buenos" (172).

QUEDA LA NOCHE   121

Tenemos la impresión de que Alejandro representa otra oportunidad para la heroína de experimentar el placer sin un compromiso verdadero. La música de ópera, *Norma* en particular, con sus escenas de celos intensos, sirve como fondo de su relación. La incomunicación entre los dos, su falta de comentarios sobre la desaparición de Félix, y la evasión de Alejandro de confesar sus celos después de la salida con James, con quien Aurora pasa unas horas de amor, recuerda el cuadro de Hopper, *Room in New York*, 1932, (fig. 1.6). Miramos por una ventana y observamos a una pareja joven. Los silencios entre la pareja son palpables. Parece que hay un tedio callado entre ellos. Les falta la intimidad de la comunicación; posiblemente nunca haya existido.

Pensando en el alivio emotivo de la música de ópera, Aurora entiende la necesidad de recrear otros mitos para su vida. Expresa una atracción por las aficiones de James: "Sus mitos empezaban a parecerme aceptables, o era que yo me iba acercando a su edad, la edad en que tantas cosas han demostrado ser frágiles, inservibles o inalcanzables" (172). Hay, sin embargo, un aspecto de su personalidad que rechaza el cambio: "No hacía falta pensar en nada más. No siempre hay que vivir analizando todo lo que ocurre" (172). Esta ambivalencia respecto a su capacidad de autoconocerse nunca desaparece.

Aunque sus padres dependen de ella, en contra de su voluntad, ella necesita esa dependencia para dar orden a su vida solitaria. Las aventuras amorosas le dan la oportunidad de escaparse de la vida ordenada por los padres. Tanto el orden como la aventura forman partes complementarios de la soledad que experimenta.[8]

5.9 James — el amor azaroso

Hombre de cuarentitantos años, frío y seguro de sí mismo, el inglés James representa lo maduro, cultivado y desconocido, conjunto que le intriga a Au-

---
[8]En *El cuarto de atrás*, Carmen Martín Gaite analiza el estado solitario como una cualidad que corresponde al orden y también a la aventura: "...lo primero que se necesita es un poco de orden para que la soledad se haga hospitalaria; ..." (73), y refiriendo la protagonista a su necesidad de escaparse de las demandas de la realidad al lugar mágico fantaseado de Cúnigan, escribe: "...me bastaba con mis poderes mágicos y únicos, con mi deseo, pero lo grave era la falta de libertad, este tipo de búsquedas hay que emprenderlas en soledad y corriendo ciertos riesgos; si no me dejaban sola, era inútil intentarlo." (79-80)

rora. Después de aprender que es espía, Aurora se enamora de él; no se preocupa por los riesgos. Con James piensa en las dualidades de la vida, y especialmente cómo funcionan en sus interacciones personales. Esta reflexión se inicia por su explicación de la inscripción india que aparece bajo un dragón en la pulsera: Dice que invita a "...la paciencia, la perseverancia, la constancia, la fidelidad" (194). El dragón, al otro lado, simboliza lo cambiante de la vida, "...el peligro, el fuego, la inestabilidad, el riesgo, ...En cierto modo, la negación" (194). Aurora se rinde a lo que representa el dragón, símbolo también de la vitalidad y el misterio. Junto a James le fascina el riesgo. Le pregunta a él: "—¿Crees que las personas son dueñas de su destino?" (195) James le contesta:

> —...Cuando uno sigue las indicaciones de los otros, las órdenes de alguien de quien no conoces ni su cara ni sus pensamientos ni sus últimos planes, bueno, todo eso resulta a veces muy absurdo, te anula. Pero, en cierto modo, también es un consuelo. Ser el único responsable de tus actos es muy duro. (195)

La descripción del encuentro amoroso con James, (otra vez experimentado en un cuarto de hotel, como los episodios con Fernando e Ishwar antes), se mezcla con una apreciación del atardecer: "La tarde se fue deslizando hacia la noche, difuminando todos los contornos, mientras James y yo cumplíamos la promesa que, silenciosamente, nos habíamos hecho sobre la mesa del restaurante de Delhi, a la luz de las velas" (198). Su sensibilidad revela su creencia en el poder del amor.

Indudablemente, hay una cuerda de egoísmo y de aventura en la personalidad de los dos. Aurora no se arrepiente de haber insultado a Alejandro, dejándole para pasar una tarde de amor con James. Ella reflexiona: "La historia había dado muchas vueltas, pero no eran del todo inconvenientes para mí" (198). Junto con esta admisión, poca compasiva, invoca el lirismo. Une lo poético con una acción precipitosa y lleno de ambigüedades:

> En ese momento, mientras la noche nos iba envolviendo y el mar brillaba a la luz de la luna, me encontraba dispuesta a la generosidad, gracias al cansancio que recorría mi cuerpo, a las horas en las que la historia de espías se había detenido en el umbral de una habitación donde James y yo habíamos jugado el eterno papel de los amantes. (198-199)

Aurora se pierde en la oscuridad del destino — un azar ciego en el cual se permite entregar. Figurativa y simbólicamente podemos inferir que ella elige esa noche fatalista. Las memorias de los episodios frágiles de amor con James e Ishwar provocan su melancolía; eran nada más que momentos que se esfumaron como los ocasos del sol que le fascinan. Es curioso notar que insinúa más felicidad con estos hombres bisexuales en contraste con los hombres españoles que ama.

Cree que merece más de la vida. Hay una nota de autopiedad en su realización de que le falta una relación íntima. Medita sobre esta falta: "Mi trabajo, mi casa, mi familia. No era bastante" (230). Hay un vaivén entre su egoísmo y una sensación de ser incompleta que se filtra por toda la novela.

5.10 Imágenes y motivos

Si examinamos algunas de las imágenes principales de la narrativa, nos damos cuenta de su propiedad con el tema de la soledad, intrínseca en la novela. El humor de Aurora no se analiza; se refleja en su identificación con las escenas que observa. El río marrón y fangoso cerca del Taj Mahal, que no parece avanzar, simboliza su desolación. El brazalete, simbólico de la naturaleza cíclica de la vida, lleva unas inscripciones que se refieren a su misterio, vitalidad, y sus fuerzas contradictorias. Aurora está consciente del crepúsculo y la noche, tiempos del día que, a menudo, asociamos con memorias nostálgicas y sentimientos de soledad. Su propensidad de beber whisky acompaña su deseo de aliviar el dolor y los problemas que la abruman. El teléfono de sus padres que no funciona y su crítica del aparato en general, subyace una insinuación de su incomunicación con el pasado y las dificultades de la comunicación en general. La foto tomada de la señora Holdein le presenta con la oportunidad de pensar en su identidad y en el paso del tiempo. Concluye que no puede entenderse a sí misma y que el pasado, parcialmente captado en la foto, es irrecuperable. La función ambigua de la imagen de la ventana implica una apertura a otros mundos y un aislamiento del individuo dentro de cuartos que lo separan del otro.

De los motivos más insistentes de la novela, se nos ocurre las constantes referencias al calor que exige mucha energía si lo hemos de vencer. Los personajes tienen que huir de su poder. Los motivos del amor sexual romántico, la música de la ópera, la belleza de la naturaleza, y especialmente el crepúsculo y la noche, forman parte de los aspectos de la vida que le ofrecen tranquilidad y cierto consuelo a la protagonista. "...el refugio, el retiro, la brecha, el ofrecimiento de la noche." (239) Le ayudan a Aurora a soportar la vida.

5.11 Conclusiones

Queda la noche es admirable por su prosa equilibrada y su construcción meticulosa de una historia comparable a un rompecabezas. La heroína rebelde, irreverente, y amoral vive en contra de los viejos tabús. Sin quererlo, es forzada a examinar los valores que rigen su vida cuando se envuelve en una red laberíntica de acontecimientos que la asombra por sus simetrías, coincidencias, repeticiones, y paralelismos. El viaje que emprende para escaparse de su vida poca satisfactoria resulta en una confrontación con sí misma. Se autoanaliza y toma la responsabilidad por sus acciones:

> Todo lo que me había sucedido era resultado, a fin de cuentas, de mi predisposición innata para el enredo, en el que caía, una y otra vez, por curiosidad, por deseo de gustar y conquistar, por huir del aburrimiento o del vacío, o simplemente por huir. De todas las personas que habíamos pasado unos días en Delhi, comiendo, bebiendo o acostándonos con posibles espías, únicamente yo les había hecho pensar que podían utilizarme o conquistarme, debido, seguramente, a un fallo ostensible de mi carácter: demasiada disponibilidad. (218-219)

Ostensiblemente, parece que Aurora busca un balance entre la cautela y la aventura mientras busca una relación amorosa profunda que pueda extricarla de su soledad. Gonzalo Navajas comenta que Aurora considera la seguridad emocional como un objetivo legítimo: "La permanencia de las relaciones humanas tiene como sustrato una visión existencial en la que la continuidad y la certeza son categorías generales que pueden ser juzgadas de modo favorable." (Navajas 142). En realidad, llega a la conclusión de que está persiguiendo una ruta hedonística que llega a un punto muerto. Poco a poco adopta una actitud y postura moral fatalista. Se siente vulnerable. Está consciente de que el libre albedrío no funciona en su vida: "...mi vida estaba siendo planeada desde fuera, ...todo lo que me estaba ocurriendo obedecía a un plan, del cual yo no sabía nada" (183). Concluye que el mundo es regido por los principios egoístas: "El mundo de los vivos es el reino del egoísmo" (184). Además de los refugios ya mencionados que la consuelan, otra estrategia que emplea para combatir el desamor es la ironía, que le ayuda a sobrevivir en un mundo duro. El único amor perdurable es expresado por la enigmática señora Holdein, que la repugna con su solicitud pegajosa.

Creo que *Queda la noche* es una novela más personal que las novelas previas de Puértolas. El testimonio en primera persona revela más intimidad en su exploración de relaciones familiares y sociales. La autora dice de *Queda la noche*: "...la protagonista se abre y se explica, no se encierra en sí misma, como lo hacen los personajes de mis libros anteriores" (Cruz, *El País* 41). Navajas indica: "Por tanto, ese narrador-autor se descubre como incompleto, situado todavía en el proceso de comprenderse a sí mismo y como precisado de la necesidad del otro-lector en ese proceso de búsqueda personal" (Navajas 145).

La narrativa compleja y supremamente coherente, sirve de vehículo para examinar cuestiones de la importancia de amor, entendimiento, y solidaridad entre los seres humanos. Si nos enfocamos en la dualidad de la personalidad de Aurora, eso es, la mujer emancipada que actúa y la mujer pensativa que reflexiona sobre sus acciones, podemos concluir que su salvación reside en su inquietud, que la empuja a confrontar "...un mundo caótico, confuso y desjerarquizado" (Puértolas, *Revista de Occidente* 236). Navajas subraya el proceso que Aurora describe:

> En ella, se halla una narradora que revela sus experiencias y procesos personales internos de manera no omnisciente y conclusa sino con la tentatividad de quien está explorando el significado de su biografía personal y para quien el texto no es meramente la transcripción de unos hechos pensados y categorizados previamente sin[o] una experiencia activa en el proceso de auto-conocimiento. Esa vulnerabilidad del narrador — el que nos dé acceso a él, el que le hagamos falta — incrementa la profundidad de la comunicación. (Navajas 145-146)

El desahogo final de la novela nos revela a una protagonista que quiere comunicar lo que le ha pasado, consciente de que a pesar de la elegancia y belleza de las simetrías que operan en su historia reciente, nunca podrá clarificarla. El poder de un destino incontrolable, que irónicamente domina en muchas óperas, es la única fuerza que seguirá dominando, delimitando y paradójicamente iluminando su vida.

Empleando la forma popular y asequible de la novela de espionaje, Puértolas nos ha presentado por medio de un estilo fluido y natural su visión imaginativa de una heroína que vive una soledad existencial, angustiosa, y permanente.

Capítulo 6

Días del Arenal

El subtítulo de la última novela de Soledad Puértolas, *Días del Arenal* (1992)[1] es "Historias de amor perdido que sólo viven en el recuerdo," y sirve para definir la trayectoria de la trama. La obra tiene cuatro historias conectadas por las relaciones, profundas o tenues, entre los personajes.[2] A diferencia de lo que sucede en *Queda la noche*, en *Días del Arenal*, la autora profundiza más en las emociones: examina problemas morales y emocionales de la experiencia humana. Hay momentos poéticos, como en la escena final, por ejemplo, que subrayan el lirismo imaginativo de Puértolas.

La historia empieza en el presente, y se remonta a los años cincuenta, cuando un señorito madrileño, Antonio Cardús, se encuentra con Gracia Oliver en una boda. Gracia, que viene del pueblo de El Sauco, está casada y es madre de cuatro hijos. Tienen una aventura amorosa que dura más de un año, viéndose casi siempre en un cuarto del Hotel del Arenal, donde su amor florece. El idilio se interrumpe súbitamente por la enfermedad grave de Gracia. Al recuperarse ella un año después, decide cortar las relaciones. Antonio hace un esfuerzo por continuarla, pero sin éxito, y se despiden ya definitivamente.

Antonio, mimado por su madre y su vieja amiga, Amalia Villegas, que cuida de sus negocios financieros, tiene un carácter débil y una falta de entusiasmo por la carrera que estudia, así que abandona sus esfuerzos profesionales pronto;

---

[1] Las citas están tomadas de la primera edición de *Días del Arenal*, (Barcelona, Planeta 1992). Salió en marzo.
[2] Juan Marín, en una reseña no muy favorable de *Días del Arenal*, "Pudoroso adagio. Soledad Puértolas, creadora de atmósferas," sin embargo, alaba a la autora por su manipulación arquitectónica de la trama: "Estamos ante una estructura muy elaborada que la escritora edifica con pasmosa naturalidad" (*El País*, 4-4-92).

ni se presenta a las oposiciones, ni termina la carrera de notario. Se pasa la vida viviendo comódamente de las rentas de sus viñedos, y sin el amor de Gracia, envejece rápidamente.

Su vida en la calle Manises, barrio tranquilo, viejo y protegido del bullicio de la nueva Madrid, se caracteriza por la rutina, la apatía, y la falta de dirección. En una carta que recibe en 1962, aprende de Herminia, hermana de Gracia, que su antigua amante ha muerto de repente. Antonio se ahonda más en su tristeza, y apenas se mueve del barrio, marco adecuado de su estado de ánimo: "Puede que la atmósfera que reinaba en la calle Manises, el ambiente solitario, decadente y como de abandono que imperaba en ella, se avinieran mejor con los sentimientos que, desde ese día, impregnaron su existencia" (61).

En la segunda sección de la novela, conocemos a Herminia Oliver, poetisa de El Sauco y hermana de Gracia. Ella había acompañado a su hermana a Madrid durante su curación de la enfermedad no nombrada. Su separación del campo y de su familia grande durante las visitas a la ciudad, le habían proporcionado el estímulo y la energía para perseguir su pasión por la poesía.

Se siente culpable por la muerte de Gracia, pues tardó en llamar al médico durante el ataque de apendicitis que resultó en la muerte de su hermana. Esto quizás diera lugar a la depresión progresiva que padece, depresión debida también a sus conflictos emocionales. A pesar de ello, publica un libro de poesías, lo cual le da satisfacción. En la próxima parte de la novela, sin embargo, aprendemos que se ha suicidado.

Con la tercera sección de la novela, parece que entramos en otra novela. Se cuenta una nueva historia, la de Guillermo Aguiar, que sólo tiene una conexión tenue con las viñetas precedentes. Olga Francines, la mujer de su padre, Leandro, fue la editora de las poesías de Herminia, y es ella la que da a conocer el suicidio de la poetisa.

Encontramos a Guillermo en la noche del día del entierro de su padre. El hijo piensa en el sufrimiento que ha causado su padre, al divorciarse de su madre, Dolores Riquelme. En una retrospectiva, medita en las relaciones frías que sostenían él y su madre hacia su padre. Guillermo sufre, no sólo por el descuido de su padre, cuando era adolescente, sino también por el abandono de su madre durante una noche, cuando él tenía cinco años. Ambas experiencias tuvieron una influencia negativa sobre el carácter del muchacho.

Inmaduro, débil, e inseguro, a menudo, está dispuesto a evitar sus responsabilidades de esposo y padre. Trata de perdonar los defectos emocionales de su padre después de su muerte, pero tiene que aliviar su dolor con un amorío pasajero con la modelo bella, Covadonga Serrano. Esta experiencia erótica lo revive, y Guillermo da la sensación de que está empeñado en dedicarse más a la vida familiar.

En la última viñeta, regresamos a la calle Manises y al piso de Amalia Villegas, amiga de los Cardús. Ella ya ha muerto, y le ha dejado el apartamento a su sobrina, Susana Cuevas, joven, divorciada, y madre con hijo único. A Susana le gusta la compañía de Covadonga, con quien comparte el piso.

Cuando empieza esta historia, la modelo persigue una relación con un presidente de banco, Enrique Castro. Una noche, Covandonga es atacada y golpeada severamente. Susana la visita en el hospital, acompañada de Antonio, a quien acaba de conocer, al pedirle él su ayuda con cuidar de sus asuntos bancarios, como su tía Amalia había hecho en el pasado. La desventura de Covadonga los une, y fortalece la amistad entre Susana y Antonio. Las circunstancias sospechosas del accidente de la joven se nublan más, cuando recibe Susana, por parte de la hospitalizada Covadonga, un sobre, lleno de mucho dinero de la secretaria del banquero. Este "regalo" representa una manera de calmar los sentimientos de culpabilidad de Enrique, porque el incidente ocurrió momentos después de la salida de Covadonga de su apartamento. Quiere silenciarla también, para protegerse del escándalo del adulterio.

Las sospechas de Antonio de un encubrimiento y la ira lo empujan a visitar al presidente del Banco. La confrontación revela mucho sobre el carácter hipócrita de Enrique. Sin hacerle preguntas, Antonio es testigo de los pretextos que él ha inventado para seguir tranquilamente con su vida a pesar del acto de violencia que ha provocado.

Con el mejoramiento de Covadonga, Antonio organiza un té en su honor. Susana y Covadonga asisten a la celebración, disfrutando del gesto simpático creado por la generosidad y amor sinceros del viejo Antonio. En esta tarde, Antonio recuerda los momentos felices del pasado que había pasado con Gracia. Para él, su espíritu femenino, se queda vivo en las mujeres jóvenes que ahora ocupan su piso y que le han proporcionado un nuevo sentido a su vida.

Este breve resumen de la novela destaca la relativa insignificancia de la acción en cada sección. Lo que se subraya es el planteamiento de los problemas emocionales de los personajes y cómo reaccionan a ellos.

6.1 Cuatro Historias

Las cuatro partes de *Días del Arenal* forman una "cadena" (193). La primera sección, que consiste en la historia de Antonio y Gracia, engendra la línea diegética de las tres siguientes tramas, subordinadas a la primera: la historia de Herminia, la de Guillermo, y la de Susana y Covadonga. La historia "no se cuenta" hasta que oigamos a todos los partícipes: en la sección I, la narradora revela a (Antonio); avanza en la sección II, en la cual (Gracia) motiva la historia de Herminia; en la sección III, (Olga Francines, conocida de Herminia) es a base de la historia de Guillermo, y en la sección IV, (Covadonga) dirige la historia a Susana. La memoria de Gracia está al fondo de la narrativa, especialmente en la primera, segunda, y cuarta parte de la novela. Cada sección es autónoma: forma un relato en sí, y puede funcionar sin las otras. La historia de Guillermo es la menos relacionable de las cuatro. En esta tercera sección, sirven de eslabones la presencia de Olga y la aparencia de Covadonga (amiga de Susana), quien nos lleva de nuevo a la calle Manises, escenario de la primera sección.

La simetría del texto se debe en parte a la presentación de las mujeres en parejas — Gracia y Herminia, Araceli y Doña Carolina, Olga y Dolores Riquelme, Susana y Covadonga. Opuestas personalidades, en cada caso, se contrastan. En cada pareja mencionada, hay una introvertida: Herminia, Doña Carolina, Dolores Riquelme y Susana y una extrovertida: Gracia, Araceli, Olga, y Covadonga. De este modo, Puértolas nos da un panorama de las vidas de varias mujeres que se diferencian entre sí, y que representan diferentes épocas históricas: la época franquista y la de la democracia. Las mayores: Gracia, Herminia, Araceli, Doña Carolina y Dolores Riquelme, ocupan los espacios cerrados de los años de la dictadura, mientras las jóvenes: Susana y Covadonga, tienen la oportunidad de explorar un mundo más amplio en la España abierta.

El tema fundamental de la novela, la soledad basada en el desamor, sirve de enlace para los cuatro episodios. Antonio pierde a Gracia; Herminia se pierde en la depresión, que resulta de una profunda disatisfacción emotiva; Guillermo no puede perdonar el abandono de sus padres; Covadonga busca relaciones íntimas superficiales, ya que es incapaz de comprometerse; y Susana está encerrada en su papel de ex-esposa y madre que la enajena de un mundo que es, en realidad, más rico. Hay una búsqueda de "el Otro." Gracia lo encuentra en sí misma; Herminia lo descubre en la familia, en la persona de Gracia; Guillermo lo identifica con el amor erótico y pasajero que disfruta con Covadonga; y Antonio lo descubre en Gracia, una memoria idealizada, que lo acompaña y lo consuela.

La acción se desarrolla primariamente en Madrid, con unas escenas en el pueblo de El Sauco, origen de algunos de los personajes que encontramos en las primeras tres secciones. No se alude al campo en la última parte. Casi todo el tiempo, entramos en cuartos de la ciudad de Madrid — pisos, habitaciones de hotel, un bar, una cafetería, los bancos, la oficina del presidente del Banco. En el campo, el interior de la finca de El Retiro importa. Esta predilección por los espacios interiores, se conjuga con un análisis del paisaje espiritual de las pasiones, preocupaciones, y sueños de los personajes.[3]

La novela abre en la calle Manises, y lleva al lector al piso de Antonio Cardús. Termina en este mismo piso, cerrándose así un círculo. A diferencia de *Queda la noche*, en la cual la heroína quiere huir de sí misma, viajando por el extranjero, en *Días del Arenal*, las peregrinaciones de los personajes son internas. Además, la presencia de escenas del pasado se juxtaponen a las del presente, con lo cual se aprecia un cambio rítmico: vista desde una realidad presente más frenética y caótica, el pasado aparece como un tiempo más lento.

La acción de la narración empieza en el presente, después de lo cual hay retrospectivas hacia los años '50 (secciones I, II), con la presentación de la aventura amorosa entre Antonio y Gracia, la enfermedad, y curación de Gracia. Los años '60 (sección I, II), con el reportaje de la muerte súbita de Gracia

---

[3] Al comentar los "Procedimientos narrativos" en su libro, *La novela femenina contemporánea (1970-1985)*, Biruté Ciplijauskaité habla de la preferencia de las escritoras "por los interiores, confirmada por estudios psicológicos y corroborada por las investigaciones de crítica literaria: 'L'escriture féminine est une écriture du Dedans: l'intérieur du corps, l'interieur de la maison...'" (210).

y la concomitante tristeza de Herminia. Los años '60 y '70 como retrospectivas (sección III), enfocan sobre las reacciones de Guillermo hacia los cambios familiares, sociales, y políticos que ocurrieron durante esa época. Y los años '80 (secciones I, III, y IV), revelan los escenarios contemporáneos que empujan la trama empezando en la Calle Manises y su entorno, terminando en el piso de Antonio. La posguerra sólo se menciona de paso, en conexión con la adolescencia de Antonio. Aunque un eco casi imperceptible del pasado, toca a todos los personajes de la novela. El pasado domina en las primeras tres secciones, mientras la última parte se desenvuelve esencialmente en el presente.

El tiempo psicológico de cada personaje tiene más importancia que el tiempo cronológico del momento. La reminiscencia se emplea como un recurso para crear y desarrollar a los personajes y para inventar las atmósferas que Puértolas hace tan bien. Los recuerdos de cada personaje sirven de un modo de llegar a un auto-conocimiento. Antonio aprende que las memorias tienen el poder de curar la tristeza. Gracia utiliza los recuerdos felices de la aventura pasional para seguir con tranquilidad su vida rutinaria. Herminia lamenta las pérdidas de su pasado, y trata de recuperar la sensación de libertad que gozó entonces. Guillermo piensa en los abusos que sufrió de niño para hacer sentido de su posición no comprometido. Susana mira hacia el pasado para adaptarse mejor a los cambios rápidos del presente. Y Covadonga, sin recuerdos, vive sólo por el momento. La soledad de cada uno se enfoca por el tiempo interno. Con la excepción de Covadonga, el examen de las memorias indica el rumbo que ellos seguirán. Así que el manejo del tiempo en la novela está a la base de su fluidez estructural y funciona para resaltar el tema de la novela.

El lenguaje narrativo y dialogal de *Días del Arenal* es natural y fluido. Los diálogos entre Antonio y Gracia captan la transformación de ella de mujer tímida a mujer fuerte. Las conversaciones entre Herminia y Gracia subrayan la angustia de Herminia. Los intercambios verbales entre Guillermo y su madre evocan las memorias de aquél, magnificando su aislamiento. Y las conversaciones que se desarrollan entre Antonio y Susana, al resaltar sus semejanzas, fomentan su amistad. La incomunicación, tema tan fuerte en la ficción anterior de Puértolas, se convierte en comunicación más auténtica entre los personajes de *Días del Arenal*. Estos intercambios mutuos sirven de aliviar la sensación de aislamiento de los personajes.

El ritmo de la narrativa es lento. Cuando Antonio sale de su barrio para encontrarse con el presidente del banco, un lenguaje emotivo refleja esta lentitud lírica:

> Sus pasos eran lentos, porque ya no tenía otra forma de andar, pero había en ellos una nueva fuerza, una meta. Se detuvo frente a las rayas blancas del paso de peatones que en ese extremo de la calle Manises, si se salvaban, lo situarían en otro territorio, donde el mundo se ampliaba y complicaba de forma insospechada. Y antes de avanzar y adentrarse en él, volvió la cabeza hacia atrás y miró su calle como si la viera por primera vez, esa calle tranquila, donde el aire circulaba de forma más limpia y más libre, donde los colores cobraban una pátina de transparencia, donde los ruidos eran amortiguados como por nubes invisibles de algodón. (207-208)

La textura y el tono de muchos de los pasajes narrativos y dialogales hacen hincapié en una añoranza de algo inalcanzable (los de Antonio, Herminia, Guillermo), una nostalgia por momentos felices perdidos (los de Antonio, Gracia, Herminia, y Susana) o una valorización justa del presente (los de Guillermo y Antonio). Emplea la autora un lenguaje emotivo que provoca una reacción afectiva en el lector. Un lenguaje más objetivo y analítico se emplea a veces. Define por ejemplo, la personalidad de Herminia. La voz narrativa interpreta el amor de la poetisa por la capital: "En Madrid había caído en la cuenta de cuántas energías empleaba, y cuán inútilmente, en parecer, y ser, natural.... Lo natural, para ella, era estar en ese lugar" (113). La franqueza de Gracia se capta en las frases exclamatorias, entusiastas, y sinceras que comunican su felicidad durante su aventura amorosa.

Es evidente que Puértolas se deleita al tejer unas historias íntimas. El uso de una voz omnisciente le proporciona la oportunidad de dominar los vaivenes entre el pasado y el presente. El lenguaje dialogal da más inmediatez a las reminiscencias y recrea con más verosimilitud los incidentes del pasado. La voz narrativa ejerce más control en la primera y cuarta secciones, que relatan más acciones, mientras los monólogos interiores de Herminia y de Guillermo dominan en la segunda y tercera partes.

Los personajes se plantean el significado filosófico de los sucesos de su vida, pero no pasan de ahí; sus cavilaciones se quedan en el texto como afirmación de algunas de las incertidumbres, contradicciones, y paradojas universales que persisten a fines de este siglo. El personaje Susana nos proporciona un ejemplo: "Ese oscuro comedor estaba impregnado de melancolía. ¿Qué había en el fondo de la melancolía? ¿Equivocaciones? Pero las equivocaciones son parte de la vida. ¿Acaso los aciertos eran tan claros, tan definitivos? (235).

El punto de vista cambia de personaje a personaje. El estado psicológico de cada uno se refleja en su presentación por la voz omnisciente. También se incluyen dos cartas, una de Herminia, en la cual le informa a Antonio de la muerte de Gracia, e identifica la belleza de su hermana con ella. La otra, de Olga a Herminia, está llena de entusiasmo y calor por "sus magníficos poemas" (106). Aunque no desvía de su posición de autoridad, empleando por mayor parte la tercera persona, la voz narrativa entra en la mente de sus distintos personajes y revela sus voces diversas por medio del "monólogo interior indirecto" (Anderson-Imbert 155). Identifica el novelista con el personaje. Señala Anderson-Imbert: "... el novelista presta al personaje sus palabras y así ayuda al personaje a expresarse... El discurso en tercera persona, se limita a sugerir qué es lo que diría ... está entre el personaje y el lector, y con sus intervenciones ... guía al lector para que pueda entenderlo" (Anderson-Imbert 155). Este "fluir mental" (Anderson-Imbert 158) de los personajes contribuye al ambiente de intimidad creada en la novela. Encontramos un ejemplo de esta técnica narrativa en la segunda sección cuando Herminia se castiga por su excesiva preocupación por sí misma:

> Estaba encerrada dentro de sus propios temores y frustraciones y la amargura acumulada por el fracaso de su vida la había cegado. Ni siquiera había sabido calmar a Gracia cuando le había hecho su asombrosa confesión. ¡Qué de remordimientos acompañaban sus recuerdos! Nunca hubiera imaginado que su hermana fuera capaz de sufrir así, como si el dolor del espíritu fuese algo que sólo le incumbiera a ella. (103-104)

Se evidencian más ejemplos del cambio de punto de vista en relación con el tema de la soledad en las secciones siguientes, que examinan en detalle los personajes principales.

Los personajes se delinean con pocos detalles; tenemos nada más que bosquejos de ellos. Antonio, Gracia, y Herminia se retratan con más detenimiento, mientras Guillermo, Susana, y Covadonga, por ejemplo, son figuras más bien planas. Estamos más conscientes de los pensamientos de los más importantes, pero aunque empezamos a conocerlos, nos quedan extranjeros. Los análisis psicológicos que formamos de cada personaje no les quitan su cualidad evanescente. Tengo que repetir aquí mi comparación con las figuras solitarias de los cuadros de Edward Hopper, que se pintan realísticamente, pero que se quedan misteriosas. Un estudio de los personajes más significativos de la novela está a base de la trayectoria de este capítulo. Enfoco, precisamente, sobre cómo crea la autora las dimensiones de su estado solitario.

En *Días del Arenal*, Puértolas emplea la intertextualidad con gran destreza. Regresamos a El Sauco y a la finca de El Retiro, que formaron parte del escenario de *Queda la noche* (donde el nombre del pueblo se escribe El Saúco). En la novela precedente, aprendimos de la muerte de doña Carolina. En *Días del Arenal*, la historia de El Retiro trata más de los años que preceden la muerte de su dueña y las consecuencias de este evento.

En *Queda la noche*, el Retiro es el lugar donde la tía Carolina hace tributo a Emily Brontë y *Wuthering Heights*: "—No hay novela comparable a ésta ..." (*Queda la noche* 137). En *Días del Arenal*, aprendemos más sobre la cantidad extraordinaria de libros que contiene. En la biblioteca, la literatura es alabada por doña Carolina: "—La vida de los libros ... es más rica e interesante que la que vivimos los humanos. Los que no leen, no saben nada de la vida" (68).

La juventud de Herminia se enriqueció leyendo los libros de esta biblioteca. Las novelas le proporcionaron consuelo, dentro de su soledad. Años después, Herminia escribe su propio libro de poesías, y añade el tomo a los otros. Con este gesto, Herminia observa:

> ... la biblioteca perdió algo de su carácter solemne, casi sagrado. Entre las estanterías se guardaba ya un libro escrito por ella, y sin duda permanecería allí durante años, in[a]movible, sin que nadie se molestara en hojearlo, pero era una porción de sí misma lo que dejaba allí, y había tenido el efecto de un exorcismo. Ni la biblioteca ni el libro parecían ya tan importantes, y eso resultaba tan nuevo como el aire de primavera que acababa de percibir en el campo camino de la finca. (119-120)

En esta escena, el significado de los libros se funde con la hermosura de la naturaleza.[4] La acción de Herminia de incluir su libro en la colección es simbólica, y revela, tal vez, el deseo de la novelista de incorporar su ficción en el cuerpo de la literatura mundial.

---

[4]En *Burdeos* y *Queda la noche*, la naturaleza sirve de consuelo al protagonista. En *Días del Arenal*, son la naturaleza y la literatura, especialmente en el caso de Herminia, que alivian la tristeza de la poetisa.

6.1.1 La entrada — el espacio metafórico del pasado

Días del Arenal abre con una descripción detallada de la calle Manises en el barrio Chamberí de Madrid. Representa un microcosmos de la capital española de los años treinta y cuarenta: autosuficiente, sin tráfico apenas, y tranquilo. Elogia la autora ese ambiente de antaño, y de su elogio pausado, se desprende cierta nostalgia por el pasado, sobre todo por un estilo de vida lento, pasado:

> Manises es una de esas calles que, sin que sepa bien por qué, en Madrid como en cualquier otra ciudad han ido cobrando una apariencia de abandono, de lugar poco transitado, y habitado, tal vez, por personas situadas al margen del tiempo... al estar algo apartada del núcleo del bullicio resulta un extraño enclave de tranquilidad y sosiego. (7)

Al describir la antigua y descuidada tienda de alimentación, se deleita la voz narrativa en su decrepitud: "...al menos, este comercio resulta mucho más acogedor que los fríos y también caóticos supermercados. El desorden que reina en Izarra tiene su encanto,..." (9). Proyecta un futuro en el cual la modernidad va calando la ciudad, destruyendo el sabor frágil de este remanso del pasado donde aún la luz y el aire son distintos:

> Todo tiene otro ritmo en la calle Manises y, como el polvo que flota en el aire no es agitado por el constante ir y venir de las personas que se mueven por lugares muy próximos, la luz del sol adquiere aquí un matiz distinto, más limpio y traslúcido, y el contraste con las travesías que le rodean se hace mayor, cobrando un carácter de irrealidad. (10)

La calle Manises destila el poder de un personaje más en la novela. Es un recuerdo de un estilo de vida construído sobre un sistema de valores más humanos. Su aislamiento del bullicio de la ciudad, lejos de indicar enajenación, se ve como un atributo positivo porque permite vivir mejor, esos valores. Al final de la novela, la calle Manises es el escenario que armoniza algunos de sus habitantes. La apreciación cuidadosa y afectuosa de este lugar, incólume del presente, facilita la explicación psicológica que se nos da de Antonio Cardús, cuya vida refleja las características de su barrio.

6.2 Antonio — la pérdida de amor

De todos los amores perdidos relatados en la novela, es el amor entre Antonio y Gracia el más destacado. La pérdida de esta relación le hunde a Antonio en una tristeza y apatía que caracterizarán su vida por más de treinta años. Y se nos presenta, efectivamente, en ese estado apático,[5] después de la descripción inicial de su calle: "Ésta es la calle en la cual vive, sin que se sepa que se haya alejado muchos pasos de ella desde hace años, Antonio Cardús, un hombre que frisa los setenta y que ha tenido su actual aspecto de hombre mayor y descuidado desde siempre, desde su juventud empezó a desvanecerse" (10).

Parece que después de la despedida de Gracia, ha llevado una vida soñolienta y solitaria. Cuando se vitaliza en las últimas escenas de la novela, se parece a Rip van Winkle: un personaje que se despierta después de un sueño largo.

La voz narrativa da una ojeada a su pasado haciendo hincapié en su afabilidad y marginalidad, y se presenta como un "tipo": "...cultivó en su juventud la estética del señorito elegante, un poco dandy y decadente y la huella de esa estética ha quedado impresa en él ...es que irradia una especie de dignidad, un aire de estar un poco fuera del mundo" (12-13). La primera sección de la novela es una explicación del ¿por qué? de su vida cansada y solitaria. El amorío con Gracia representa el momento cumbre de su vida. Su seducción en una boda fue rápida y mutua. El primer encuentro se relata como una parodia de una escena de una novela romántica. Hay exageración, cuando después de unos minutos, Antonio le dice a Gracia: "—¿Nos vamos a separar así? ...¿No crees que este encuentro ha sido algo mágico? ...¿Crees que es normal un entendimiento así?" (21-22). El lector entiende esta intención exagerada y lúdica de la narradora, mientras el inocente Antonio vive todo en serio. La

---

[5] Joan Lipman Brown señala en su artículo, "Men by Women in the Contemporary Spanish Novel," que en mucha de la ficción escrita por mujeres, el hombre se presenta como un estereotipo: "The stereotypes of men ...fall into two categories, depicting Spanish men in two polar characterizations that are reminiscent of the 'madonna' and 'whore' dichotomy of male-authored feminine mythology. These clichéd characters are 'the macho' and 'the weakling'" (59). En *Días del Arenal*, a los personajes masculinos les falta la redondez que observamos en algunos de los personajes femeninos. Antonio y Guillermo son clasificables como "débiles," mientras Leandro y Enrique, como "machos."

ironía del texto reside en esta parodia o subversión de la novela romántica en la cual la mujer hace el papel de víctima. En este caso, Antonio sufre la pérdida de Gracia, mientras la heroína corta la relación, y vive en paz.

La timidez de Gracia, al entrar en el piso de Antonio se nota: "En sus ojos había un brillo de temor que contribuyó a intensificar el deseo de Antonio.... Sonrió con timidez y, como para darse ánimos, cruzó las piernas" (24-25). Pero el poder en la realción cambia rápidamente después del primer encuentro sexual: Antonio se halla en una posición subordinada, pero aun así, satisfecho: "La situación, en cierto modo, se había invertido. Ahora era Gracia quien se situaba en una esfera superior, de dominio.... Gracia había hablado con la seguridad de quien se sabe deseada y amada por encima de toda prueba" (29).

Durante las visitas al Hotel del Arenal, la relación amorosa se intensifica. Los encuentros gozosos, que Puértolas pinta con la delicadeza de un Chejov, lo hace pensar Antonio que ha recibido "un regalo de incalculable valor" (36). Antes, las mujeres de su juventud habían reconocido su pasividad y falta de planes para el futuro. Por eso, prefirió Antonio las relaciones menos prometedoras. Pero cree ahora que su relación con Gracia va a durar. Ella enciende en él una energía y vitalidad que nunca tuvo. Antonio reconoce el cambio: "Había despertado de una especie de letargo, o quizá hubiera estado sumergido en él desde siempre, desde su nacimiento, y ahora descubría, por primera vez, la vida" (39).

La irrealidad mágica de la relación amorosa termina con la súbita enfermedad de Gracia. Podemos especular que la casada sufra una enfermedad simbólica: la pasión sexual con una culpabilidad correspondiente por ser adúltera. Le explica a su hermana Herminia que con su matrimonio, se quedó olvidado, en el pueblo:

> Todo el mundo me admiraba, me decía continuamente lo guapa que era. En cuanto me casé, toda esa admiración, esos elogios, desaparecieron y poco a poco empezó a invadirme una sensación de injusticia. ¿Sólo iba a conocer a un hombre?.... La sensación de estar perdiéndome algo se hizo cada vez más fuerte. (91-92)

Con la curación, dice Gracia: "... casi llegué a olvidar a Antonio" (94) El efecto en el lector de no nombrar la enfermedad es de magnificar su gravedad e intensificar el respeto por Gracia que lucha contra ella. Así que, con este recurso misterioso, la autora expresa su arte. Hay la posibilidad de que el médico y la narradora sepan lo que sufre la heroína, pero Gracia no sabe (sólo se dedica a curarse), y el lector también se queda a oscuras. La enfermedad también sirve de referencia cronológica. Cuando la criada anuncia el desfallecimiento que resulta fatal para Gracia, Herminia recuerda: "Hacía diez años que Gracia había sido dada de alta y nada en ella recordaba la pasada enfermedad, como si jamás hubiera existido" (89).

Paralelo a la enfermedad de Gracia, Antonio se hunde en una soledad dolorosa y personal, que trata de enterrar con el alcohol, el sufrimiento silencioso, y las salidas nocturnas con sus amigos. Atento a su inmadurez, el lector, sin embargo, siente simpatía por su pérdida. Observamos su descenso por los ojos de su madre: "Intuía que la vida de Antonio había empezado a resbalar de forma irremisible hacia un lugar vacío, yermo, solitario" (47).

Al ver a Gracia de nuevo, después de su tratamiento por la enfermedad, Antonio le comunica su respeto a su fortaleza interior al enfrentarse con la muerte. Empieza Antonio a transformarla en un ser sobrenatural: "Gracia parecía recién llegada al mundo, como proveniente de una galaxia habitada por seres un poco flotantes, etéreos" (49). Y más tarde el aura de su santidad crece: "Gracia había luchado contra la muerte y había salido victoriosa y rodeada de un halo de luz" (53). La carta de Herminia, que habla de la muerte de Gracia, repite esa imagen religiosa que Antonio ha forjado. Herminia escribe: "...una luz beatífica iluminaba sus ojos" (59). La mitificación de Gracia sigue intensificando hasta la última escena de la novela.

Al confesarle a su amada que todavía no ha conseguido el título de notario, Antonio deja constar su vulnerabilidad: "—Estoy desorientado y perdido...No tengo ilusiones. La vida no tiene sentido para mí" (51). Pero la admisión de sus flaquezas, no le anima a Gracia a volver a la relación interrumpida.

Sin embargo, convencido de que Gracia sigue enamorada de él, Antonio decide reclamarla. Visita El Sauco, pero sin éxito: en el pueblo, Gracia lo rechaza de nuevo. En Madrid nadie la conocía, pero en el pueblo, ella se preocupa por "el qué dirán" de conocidos y amigos. Se marca la visita por los silencios de Gracia, y Antonio se da cuenta de la finalidad del asunto: "Aún más que derrotado, se sintió cansado y vacío, como sucede cuando las ilusiones se evaporan" (57-58).

Con la muerte de su madre, Antonio abandona sus estudios y empieza a enajenarse más de la sociedad. Olvida los momentos felices con Gracia, y la voz narrativa lo describe así: "Vivía un poco al margen de la vida" (60). Sus costumbres e indumentaria relejan su indiferencia a las apariencias.

Al terminar la primera sección de la novela, nos enteramos, por primera vez, de las fechas de esta historia. Y si no se mencionaron antes, es porque no hacía falta, en realidad: es una historia de amor atemporal. La autora da las fechas al final para fijar al personaje en un tiempo, y así dramatizar su inmobilidad; desde 1962, cuando el tiempo llegó a no existir para Antonio, entró en una vejez prematura. La calle Manises con su "ambiente solitario, decadente y de abandono" (61), enmarca su tristeza. El retrato "doble" de la vida de Antonio, — el aspecto pasado junto al presente — se caracteriza por el contraste (entre los aspectos) y la tristeza (del efecto total).

Cuando Antonio reaparece en la narrativa en la cuarta sección de la novela, asistimos a su transformación dramática: retraído y somnámbulo, entra en la vida de Susana al pedirle su ayuda con sus asuntos económicos. Además, se entera del ataque de Covadonga, y llega a conocerla.

La percepción formada por Susana de Antonio es, al principio, negativa; lo considera una encarnación del viejo mundo de su tía, y no quiere tener nada que ver con lo uno ni lo otro. Observa a Antonio, que vive como si estuviera envuelto en una penumbra (Susana lo ve desde su apartamento): "Detrás de la silueta de Antonio Cardús, sólo había oscuridad" (193). Y ella nos define la soledad de él: "Parecía abstraído dentro de sí mismo ..." (197). La imagen del "halo de mediocridad" (187), que ella le atribuía a su tía Amalia, puede aplicarse a su evaluación de Antonio, pero esta opinión cambia cuando él se muestra compasivo ante la situación desdichada de Covadonga.

Al aprender de Susana del chantaje que le había ofrecido a Covadonga para silenciarla, Antonio toma una decisión de confrontar al presidente del Banco. Toda la vida, había tenido confianza en el Banco, repositorio de su seguridad y comodidad. Ahora, considera al presidente del Banco como el individuo responsable por la violencia sufrida por una mujer inocente. Antonio, con el espíritu caballeresco de un nuevo Don Quijote, o un Sherlock Holmes, tiene de repente una misión: averiguar la verdad. Como consecuencia de esta acción, Antonio redescubre con gusto el poder de sus sentimientos tiernos, caritativos, y el amor olvidado, amparo de su dolor. Su empeño se matiza con una retrospectiva lírica, nostálgica, y sentimental de su vida. Mientras sale de su barrio, medita en la melancolía de su vida, atrapada allí. Cuando piensa en la lucha de Covadonga contra la muerte, vuelven sus memorias de Gracia. Se desespera de no haber podido retenerla él: "La despedida de Gracia había sido también la suya. Nadie había vuelto a intervenir en su vida, a afectarla" (210). Recuerda su falta de franqueza y generosidad cuando se encontraban en el Hotel del Arenal: "¡Cuánto había hablado ella y qué poco había dicho él! ¡Qué poco había ofrecido él!" (213).

Este momento, o epifanía se llena de la ternura y la luz de la presencia de Gracia. La voz narrativa revela la claridad de los pensamientos de Antonio:

> Allí estaba, en ese recorrido de su mirada hacia atrás, con el telón de fondo de la calle de la que apenas había salido en los últimos años, su vida, su absurda vida plana, sin amor, sin entusiasmo, sin emociones profundas, sin utilidad, una vida despojada de familia, de ocupación, de compromisos. Pero todavía se podía respirar la ráfaga de perfume, ese indescifrable perfume que Gracia había dejado en el aire. Podía ahora abandonar el territorio que había sido su refugio, ahora que sabía qué era de lo que se había querido defender[.] ¿Había valido la pena? ¿Qué defensas y qué refugios quedaban, al cabo de los siglos, en pie? ¿De qué guerras huimos, qué batallas enterramos en la memoria?
> La luz de una revelación vaga, pero potente, caía sobre sus ojos y lo iluminaba todo. Al menos, podía decir que había conocido el amor, aunque no hubiera podido retenerlo. (211)

Con estos recuerdos frágiles de Gracia, renace la esperanza. El amor erótico del pasado se transforma en un amor idealizado, olvidado ahora el deseo, mientras se ensalza la belleza de la imagen que guarda de Gracia, aquella mujer excepcional de su vida. Recapta Antonio la esencia de la felicidad; no interviene un San Antonio quien halle el objeto perdido, pero ocurre lo mismo: se restaura en su corazón la ilusión mágica perdida hasta entonces. Será el recuerdo puro junto al sentimiento caritativo presente, lo que juntos, hagan renacer la felicidad.

Su visita con el banquero, expone un presente, lleno de ilusiones falsas, crueles, y frías. La frialdad de Enrique se ve en el edificio impersonal de cristal que habita. El banquero sólo se interesa en salvarse de un escándalo personal. Otra vez, el espacio físico sirve para comprender el espacio espiritual del habitante.

Al regresar a su barrio, Antonio se sume en una meditación, y piensa que es "la tenue esencia que emana de las personas" (221) que tiene valor, los "matices" deben tener precedencia sobre las "metas," y que el hombre sólo debe tener miedo de "no ser comprendido y amado" (222). Cree en una tolerancia por el vecino, tolerancia que aconseja a su vecina Susana, siguiendo con ello el lema de su madre: "Vive y deja vivir,..." (196).

Antonio simboliza también, aparte del contenido personal de su vida, una mirada al tiempo presente; desde su perspectiva añorante del pasado, lo encuentra inadecuado. Junto con la crítica, sin embargo, están su cansancio y su inmovilidad. Durante la plenitud del momento de la visita que cierra la novela, Antonio está "espiritualizado" por la memoria de Gracia, cuya presencia siente junta a la de Susana y Covadonga. Representan ellas el "eterno femenino," las emociones suaves que le proporcionan una nueva dirección a su vida. Antonio saborea la cualidad efímera del momento:

> ...el saber que ese momento y esa sensación pudieran ser irrepetibles añadía un tinte de dolor anticipado, pero algo más, algo placentero e indefinible, algo infinitamente profundo que hizo reverberar la realidad detrás del velo de lágrimas que repentina e incontroladamente cubrió sus ojos, porque todo lo que en ese momento se tenía y se estaba perdiendo era semejante a las muchas cosas que había tenido y perdido, a todo lo que no había podido alcanzar, a las cosas que ni siquiera había conocido. (238-239)

Parece que la memoria de Gracia lo redime. Sus sentimientos encarnan una dimensión religiosa, o por lo menos, espiritual. Representan un enfrentamiento con el pasado y una reconciliacíon con ella.

6.3 Gracia — el amor sincero

Hay un desarrollo progresivo del carácter de Gracia, focalizado por Herminia. Evoluciona de la tímida del pueblo, "una mujer bella e indefensa" (99) a la casada infiel (99) y finalmente a la "heroína" (99) de la novela (e irónicamente "heroína" de la novela romántica cuyas acciones parece imitar). Al recibir los visitantes del pueblo, después de la muerte, Herminia, consciente del pasado pasional de su hermana, cree que hablan de "otra persona" (104). Antes de morirse, Gracia enfoca la vida como un "valle de lágrimas," y se acoge a la paz de la muerte. La voz narrativa la retrata: "Murió al amanecer

...prevaleció su expresión dulce y tranquila. Tuvo palabras de consuelo para todos, como si quisiera convencerlos de que morir era un alivio y dejar de sufrir y dejar de vivir fueran la misma cosa. Se diría que iba a un mundo en el que la felicidad estaba asegurada" (101).

En la conclusión de la novela, Gracia asume la estatura de una diosa, una entidad espiritual cuya sonrisa tiene la capacidad de aliviar los dolores del mundo, y que alegra el corazón del viejo Antonio. El cree que Gracia posee "el espíritu de la mujer" (237), lo cual, añade, no es la providencia de todas las mujeres. Deducimos que esta fuerza animadora reside en las cualidades generalmente atribuídas a la mujer ideal, y vista, paradójicamente, por el patriarcado: belleza física, dulzura, sinceridad, generosidad, compasión, sensualidad, y amor por Dios ...y gran fuerza espiritual, siempre que esté disimulada.

En el primer episodio, la presencia de Gracia es casi fantasmal; sus entradas y salidas de la vida de Antonio son esporádicas. Se humaniza algo durante el último encuentro en El Sauco, después de la visita inesperada de Antonio. En esta escena, se subraya su sencillez de mujer del pueblo. Pero su santificación, empieza con el anuncio de la enfermedad grave. Antonio la recuerda, después de anunciarse la enfermedad: "Extrañamente, su imagen se hizo muy potente. La veía cuando, en anteriores encuentros, ella estaba de pie delante del balcón cerrado, a contraluz; su ropa iba cayendo al suelo, su cabeza estaba nimbada de luz dorada. ¿Cuándo había sucedido eso? ¿Pertenecía ya a otro mundo?" (45). En esta cita percibimos la transición mental de Gracia de mujer carnal a mujer espiritual. Cuando la amada se cura, Antonio sigue mitificándola: "...Gracia había luchado contra la muerte y había salido victoriosa y estaba rodeada de un halo de luz" (53).

La personalidad de Gracia se revela también en el descubrimiento por Herminia de la preciosa ropa interior de su hermana; Gracia la había cosido a través de los años sin que nadie lo supiera en su casa. Parece que esta labor oculta se identifica con su "amor clandestino de Madrid, una clase de secreto" (103). Es como si Gracia pasara las horas de su vida como Penélope, recordando fielmente los momentos felices del amor al equiparse con estas prendas delicadas. Gracia afronta el amor como experiencia sensual; guarda la sensualidad por medio de la costura. El legado del amor de Antonio es tangible, algo que cultiva con la mano. La cerebral Herminia rumia sobre esta afición: "Gracia siempre estaba cosiendo. Se hacía traer encajes y sedas de Madrid, y allí, en los cajones del armario, estaba el resultado, toda esa ropa interior tan cuidadosamente doblada, tan exquisitamente hecha" (102).

En el Hotel del Arenal; en la presencia de las galanterías de Antonio, Gracia exhibía una vitalidad jamás experimentada. Revela la voz narrrativa: "...cubierto sólo con la enagua de encaje y raso que él le había regalado, hablaba exaltada moviendo las manos para subrayar sus palabras, lanzaba encendidas peroratas a favor de la independencia y la libertad" (38). En aquellos días de la dictadura, la sensualidad se fundía con sus ideas sobre la libertad. A menudo Antonio percibía el silencio, la tristeza y duda en su aspecto. El lector interpreta estas actitudes como señales tempranos de su culpabilidad. La enfermedad de Gracia, "extraña e incatalogable" (76) parece haber resultado de la "única aventura de su vida," (78), la realización de su pasión por Antonio.

En la boda, donde Antonio y Gracia se conocen, ella parece desencantada e indiferente a su esposo. Pero la voz narrativa nunca critica su deseo de ser infiel. Se centra casi siempre en sus cualidades inocentes y sinceras, que parecen quitar el estigma del adulterio. Gracia ha asimilado las ideas liberales de su padre, maestro, hombre culto y republicano. En el Hotel del Arenal, disfruta con expresarlas. Antonio, cuyo padre también fue republicano, le escucha, maravillado de su espontaneidad e inteligencia. Descubre allí que ella: "Era inteligente y tenía una fuerte personalidad" (36). Gracia representa una rebelión en contra del estereotipo de la mujer admirada durante la época de Franco, porque no se le censura el adulterio, una especie de liberación (Ciplijauskaité, *La mujer* ... 43). Para Antonio, Gracia: "...era la mujer más libre de cuantas había conocido.... No tenía prejuicios. Y tenía ideas sobre todo, y avidez de tener ideas. Quería conocer la opinión de Antonio sobre asuntos de los que él nunca había hablado con una mujer, ¡ni siquiera con sus amigos!" (37-38).

Sin embargo, a diferencia de la actitud narrativa, o la de Antonio, Gracia está consciente de la inmoralidad de sus acciones. Cree que la enfermedad que sufre es un castigo de Dios (43), y termina sus relaciones con Antonio por esta convicción. Este arrepentimiento se amenaza cuando Antonio se presenta inesperadamente en El Sauco. Horrorizada por su presencia, piensa en el escándalo. Y cuando se despide de Antonio en la estación de trenes, repite que las relaciones entre ellos han terminado para siempre.

La sensualidad de la hermosa Gracia se evoca también por el uso del motivo de las medias arrugadas. Se mencionan tres veces (25, 33, y 212). Para Antonio, este detalle de desorden da lugar a su fascinación. Observa: "...las medias no se adherían con perfección sino que formaban pequeños pliegues alrededor de las rodillas y los tobillos" (33). Además de las piernas de la amante, otra característica excepcional de Gracia es su "sonrisa resplandeciente" (36), que esconde un elemento de temor. Podemos comparar la sonrisa dulce de Gracia con las sonrisas tranquilas de las vírgenes francesas del siglo XIII, una reafirmación del marianismo.

Cuando Gracia se retira a la tranquilidad silenciosa de su vida en El Sauco, prefiere la soledad, producto de su miedo y estoicismo. La comunión, compartida con Antonio, desaparece, y Gracia entiende su enajenación de los otros: "Al escuchar los poemas de Herminia, Gracia se sentía conmovida, ...hasta llegaba a llorar, pero ahora lloraba, sobre todo, por la insalvable distancia que las separaba, por todo lo que la alejaba, no sólo de Herminia, sino del mundo. Tenía que aprender a vivir a esa distancia" (79).

Gracia llega a descubrir "lo Otro" en sí misma. Este descubrimiento la fortalece en su soledad. En su lecho de muerte, cuando le confiesa el secreto de su pasado a Herminia, tenemos la imagen de una mujer, de carne y hueso, ya arrepentida. Casada muy joven, había buscado una gran pasión que se cumplió con su relación con el atractivo Antonio. La doliente Gracia recuerda con entusiasmo la felicidad de las tardes que pasaba con él: "¡Qué feliz fui, Herminia! ¡Si me hubieras podido ver! Me transformaba. ¡Jamás he hablado tanto como durante aquellas horas!" (93). Durante esta época de su vida, Gracia había vivido auténticamente. Su liberación en el pasado afectó su discurso: "¡Qué de ideas acudían a mi cabeza!" (93). Se subraya la importancia del poder de la palabra para emanciparla.

Vemos a Antonio por los "ojos nuevos" (95) de Gracia cuando se reúnen en el bar después de un año sin verse. La percepción de Gracia, que le comunica a Herminia, revela la verdadera personalidad de Antonio: "Me había hecho la idea de que era un hombre seguro de sí mismo, invulnerable y superior, pero de pronto lo vi como alguien que nunca conseguirá salir de la nada ni llegar a ninguna parte. Estaba perdido y desorientado y sentí que me necesitaba" (95). Es posible que el "débil" Antonio sirviera de espejo de las deficiencias propias, y Gracia tuvo que dejarlo. La ironía rodea el personaje de Gracia, porque la hermana menor, protegida, inocente, indefensa es la que se hace la fuerte, con los familiares, con Antonio y con Herminia. Sin juzgar a Gracia, la voz narrativa y Herminia insisten en su bondad. La "gracia" de su nombre nació de su pasión por la vida. Su deferencia a los diseños del destino, así como su amor sincero por Dios, le dirigen los pasos.

6.4 Herminia — la mujer incomprendida

> Ya no sé lo que busco eternamente
> en la tierra, en el aire y en el cielo;
> yo no sé lo que busco; pero es algo
> que perdí no sé cuando y que no encuentro,
> aun cuando sueñe que invisible habita
> en todo cuanto toco y cuanto veo.
>
> (—Rosalía de Castro 324)

Herminia, mujer incomprendida[6] y poetisa "cuyos versos estaban llenos de belleza y emoción... pero impregnadas de un aire pesimista" (139), representa la figura más solitaria de la novela. Su experiencia vital incorpora múltiples dimensiones de la soledad: — la personal, la interpersonal, la social, la cultural y la cósmica.

Su nombre nos hace pensar en la elocuencia de Hermes, mensajero de los dioses. Su presencia en la novela transmite la angustia delicada del dolor de la vida, expresada a menudo por Rosalía de Castro. Inconforme con su papel de esposa y madre de cinco hijos, se consuela por escribir versos que alaban El Sauco y la naturaleza. La naturaleza desde el pueblo, junto con la literatura, son sus dos fuentes de gozo.

Mientras Gracia se identifica con la luz, Herminia está encarcelada en la jaula oscura de su estado depresivo. En la época franquista en la que vivió, le fue difícil desarrollar sus talentos. Mujer intelectual, siente intensamente su

---

[6]En *La mujer insatisfecha*, Biruté Ciplijauskaité indica: "Hacia la mitad del siglo [XIX] se pone de moda en toda Europa la expresión 'mujer incomprendida', mientras que antes se solía hablar del 'modelo de esposa y madre'..." (9).

diferencia de las otras mujeres. No quería casarse; sólo deseaba leer y escribir, oficios que le resultaban fáciles.[7] Mientras Gracia disfruta de la comunión con "el Otro," gracias a su experiencia amorosa y su palabra, más cordial, Herminia, poseedora del don de escribir, se siente alejada de los demás: "...a través de los libros, se apartaba de la vida común de los hombres" (68). Gracia se convierte en la interlocutora de Herminia, a quien le comunica el dolor de su estado solitario: "Le hablaba de su soledad, de sus ambiciones, de su necesidad de salir del pueblo, donde nadie podría entenderla, donde acabarían sofocando sus sueños" (69).

En efecto, Herminia tiene éxito, cargada del puesto de fomentar el turismo en El Sauco. Su empleo, sin embargo, no le satisface. Parece que Herminia quiere recuperar el estado libre y andrógino de su juventud. En Madrid se vitalizaba: "Entraba en todas las librerías, compró nuevos libros y los leyó ávidamente. Por su cabeza desfilaban, como siempre, palabras y frases, pero traían, rescatados, sus viejos sentimientos, su adolescencia, su niñez" (78). Gracia se compadece con la soledad cósmica de Herminia: "El [sueño imposible] de su hermana Herminia era el del dolor del mundo: el sonido de la poesía del dolor. Siempre lo tendría" (79).

Impulsada a comunicar su pena a los demás, Herminia quiere publicar sus versos y entrar en "una nueva identidad" (84), pero sólo le queda "una permanente inquietud" (85) teñida de amargura. Medita sobre su vida insatisfactoria y su incapacidad de transformarse: "Recordaba...el propósito de cambiar. ¿Lo había conseguido? ¿En eso consistía ser fiel a sí misma, en escribir oscuros poemas a escondidas y observar con impotencia y dolor cómo el amor y la generosidad se iban deteriorando?" (86). Afronta el amor y el dolor con un escrutinio desde arriba, panorámico y abstracto.

La curandera Araceli, una caricatura de la mujer casada e infeliz, con sus quejas constantes, "vestida y maquillada como un auténtico papagayo" (143), sirve de contrapunto al personaje solitario. No esconde su infelicidad con su esposo borracho: "Anoche...le tiré un jarro de agua fría. Ganas me dieron

---

[7]En *Usos amorosos de la postguerra española*, Carmen Martín Gaite habla de la crítica que recibían las chicas, consideradas como "raras." A Herminia le va este tipo: "Hasta dentro de la propia casa despertaba recelos el aislamiento de una chica, y ni siquiera invocando una razón tan noble como la de su afición a los libros, conseguía prestigiar su tendencia a la soledad" (182).

de echarle aceite hirviendo" (87), pero rehusa ser vencida: "...no me voy a resignar" (104). La exagerada Araceli y la extraña Doña Carolina son parte de un friso literario que enmarca la historia de Herminia. Parecen más ficticias que reales.

Es posible que la novelista exprese mediante Herminia sus propias preocupaciones. En cualquier caso, sirve este personaje para transmitir al lector una actitud hacia la escritura, sea compartida o no, por la autora:

> Sólo quería escribir, sólo quería entender algo de lo que sucedía en el interior de las personas: por qué unas ambicionaban dinero mientras otras perseguían amor o amistad, por qué lo que a unas les producía dicha a otras causaba dolor, por qué anidaba la ira y la venganza en el corazón de los hombres, por qué se apoderaba de ellos el deseo de dominio... Tantas y tantas preguntas sin resolver, todos los enigmas que estaban por debajo del funcionamiento del mundo. (89)

Antes de morir, Gracia expresa su incomprensión de la depresión continua de su hermana. Sea ella quien conozca a Herminia mejor que nadie, no consigue comprenderle del todo; le pregunta: "¿Por qué sufres tanto, Herminia? Si no has estado enferma, si no has tenido un amor como el mío, ¿por qué sufres?" (98). Y Herminia responde tristemente: "—No lo sé, Gracia.... Yo tampoco lo entiendo" (98).

La voz narrativa contrasta las perspectivas distintas de cada hermana frente al mundo y a su correspondiente sufrimiento: "Pero el dolor no es transferible y, del mismo modo que ella no podía llegar a entender los remordimientos de Gracia, su hermana no había podido comprender el abstracto dolor, el profundo extrañamiento que Herminia sentía ante el mundo" (104).

Hay una crítica cultural implícita en la representación de Herminia. Atrapada en la vida del pueblo, su inteligencia exige el estímulo de la ciudad, pero está prohibido. También, el odio por sí misma es una constante de su personalidad, junto a un egoísmo dolorido. Llega a apreciar la fortaleza del carácter de Gracia, capaz de conquistar la enfermedad peligrosa, y suficientemente libre como para haber vivido una pasión. Aunque la muerte de Gracia enciende su compasión, Herminia sigue atormentada por la incomunicación interpersonal y el desamor familiar.

Cuando su sueño de ser escritora y de ser publicada finalmente se realiza, el contacto con la editora, Olga Francines, representa un hilo de comunicación

DÍAS DEL ARENAL 149

que alivia su aislamiento. El reconocimiento de sus poemas figura como un "puente" (107) sobre la profundidad de las aguas negras de su vida. Siempre marginada, se siente también privada de las pasiones de la vida. Gracia y Doña Carolina, en su opinión, han conocido un mundo que ella nunca conocerá. La literatura, con toda su "poder" y "capacidad mágica" (109) no puede compensarle la infelicidad que siente. Ni puede tolerar el abismo que ve entre la vida y la literatura. Define su soledad doliente: "...no sabemos cuál es nuestra misión en ella, [la vida], ni cómo comportarnos ni a quién amar de verdad. Porque la belleza y la alegría se van y el dolor permanece" (111).

Herminia contempla el suicidio y espera el perdón de los familiares. Entiende que no está "...del todo dentro de la vida!" (114), pues se identifica con un lugar "un poco al margen," (112) de El Sauco "entre el castillo y el campo, el campo y el pueblo" (112), cerca del río. La soledad que la sostiene florece en este lugar solitario, "..a place of exile" (Pratt 17). Herminia es como el "green-world archetype" (Pratt 16), que encuentra "solace, companionship, and independence in nature" (Pratt 21). La imagen de Herminia dentro de este ambiente, bañada de una luz crepuscular, se mezcla con los pensamientos ominosos de su muerte. La descripción lírica de la naturaleza se funde con sus emociones desequilibradas, bajo la luz de una luna llena:

> ...iba cayendo la luz anaranjada del anochecer. El cielo ya se había cubierto de estrellas y la luna llena derramaba sobre la tierra una impresionante claridad que hacía pensar en una sabia dirección del mundo. Herminia se fue abandonando a la sensación de que ése era su lugar,... Su alma requería soledad y distancia.... No deseaba, finalmente, la compañía ni el amor. (112-113)[8]

Un monólogo interior sigue con sus reflexiones sobre el suicidio: "Ojalá pudieran perdonarme, ..." (113), y piensa después: "Todavía podía reconocer la amargura y el dolor, pero ya no se sentía condenada a permanecer en ellos" (116). Podemos especular que se suicida Herminia en este mundo verde.

En la tercera sección de la novela, Olga le informa a Guillermo que las mejores poesías de Herminia son las de su pueblo: "...quizá porque en ellos conseguía olvidarse de sí misma, de todo lo que la atormentaba" (140). Pero

---

[8]En el capítulo "Alma y sueño" en *La novela lírica*, Ricardo Gullón habla de la identificación del personaje con un espacio que nutre la iluminación: "Únicamente el lenguaje intuitivo y entrañable de la poesía puede expresar momentos así, revelando sus ritmos la grandeza del sentimiento" (63).

con la publicación de *Reservas*, poesías personales, Herminia experimenta una oleada de confianza y bienestar. La línea entre la vida y la literatura se vuelve borrosa, y Herminia se aleja más del lector. La voz narrativa comenta sobre esta metamorfosis:

> Pareciera que la vida hubiera perdido su caracter amenazador, y que las personas que la rodeaban se hubieran convertido en personajes literarios y fueran por tanto más fáciles de amar o, por lo contario, pero muy parecido, fuera ella quien, dando un paso decisivo hacia la literatura, pudiera admitir mejor sus naturalezas profundamente complejas, a veces incomprensibles. Ahora, ese margen de incomprensión no parecía algo tan esencialmente doloroso. (116)

La ironía de este pasaje se muestra en la transformación de Herminia, junta con Doña Carolina y Araceli en personaje literario también. Se nota que la figura de Herminia siempre parece estar encapsulada en algo indefinible, algo que la separa de los otros personajes y del lector. A menudo, anda sola; cuando está con otra gente, se queda apartada. Pensamos en ciertos cuadros de Remedios Varo (fig. 1.16), en los cuales la mujer está dentro de un tipo de cáscara, que forma parte de una indumentaria que la aísla del mundo. En el caso de Herminia, se diría que la protege la compañía casi tangible de su propia soledad, la única compañía que tiene.

Nos despedimos de esta heroína triste en El Retiro, lugar literario y mágico para ella desde los días impresionantes de la adolescencia. Se retira hacia el mundo de los libros: "... el territorio donde se guardaban los sueños y las ambiciones del espíritu" (118). Emplea el narrador palabras como "santuario," "solemne," y "sagrado" (119) para describir la biblioteca. Cuando Herminia incorpora su tomo de poesías en una de las vitrinas llega a ser parte de su universo ficcional.

6.5 Guillermo – el rechazo emocional de los padres

Para Guillermo Aguiar, la muerte de su padre provoca un examen de su condición solitaria. El abandono de una noche por su madre, cuando tenía cinco años, y la tensión en su relación con su padre, particularmente con respecto a su abandono de la casa para casarse de nuevo, contribuyen a su infelicidad y estado inquieto. El vacío afectivo, producto de su soledad, es interpersonal y relacionado a los afectos familiares.

Como Antonio, Guillermo se acostumbra a retirarse a su cuarto donde pasa muchas horas de su juventud feliz y sola, y donde, "... agudizada su conciencia de hijo tardío y solitario, pudo percibir cierta tensión en la convivencia entre sus padres" (128).

El terror de su madre, Dolores Riquelme, cuando se da cuenta de la salida definitiva de su marido, se mezcla con el miedo que siente Guillermo, un adolescente impresionable. El hijo siente la presión de apoyar a su madre, mientras entiende que la comunicación e intimidad que busca en la relación con su padre nunca existirá. Guillermo no puede suavizar la amargura que siente a escondidas contra su padre; se siente huérfano (133), tema explorado por Puértolas en algunas de sus novelas anteriores: *El bandido doblemente armado*, *Burdeos*, y *Todos mienten*.

Puértolas pinta un retrato exacto de la esposa rechazada. Mujer dedicada a su esposo e hijos, Dolores Riquelme no tiene otra vida que la del del hogar. Se convierte en un "fantasma" (134) robotizada, pasando los días en un tipo de reclusión solitaria: "No leía, no miraba la televisión. Fumaba un cigarrillo tras otro.... Y, al aparecer, con sólo ese soporte, sin fármacos, sin alcohol, sin aficiones obsesivas a los juegos de azar, consiguió salir adelante" (135). Guillermo quiere escaparse del sufrimiento de su madre porque sabe que es imposible ayudarla.

Trata de conocer más a su padre a través de las percepciones favorables de Olga, su segunda mujer. En efecto, el matrimonio entre Leandro y Olga se destaca por ser el único enlace afortunado de la novela. Guillermo no encuentra en su propio matrimonio la dicha afectiva que ha encontrado su padre, en segundas nupcias.

Inclinado, como su madre, a la melancolía, los recuerdos tristes de su pasado lo obsesionan. La voz narrativa examina sus debilidades emocionales:

> Guillermo tuvo que actuar de espectador. No había podido entregarse a sus emociones. Esos años míticos de los sesenta, le cogieron lleno de confusos sentimientos. Lo contempló todo desde lejos: ...siempre hubo esa distancia entre la realidad y sus más íntimas preocupaciones, aunque ya no pudiera recordar cuáles eran. (145-146)

Las heridas de su juventud no se curan. Se da cuenta de que su padre ha pagado el pato por sus problemas y su huida de sus sentimientos. Guillermo sólo puede apreciar la fortaleza de su padre en su lucha contra la enfermedad que le quita la vida. Pero el hijo nunca llega a perdonar al padre por este desamor.

La reconciliación entre Dolores y su ex-esposo durante los meses antes de su muerte de cáncer, tampoco afecta positivamente la relación tirante entre padre e hijo, pero curiosamente surge un vínculo de amistad entre Olga y Dolores.

Este día del entierro de su padre, hay verdadera comunicación entre madre e hijo (reminiscentes de las conversaciones entre madre e hijo en *Todos mienten*). Guillermo aprende que su madre, hace años, se había rebelado contra su papel inferior al de su esposo. Le confiesa: "—Yo también he tenido mi vida, mis aspiraciones. No siempre he estado de acuerdo con él ni me han gustado las cosas que a él le gustaban, ni ... —titubeó y sus ojos tenían cierto brillo de malicia — siempre me ha gustado él" (154). Ella tuvo deseos de separarse de Leandro, pero tenía la responsabilidad de cuidar de cuatro hijos.

Le confiesa a Guillermo una aventura amorosa que tuvo con un francés, cuando su hijo tenía cinco años, y cómo ella lo dejó dormido y solo durante una noche para tener una cita con este "hombre muy comprensivo" (156). Así que, ha guardado Dolores la culpabilidad de esta acción irresponsable por el resto de la vida. Además a Guillermo le han atormentado estos recuerdos por treinta y cinco años. Reflexiona sobre este incidente: "¿Quién hubiera sido él si no hubiese vivido esa noche?" (158)

Mientras el drama de aquella noche se revive, Guillermo recuerda la oscuridad y el silencio de la soledad infantil y espantosa. Al recrear este episodio de su infancia, el texto asume el sabor de un relato juvenil; la perspectiva sobre el pasado es ingenua y aterrorizada. Aunque su madre había disculpado su ausencia entonces, Guillermo nunca podía perdonarla. La inseguridad e insatisfacción engendradas durante aquella larga noche le marcaron para toda su vida; además, no llegó a compartir ese sufrimiento intenso con nadie. Trata de entender sus sentimientos:

> ...siempre había sabido que nada podría arrancar ese recuerdo de su cabeza, y que el dolor y el abandono sentidos en la remota noche de su infancia eran el anticipo de todos los dolores y abandonos. Había que vivir con ese secreto, con ese miedo enterrado, con esa extraña y frágil, y a veces insoportablemente inútil, sensación de

heroísmo. Una ambigua conciencia de singularidad, de ser capaz de mucho o de muy poco, le había ido marcando; ni siquiera intentó explicárselo a nadie, no aspiró a ser consolado por eso. (161-162)

Guillermo mantiene una relación de amor-odio con su mujer, Roció, y con su familia. Necesita su apoyo emocional, pero también le hace falta la libertad, la sensación de no ser comprometido. Para crear un estado de equilibrio en su vida, ha cuidado del niño dentro de sí, gratificando sus caprichos sensuales. Este síndrome Peter Pan, que describe su inmadurez, lo ayuda a aguantar sus responsabilidades familiares y a tolerar la soledad. Su desasosiego con el mundo tiene sus raíces en el "miedo enterrado" (161) desde la niñez. Su inestabilidad en el presente se mezcla con un deseo de olvidar todo — de vivir sólo en el momento, como un adolescente perenne. Se pregunta a sí mismo: "¿Se convertiría en un hombre maduro patético, aferrado a la juventud que se escapa?" (166).

Cuando se encuentra con Covadonga, parece que ha tropezado con una perfecta compañera espiritual. La soledad atemporal de ambos se describe: "Estaban de nuevo en el ritmo iniciado en el bar, en el tiempo absoluto, sin pasado, sin recuerdos, sin vaivenes. Esa pérdida de la noción del tiempo era exactamente lo que ambos buscaban" (169). Al contemplar la vida de sus padres, Guillermo se da cuenta de la futilidad de su sufrimiento y su soledad respectiva. Traza un bosquejo lírico de su infelicidad: "...las ilusiones que sustentaron y traicionaron los dos y los sentimientos que se habían ido repitiendo como en una espiral, encadenándose como se encadenan los días, las semanas, las estaciones, heredándose, como se hereda el color de los ojos o del pelo" (174). La autora visualiza el sufrimiento en la forma de una cadena, imagen geométrica que describe la novela en conjunto. Estas reflexiones melancólicas le convencen de que "...el amor es lo único que vale la pena" (175). Sin embargo, para Guillermo, el amor siempre va a ser una meta elusiva.

6.6 Susana — la soledad temerosa

Susana Cuevas está aislada, como su apellido sugiere, a causa de su responsabilidad de madre. No trabaja, y su única relación con el mundo es su amistad con Covadonga. Es un personaje plano; se pinta con pocos detalles que subraya su estado solitario. Contenta de ocupar el piso renovado, que pertenecía a su tía Amalia, pasa el día mirando la televisión, leyendo, y pensando. Se da gusto a sus ruminaciones tristes. Cuando tiene que apoyar a Covadonga, después de la agresión nocturna, se despierta de este letargo. El acto violento contra su amiga, le abre los ojos a Susana a un mundo más hostil, pero tiene de bueno, el hacerle más receptiva. Su amistad con Antonio se ahonda, y le proporciona la oportunidad de encontrar dentro de sí sentimientos de compasión y tolerancia por los mayores, que no conocía antes.

Susana está consciente de su condición solitaria y del miedo que la acompaña en el espacio aislado que habita: "Nada de cuanto sucedía en el exterior llegaba hasta allí.... Sola en la casa, Susana se sentía demasiado lejos del mundo. Eso le producía un poco de temor. Abstracto, indefinido temor" (177-178).

Con Susana y Covadonga, Puértolas examina a dos mujeres contemporáneas españolas. Las pone en un ambiente tradicional — el piso de la vieja calle Manises, y las hace comunicar con el pasado, simbolizado por Antonio. Para Susana, la visita inesperada e inicial de Antonio, representa una ruptura de su aislamiento. Se pone en contacto con sus raíces; provoca reminiscencias de su excéntrica tía Amalia. Al contrario de Susana, ella conocía la ciudad de Madrid íntimamente. Aunque sus interacciones de prestamista fueron impersonales, sin embargo, fue participante en la vida social de la ciudad, y Susana empieza a admirar su fortaleza.

Susana se da cuenta de que es víctima de sus circunstancias. Depende de los hombres en su vida, y vive de día en día, sin hacer planes para el futuro. La vida emocionante de Covadonga le permite olvidarse de sus propios problemas y entrar en la vida atractiva de su amiga optimista. De cierto modo, la relación con Covadonga representa otra dependencia. Susana le confiesa a Antonio lo aburrido que es su vida y la importancia de Covadonga como interlocutora: "Si ella no existiera, no sé con quién hablaría" (227).

En su extrañamiento social, se preocupa por los habitantes de los pisos de enfrente.[9] Sobre la gente desconocida, Susana se pregunta: "¿De qué hablarían? ¿Serían, de verdad, cosas pequeñas e insignificantes o se lanzarían a grandes profundidades, filosofías de la vida, grandes preguntas?" (198).

---

[9]Hemos visto esta preocupación por "el Otro" en el capítulo final de *Queda la noche*, en el cual Aurora medita sobre la vida de los vecinos.

Para Antonio, la mirada temorosa de Susana recuerda la mirada semejante de Gracia. Borra el olvido que ha marcado su vida solitaria, y guía sus pasos al banco para averiguar la verdad del caso de Covadonga. Mientras desarrolla la amistad entre Antonio y Susana, el anciano llega a reemplazar a Covadonga como su interlocutor. Cuando Susana olvida sus llaves, (motivo que subraya su búsqueda de identidad), le explica a Antonio su deseo de "hacer algo" (227). Habla de su cansancio constante y dice: "Es como una enfermedad. Dice mi madre que nací cansada" (227). Recordamos que la enfermedad misteriosa de Gracia se caracterizaba también por el cansancio. Pero añade filosóficamente que tal vez haya mérito en esta clase de personas porque piensan y obligan a la gente enérgica a considerarlos y examinar lo que piensan.

Por cuanto Susana tiene el efecto de revitalizar a Antonio, él le provoca una auto-consciencia; ella reconoce su pasividad y su postura, de mujer siempre en espera de algo. Ahora prefiere hacer planes para el futuro: "Quería estar ya de regreso de esas vacaciones, llena de energías, dispuesta a no dejarse enredar en una cadena de obligaciones por la que se filtraba muy poco aire puro" (235). Una nostalgia por las pérdidas de su vida se mezclan con las esperanzas para el futuro. El paralelo entre Susana y la imagen de Gracia se nota más en el último episodio. Antonio piensa: "Era ahora Susana, ... quien le recordaba a Gracia. Cuanto más la miraba, ... más la confundía con Gracia (237).

6.7 Covadonga — vencedora de la soledad

La personalidad de Covadonga se contrapone a la de la ensimismada Susana. Extrovertida, optimista, frívola, rehusa ser víctima, aún después del incidente. A pesar del ataque, insiste en disfrutar del momento, que se demuestra por su exuberancia en la escena final. Las cantinelas, que vocaliza cuando se baña, sirven de motivo que subraya su espíritu optimista.

La figura de Covadonga se asocia con los objetos sensuales: el agua, los abrigos de piel, la ropa, y los productos de belleza. Y su excesiva disponiblilidad al placer, la expone a peligros. La voz narrativa emplea una ironía juguetona nombrando a esta mujer sensual y seductora por una virgen tan venerada de la cultura española. Pero, es interesante que el comportamiento liberal de Covadonga engendrara las nuevas direcciones positivas en las vidas de Antonio y

Susana. Puértolas parece decir que las dicotomías globales del pasado, entre lo bueno y lo malo, ya no sirven, y que generalmente la realidad se caracteriza por las ambigüedades.

Covadonga representa un estilo de vida divorciado de compromisos. Susana nos relata su impresión de la modelo: "Puede que, a fin de cuentas, la gran pasión de Covadonga no fueran las aventuras, sino hablar de ellas... inspiraba en los hombres que la amaban, más camaradería que deseos de protección" (179).

La modelo entiende por qué ocurrió el ataque; no se vence su espíritu indomitable, pero prefiere guardar el silencio. Aún decide guardar el chantaje del banquero sospechoso. Ella es realista; cree que es el precio de su silencio y le dice a Susana; "No soy la única mujer a la que han intentado violar.... Pero voy a olvidarlo y voy a seguir viviendo" (232).[10]

Covadonga sirve de catalizador; es su sufrimiento que lo que empuja a Antonio a confrontar al banquero y revelar así, su hipocresía y vergüenza. Pero ella no es una figura trágica; no inspira ni miedo ni piedad. Es su voluntad de sobrevivir, sin rencor, lo que merece admiración.

6.8 La escena final — la comunión

La última escena de *Días del Arenal* se llena de luz y esperanza. El evento del té, que Antonio les ha preparado a Susana y Covadonga para celebrar la mejoría de ésta, tiene lugar en su apartamento viejo y oscuro, que parece haber sido transformado en una capilla, un lugar sagrado. La mesa, llena de comida, puede simbolizar un altar, una celebración de la vida. Para Antonio, el espíritu de Gracia ha vuelto de nuevo, y en su monólogo interior, entendemos la importancia de ese retorno:

> Había conseguido que Gracia volviera desde sus sueños y recuerdos más lejanos y estuviera allí con él, ayudándole, musitando suaves palabras en sus oídos, acariciando su mano, mirándole con indescriptible dulzura. Gracia era testigo del momento y sabía, como

---

[10] En el relato "Contra Fortinelli," Puértolas cuenta un episodio en que una bella actriz está golpeada por el rector de una escuela particular cuando trata de violarla. Esa señora expresa su venganza abiertamente en la plaza del pueblo, hiriéndole en la ingle. Al contrario, la reacción silenciosa de Covadonga representa la actitud de muchas de las mujeres maltratadas en España, aún hoy en día.

él, que ese instante en el que el licor era vertido en las copas mientras sus bellas vecinas hablaban y fumaban era un instante pleno. (237-238)

Antonio se ha encargado de su vida; se ha transformado en "un vencedor" (238). El espíritu de Gracia ha llegado, llenando el momento con su sonrisa dulce. Covadonga ahora parece vigorosa, y la mirada de Susana comunica la esperanza. La belleza de las emociones en este instante del atardecer se fusiona con la luz, y Antonio reflexiona: "Ahora podía reconocer los sentimientos más hermosos, como el rayo del sol que, al iluminar el aire, deja ver las diminutas partículas de polvo que flotan y se mueven por él" (238). Su consciencia de la cualidad efímera del momento provoca la nostalgia. Entiende que es el amor que hace "reverberar la realidad" (238). Detrás de sus lágrimas, Antonio percibe la presencia de las tres mujeres en la sala: "Todo estaba allí, y sospechó que las tres mujeres que lo acompañaban lo veían también, y que, en cierto modo, todos estaban hablando de ello" (239).

Se capta en esta escena final "el espíritu de la mujer" en la imagen de las tres mujeres, identificables, tal vez con las tres Gracias. Estas alusiones mitológicas confluyen con los elementos religiosos de la escena, referentes al ritual de la comunión de la misa.[11] Por medio del gesto puro y generoso de la hospitalidad de Antonio, aunque sólo por unos breves instantes, se vence la melancólica soledad.

Conclusión

Un tono pensativo y melancólico penetra las páginas de *Días del Arenal*, que capta las "dudas y matices" (138) características de la vida interior de los personajes. Se rechaza la prisa de la vida contemporánea, con su concomitante falta de interés por el Otro. El mensaje afirmativo de Puértolas sugiere la conveniencia e la importancia de la rehumanización del hombre, apuntada en la última escena. Tal visión humanitaria, subraya la solidaridad, no sólo entre

---

[11] John Hooper refiere a los matriarcados que existieron en el norte de España durante las épocas prehistóricas. (222). Puértolas parece reafirmar esta cadena matrilineal, con su énfasis en los atributos vitales y espirituales de las mujeres. Es implícito en su mensaje la necesidad e importancia de la resonancia femenina, tanto en el mundo contemporáneo como en el futuro.

hombres y mujeres, sino también entre generaciones. El mensaje se proyecta más allá de las fronteras de España; es implícito el deseo de una solidaridad global. Muestra la capacidad del ser humano de cambiar en un sentido personal y emocional. La transformación personal más radical y positiva se nota en Antonio. Hay vislumbres de alteraciones menos dramáticas en los otros personajes principales también.

Días del Arenal proyecta una reivindicación del poder del amor humano para calmar el dolor de la soledad y para estimular un espíritu de comunidad y convivencia. Las preguntas retóricas esparcidas a lo largo de la novela no aparecen en el momento final, pleno de luz y armonía. Gracia llega a ser una metáfora por el amor, que es "gracia" y "el espíritu de la mujer." Aunque Gracia parece ser un estereotipo de una mujer ideal tradicional, el ángel doméstico, (aunque antes adúltera), su espíritu vital tiene eco en Susana y Covadonga, representativas de la mujer española contemporánea. Al contrario de la mujer que vivía en la época franquista: Gracia, Herminia, Araceli, y Dolores Riquelme, las mujeres jóvenes: Olga, Susana, y Covadonga luchan por redefinir su posición personal y social de víctima, y empiezan a abrir nuevas puertas en el nuevo entorno democrático de la España posfranquista. Puértolas subraya las diferencias entre las mujeres y las pinta en su diversidad.[12]

Si la búsqueda de la identidad es un tema fundamental en la escritura femenina contemporánea, podríamos decir que Soledad Puértolas, en *Días del Arenal*, no sólo logra esta exploración en las mujeres de su novela, sino que muestra también un interés en las luchas de los hombres por encontrar su identidad. Con una estética, a veces irónica, recrea el pasado con un amor delicado, y hace tributo al aguante de las mujeres de la época franquista. El mensaje ideológico implícito del texto es que la España de la transición debe recordar el pasado y mirar hacia atrás para rescatar las virtudes de la

---

[12]Elizabeth Ordóñez, en *Voices of Their Own*, indica que:
The process of reading contemporary Spanish narrative by women advises us rather to abandon classifications that have failed to address the attributes of women's texts and invites us to engage, instead, in an alternative perception of maternal connections or continuities among women's voices.... The maternal trope serves rather to nurture multivocality, diverse strategies of articulation both with and without the authorization of patriarchal, paternal, or phallocentric law. (28-29)

belleza, la generosidad, y el amor, indispensables para una reforma positiva de la sociedad. Los valores del pasado, y particularmente los atributos femeninos, poseen el poder de redimir al hombre y enriquecer el presente. Por medio de la sabiduría sencilla de los pensamientos y acciones de Antonio, Puértolas nos ofrece una novela más optimista y esperanzadora, la más optimista hasta ahora. Es una invitación a seguir la inteligencia del corazón, de tolerar y entender las diferencias de los otros, y de vivir con las ambigüedades, casi una guía sentimental, para aliviarlos a todos, en nuestra soledad compartida.

Capítulo 7
Los relatos

Antes de discutir los relatos de Soledad Puértolas, trataré de mostrar cómo su obra cuentística cabe dentro de la tradición española del relato. Característicamente un género poco cultivado en la península, podemos trazar sus raíces a la Edad Media con los cuentos didácticos morales de Don Juan Manuel.[1] La influencia italiana del *Decameron* de Giovanni Boccaccio, con su propósito esencial estética de deleitar, provocó un cambio de rumbo en la producción de los cuentistas españoles. Durante el siglo XVII, las *Novelas ejemplares* de Miguel de Cervantes y los cuentos intercalados en el *Quijote*, reflejan las influencias italianas y las características picarescas pertenecientes a España. Estas narraciones cortas se destacan por su habilidad de "deleitar aprovechando," y por su interés psicológico. No será hasta la época del romanticismo, cuando florezca en Norteamérica, Rusia, Alemania, y Francia. En España se notan dos vertientes: el cuento realista y el poético. La influencia francesa se evidencia en los cuentos satíricos de José de Larra, a principios del siglo XIX, los cuales poseen también una afinidad con los "cuadros de costumbres" que aparecen más tarde que exaltan lo pintoresco y lo popular. Al otro lado, el romántico, Gustavo Adolfo Bécquer, escribe sus *Leyendas* y *Desde mi celda*, prosa muy cercana en sentimiento a sus poesías, y llena de elementos fantásticos.

La renovación estética del cuento durante la época romántica tiene repercusiones positivas en el realismo cuando se escriben los relatos pintorescos de Pedro de Alarcón y los cuentos idealistas y poéticos de Juan de Valera. Emilia

---

[1] Fundo mis comentarios sobre el cuento en la explicación introductoria histórica de Anderson Imbert "El cuento en España," que se publicó en *Veinte cuentos españoles del siglo XX* (Anderson Imbert 1-20), y en *El cuento español en el siglo XIX* de Baquero Goyanes.

Pardo Bazán y Leopoldo Alas, "Clarín," escriben cuentos de mérito imaginativo a fines del siglo. Pardo Bazán se destaca por sus cuentos religiosos con intención moral, mientras la producción cuentística, de Alas, religiosa, en su temática también, se distingue por su sátira, humor, y propósito moral. Estos dos escritores preparan el camino para la sensibilidad moderna del siglo XX.

Los autores de "la generación del '98," se obsesionan por "el problema de España." O se enfocan en los aspectos positivos de su país, como hace José Martínez Ruíz, "Azorín," en su prosa poética, o expresan su disgusto del estado atrasado de su patria, como Pío Baroja, que también revela un tono anticlerical y humanitario en sus relatos. Las preocupaciones existenciales de Miguel de Unamuno resultan en una perspectiva enfocada más en los problemas psicológicos de sus personajes. Ramón del Valle Inclán desempeña el papel de crítico de su nación con las palabras mordaces de los "esperpentos" unido a una prosa poética, "modernista."

Aunque el cuento sigue el rumbo de género poco cultivado en el siglo XX, los vanguardistas experimentan mucho con la forma narrativa a principios del siglo. Pero la crisis de la guerra civil española, puso fin a la literatura experimental. Muchos escritores de gran mérito literario, salieron del país para escribir en el exilio como Francisco Ayala; su obra, como la obra literaria de los otros exiliados, reflejan su preocupación por su país natal. Los escritores que se quedaron en España, tuvieron que luchar contra la censura de la dictadura de Franco. Los "años de hambre" después de la guerra, tienen su paralelo en la escasez de la producción literaria. Uno de los importantes cuentistas de este período es Ignacio Aldecoa, que presenta en sus relatos un cuadro sombrío de los problemas sociales durante aquella época. A pesar de las restricciones sobre las libertades, a mediados de este siglo, la literatura en España empezó a reestablecerse. Los relatos, como las novelas, pueden dividirse en los grupos definidos por Gonzalo Sobejano por la novela: cuentos existenciales, sociales, y experimentales porque es notable que algunos de los grandes novelistas españoles también escriben cuentos, como Camilo José Cela, Miguel Delibes, y Ana María Matute. Con Cela, "la deshumanización del arte," explicado por el filósofo José Ortega y Gasset, se manifiesta en narraciones, con un estilo bautizado "tremendismo." Enfatizan, como había hecho la picaresca en el pasado, la crueldad del hombre. Delibes sigue la tradición realista al principio, pero se avanza hacia técnicas más experimentales con cada nueva narrativa. Matute, en su ficción, trata de escaparse de la realidad deformada de la posguerra hacia un mundo imaginario. A diferencia los cuentos del siglo XIX, los relatos que se escriben después del año 50, aunque arraigados en el ambiente español, empiezan a explorar temas universales.

Sería una omisión de no mencionar el impacto de la brillantez de la literatura hispanoamericana en la escena literaria española. El "boom," con sus cuentistas excepcionales: Jorge Luis Borges, Julio Cortázar, Juan Carlos Onetti, y Gabriel García Márquez, por ejemplo, indubitablemente han ejercido una influencia enorme en los escritores jóvenes de España.

La época posfranquista se caracteriza por cambios dramáticos, estéticos e ideológicos en toda la literatura. El cuento ha sacado provecho del ambiente de libertad artística e intelectual. Comenta Ana Rueda:

> Hasta el comienzo de la década de los 70, o incluso de los ochenta, el aislamiento del escritor de cuentos era aún peor que el del novelista, ya que el mecanismo cultural dictaba ciertos moldes rígidos que situaban al cuento en relación de marginalidad con respecto a la novela.... Las editoriales, conscientes del problema, procuran disimular las colecciones de cuentos, suprimiendo de la portada la palabra "cuentos" y obligando al posible comprador a buscar un índice que le aclare si efectivamente se trata de una colección de narraciones breves o si por el contrario es una obra unitaria. (Rueda 257-258)

Sin embargo, ha sido una proliferación de escritoras, muchas de ellas catalanas, que desarrollan el cuento y la novela. Ymelda Navajo habla de la literatura femenina actual:

> No puede negarse que la transformación de la personalidad femenina en estos últimos años ha sido radical y profunda y que ello ha afectado, cómo no, a la escritora. Así a mi juicio, la influencia ejercida por autoras como Virginia Woolf, Simone de Beauvoir, Doris Lessing o Mary M[a]cCarthy ha contribuido a 'universalizar' en cierta medida a las inquietudes o proyectos de la inmensa mayoría de las mujeres que publican en estos momentos. Me atrevería a decir, ... que muchas de las narraciones ... se acercan más a la obra de las jóvenes autoras americanas o inglesas que a la ficción femenina de la posguerra española (Elena Quiroga, Ana María Matute o Carmen Laforet), distinta tanto en los temas como en los niveles expresivos. (Navajo 11-12)

Carmen Martín Gaite, Esther Tusquets, Rosa Montero, Carmen Riera, Montserrat Roig, no sólo son voces de la nueva España, sino exploran las preocupaciones estéticas de la autora y de la mujer a fines del siglo XX. Dentro de este contexto literario tenemos la voz de Soledad Puértolas, cuyos relatos representan un documento social y moral de la época actual. Principalmente su prosa está dentro de la tradición realista, pero sus narraciones se marcan por una estética sobria, concisa, melancólica, e irónica, más típica de la narrativa actual. Capta aspectos de la impersonalidad del paisaje extranjero de la España abierta, y examina los problemas universales que su país comparte con el resto del mundo.

Me propongo discutir doce relatos de Puértolas enfocándome en su tratamiento del tema de la soledad. "A través de las ondas," escrita en septiembre de 1980, forma parte de la colección, *Doce relatos de mujeres*, compilada por Ymelda Navajo. Esta narración de Puértolas se incluye con los cuentos de otras autoras destacadas de su generación. Se publicó en 1982, *Una enfermedad moral*, colección de diez relatos. En la revista, *Las nuevas letras*, en 1988, se publicó el relato "El reconocimiento." Analizaré estos relatos en orden cronológico.

"A través de las ondas"

La trama de "A través de las ondas," empujada por la temática de la violencia, prepara el terreno para su colección de relatos, *Una enfermedad moral*.[2] "A través de las ondas" es un cuento policiaco. El género policiaco no se cultivaba durante la dictadura. Su florecimiento y desarrollo en la España de la transición se atribuye en gran parte a la obra de Manuel Vázquez Montalbán y a Eduardo Mendoza, que han empleado esta forma popular con gran éxito para "encauzar una serie de denuncias sociales" (Amell 194). El des-

---

[2]En el "Prólogo a la segunda edición" de *Una enfermedad moral*, Puértolas explica que "A través de las ondas" no se publicó como parte de esta colección porque se había publicado en *Doce relatos de mujeres*. Añade que es diferente de los otros cuentos y dice:

> Pero yo estoy muy agradecida a "A través de las ondas", porque aun cuando está escrito con esfuerzo y hubo que realizar bastantes versiones y sé que se resiente de exceso de seriedad y de exceso de trabajo, fue el responsable de la relativa facilidad con que, meses después fueron surgiendo los demás. La molesta obstinación que me acometió al escribirlo tuvo, afortunadamente, su desquite. (Puértolas, *Una enfermedad moral*, "Prólogo..." 12)

encanto con la época posfranquista se comunica en la novela policial, género característicamente realista, que emplea la ironía, parodia, y humor.

Al seguir esta onda de ficción criminal, en "A través de las ondas," Puértolas crea un cuadro sombrío y mordaz, en el cual denuncia a la policía, y presenta la subyugación de la mujer por el hombre en la actualidad. Los eventos del relato toman lugar en una sección costeña de un país nunca mencionado durante unas horas de un sábado. Los motivos de un calor intenso y la lluvia de la tormenta son elementos que afectan y limitan a los personajes dentro del ambiente de la historia.

El relato se divide en tres partes. En la primera sección, una mujer joven es observada por un narrador omnisciente que presenta sus acciones mientras pasa por la ciudad lluviosa con la intención de matar a un hombre. El estilo realista, elíptico, y periodístico muestra toques de la ficción detectivesca de Raymond Chandler, particularmente en las descripciones locales. El movimiento constante de los personajes con las correspondientes imágenes fuertes, dan una cualidad cinematográfica a la obra. La narración está llena de lagunas; no sabemos quién es la mujer, ni cuál es su motivación para querer cometer el crimen. Frente a su víctima, con la pistola lista, decide de repente no matarlo, pero cuando oye dos disparos que hieren al hombre, se escapa corriendo, pensando que el hombre se ha muerto.

Puértolas experimenta con la voz narrativa. El recurso de cambiar de voces en medio del relato sirve para aumentar la tensión y el misterio. La perspectiva narrativa omnisciente del principio, cambia a la primera persona en la segunda parte. Ahora el narrador es el hombre que persigue a la mujer. Nos damos cuenta de que el autor omnisciente ha reflejado lo que había visto este hombre que estaba siguiéndola. Aprendemos que es él que había disparado mientras ella estaba en el cuarto oscurecido por la tormenta. Después, este hombre regresó al escenario del crimen para finalizar el asesinato mal hecho y para robar a la víctima. Entonces, fue en busca de la joven que había huido de la ciudad.

Es obvio que ella quiere separarse del hombre matado y también del hombre que la persigue. Éste conjetura que ella ha escapado en tren para pasar una temporada en un pueblecito de la costa. Su sospecha es correcta, y cuando ella baja del tren, él está allí, dispuesto a ofrecerle su ayuda y protección. Ella sólo quiere escapar, pero se da cuenta de que no puede luchar contra su fuerza, y tiene que obedecerle.

El último párrafo abruptamente vuelve a la perspectiva del narrador omnisciente. Mientras la pareja entra en un hotel en la playa, (inferimos que es lujoso y hay una vista de las ondas del mar), el hombre maduro se describe así: "Había vivido durante mucho tiempo de una forma gris, pero aquella noche la luz brillaba para él" (177).[3] Las consecuencias del homicidio han sido desastrosas para la joven que se siente atrapada, mientras el hombre lleva todos los naipes; tiene el poder de acusarla y de condenarla como el asesino.

7.1 El hombre matado

Tenemos una descripción muy corta de él. "Estaba sentado frente a la ventana. Carecía de todo vigor. Era uno de esos hombres en quienes la pasión por dar órdenes y ser obedecidos crea una ilusión de fortaleza. Pero no pudo hablar. Cuando vio a la mujer su tensión se acentuó" (168). No sabemos quién es, ni cuál es su relación con la mujer. Dice que la admira por su tentativa de persuadirle de no matarlo. Cuando más tarde el otro hombre entra en la casa para asesinarlo definitivamente, vemos que no se conocen.

Entendemos que este hombre, físicamente débil, ha ejercido control sobre la mujer, pero a pesar de su resentimiento y rabia, ella es incapaz de matarlo. El representa su pasado infeliz. Aunque él muera, y el crimen sea el punto de partida del relato, ambos hechos son secundarios a la presentación de la problemática de la relación entre el hombre-asesino y la mujer.

7.2 La mujer solitaria

Observamos a la mujer joven, de cabello negro por los ojos del el narrador omnisciente y el hombre-asesino. Sólo recibimos pocos detalles sobre ella: se le ve como *une femme-enfant*, una "muchacha" inocente y vulnerable. Parece deprimida: "Sus pensamientos no podían ser resucitados de su profunda sima" (166), e indiferente a la lluvia en camino a la casa del viejo que quiere matar. Ensimismada, habla consigo misma. Parece que una rabia loca guía sus acciones. Revela su soledad personal cuando se presenta al viejo sin dar su

---

[3] Las citas vienen de "A través de las ondas" de Soledad Puértolas en *Doce relatos de mujeres*. ed. Ymelda Navajo. 2ª ed. Madrid: El Libro de Bolsillo, 1983.

nombre. Entra en la casa y dice: "—Soy yo ..." (167). Pero su determinación temblorosa desvanece en el momento de apretar el gatillo, y sale corriendo al oír los disparos y al ver al hombre caerse al suelo.

Durante el resto del relato, sus acciones son previsibles e interpretadas por el hombre-asesino. El la encuentra en la estación de trenes, y podemos intuir que va a dominarla en el futuro. Ella tiene que ser sumisa para protegerse. Tiene que guardar el silencio, desempeñar el papel pasivo y tradicional de la mujer. Aún en la época de la transición, es posible que ella simbolice a la nueva mujer, atrapada en la jaula de una sociedad patriarcal de la cual no hay escape.

7.3 El asesino

Navega entre dos metas—quiere ayudar y controlar a la joven. Sabemos que es policía, alto, y enamorado de ella. Le informa al hombre viejo antes de matarlo: "—Soy el hombre que la quiere ..." (170). Actúa como un animal en busca de su presa. Y la persecución apresurada que emprende para alcanzarla aumenta el suspense. La técnica confesional hace resaltar sus pensamientos y reacciones. Piensa: "Era difícil aceptar que después de haber matado a un hombre por ella la había perdido sólo porque no había sido lo suficientemente rápido" (172). El aspecto sadista de su personalidad se revela cuando recuerda el crimen: "La imagen del hombre muerto invadió mi mente. No era la primera vez que mataba a un hombre, pero nunca lo había hecho de aquel modo. Su figura desmadejada a mis pies, me golpeaba casi literalmente los ojos" (174).

Analiza a la mujer y sus posibles planes de huida. Traza un futuro ameno, en el cual convive con ella en un pueblecito del interior. Sueña con trabajar en una tienda y tener "una casa bajo cuyas ventanas crecían geranios y cuyo interior se preservaba de las miradas de la curiosidad pública por medio de inmaculadas cortinas blancas" (173-174). Así que la libertad para él se define por la vida burguesa y una soledad dulce. Sabe que tiene poder sobre la joven. Medita: "Yo jugaba con una ventaja: ella no sabía que era yo quien la estaba siguiendo. Huía de lo desconocido y yo era el último ser de quien ella podría sospechar" (173).

Quiere cerrar el capítulo de su vida solitaria para pasar una vida más prometedora acompañada por la mujer. Pinta un cuadro de su vida actual:

"Estaba harto de apartamentos, de cuartos grises y estrechos pasillos, de comedores compartidos y sórdidos cuartos de baño" (174).

Cuando se encuentra con la joven en la estación de trenes, la lleva en su coche, y confiesa que él ha matado al hombre viejo. La mujer trata de escapar: "Trató de abrir la puerta del coche, pero yo se lo impedí. Cuando comprendió que yo era mucho más fuerte que ella, dejó de luchar" (176). La recuerda que tenía "un buen móvil para matarlo" (176). Por esta razón, promete ser su coartada. La mujer le informa que sabe por qué lo ha matado, (¿por el dinero?), y consiente de mala gana de su oferta de apoyo.

El relato termina con el suspiro resignado de la mujer junto con la euforia del hombre cansado, listo para disfrutar de la vida. El cree positivamente que su vida ha doblado una esquina.

Estoy de acuerdo con la observación de Samuel Amell sobre la novela negra: "La característica de [la] novela negra española ... es el uso que hace de la estructura clásica del subgénero para poner de manifiesto, comúnmente con ironía, una denuncia de carácter socio-político de la sociedad actual española" (Amell 199-200). Podemos aplicar su interpretación de la novela a este relato criminal que considero como una crítica socio-política.

La inefectualidad de la policía se comenta por el hombre-policía. Duda que la mujer fuera detenida. Piensa: "Se cometían muchos robos los sábados por la tarde. Dada la ineficacia de la policía, cada barrio acabaría por tener su propio servicio de vigilancia" (176).

Con su énfasis en un futuro cómodo, la autora sugiere que el hombre ha robado mucho dinero y que tiene los fondos de vivir bien. La mujer, con su tentativa de librarse del viejo, le ha proporcionado al asesino la oportunidad de ponerse en una situación económica mejor.

En cuanto a la joven, ella se ha librado del viejo sólo para caer en las manos del policía-asesino, persona corrupta y brutal. Está resignada a su destino; no existe la posibilidad de cambiarlo. Esta mujer, emancipada del poder del viejo régimen, cae en las manos de un opresor aparentemente fidedigno (un policía), que representa, sin embargo, una fuerza igualmente poderosa y destructiva para ella.

"A través de las ondas" trata estéticamente del problema de la lucha entre los sexos. Podemos inferir del relato que la autonomía de la mujer se niega aún en la España actual. El hombre-asesino es victorioso; su voz y sus acciones dominan la acción. El silencio de la mujer y su pasividad reflejan su falta de poder y su aislamiento en la sociedad posfranquista. Creo que Puértolas quiere manifestar su crítica de la injusticia social contra las mujeres. Utilizando el vehículo del cuento policiaco, su presentación del problema es indirecta, pero poderosa por su impacto en el lector.

La violencia y la corrupción del pasado, simbolizadas por el viejo, persisten. El policía, simbólico de las fuerzas del nuevo orden, prolonga un estado represivo y, con ello, la victimización de la mujer. Puértolas se limita a dejarnos observar el sufrimiento y la soledad de la mujer desde fuera—objetivamente y por la perspectiva masculina—. Su silencio es clave, y no sabemos ni cuáles son sus pensamientos, ni cuáles son sus sentimientos. Así pintada, condenada a su aislamiento personal y social, la autora presenta elocuentemente un cuadro de sus precupaciones ideológicas. La crítica autorial de las circunstancias actuales es fuerte.

Una enfermedad moral

Una enfermedad moral es una colección de diez relatos que se publicó en 1982.[4] El estilo es controlado, lacónico y escueto. Todos los cuentos se caracterizan por "huecos". Akiko Tsuchiya se refiere a los "...richly suggestive 'huecos'" de la ficción de Puértolas (Tsuchiya 70). Pinta con toques mínimos, realidades identificables por esa escasez de detalles. Cada relato es un bosquejo de un escenario elusivo.[5]

El corazón de esta narrativa es un examen de varias enfermedades morales del ser humano y su impacto en el individuo, que generalmente se retira hacia la cáscara de su soledad para inocularse contra estos males. Me propongo analizar cada relato por separado con el propósito de unificarlos al final con mis conclusiones sobre los temas y especialmente su tratamiento del tema de la soledad. Fundo algunas de mis opiniones en las palabras de la autora misma, tanto en su prólogo a la colección, como en una conversación telefónica breve que sostuve con ella durante este proyecto.[6]

En el prólogo, dice la autora: "Muchos de estos relatos están escritos desde esa línea fronteriza en la que es difícil distinguir lo que pasa de lo que no pasa. Todos giran en torno a la posibilidad de la aventura" (12). Y añade al final: "...muchas veces, al escribir estos relatos, he pensado en todas esas personas desconocidas cuyas vidas han estado marcadas por la melancolía de lo inaccesible" (15).

"Un país extranjero"

La señora Ebelmayer "no conocía el mundo" (17), por llevar siempre una vida protegida. Obligada a marchar de su país, por la salud precaria de su esposo, pasa cinco años en un país adoptado, viviendo un tipo de exilio doble. No quiere adaptarse a la nueva cultura, en general, pero se identifica con el

---

[4]Todas las citas de *Una enfermedad moral* están tomadas de la cuarta edición, publicada por Anagrama en 1988. Lleva el "Prólogo a la segunda edición" (Trieste, 1983), prólogo en el cual la narradora explica su arte del relato.

[5]Indica Tsuchiya: "Readers of the 'new' Spanish novelist Soledad Puértolas are bound to be struck by the elliptic, enigmatic, and ambiguous quality of her prose. This quality is inseparable from the minimalist ethos in her fiction, which generates an atmosphere reminiscent of the lyric through its finely nuanced and condensed language" (69).

[6]Esta conversación tomó lugar el 6 de junio de 1992.

paisaje árido, tan distinto del de su país natal, y le gusta describirlo detalladamente en sus cartas. El paisaje seco, del no nombrado país adoptivo funciona como una proyección visible del estado deprimido de la señora.

La monotonía de su vida rutinaria se ejemplifica con su excursión de compras a la ciudad en un día extremamente caluroso del verano. Se siente aislada en el autobús; además, no entiende el idioma. Más tarde, su ensimismamiento e incomunicación se observan en el intercambio con el camarero: "El camarero esbozó una sonrisa. Un día de calor como aquél rompe muchas barreras. Pero la señora Ebelmayer abandonó el local sin haber correspondido a la sonrisa del camarero" (20). El calor intenso le impulsa a cortar sus actividades para pasar un rato en la playa. Se queda aparte de los otros, observadora de la escena. Cuando pierde el autobús, que regresa a su pueblo, decide esperar pasando la tarde en un cine, viendo una película. Al no entender la lengua extranjera, se duerme. Cuando regresa a su casa, observa desde la ventana del autobús un paisaje cambiado por la luz dorada del atardecer. No puede reconocerlo: "Los detalles habían desaparecido de él. Hubiera sido difícil describirlo. Tal vez ni siquiera era consciente de contemplarlo" (22). No puede identificarse con este paisaje borroso, y un ambiente irreal y onírico se sugiere.

La acción rutinaria se interrumpe aquí, pues al caminar hacia su casa, es acosado por un hombre. Ella lo rechaza: "Mantuvo sus labios apretados y se quitó al hombre de encima" (22-23). No se sabe si ella fue violada o agredida sin más. Después del día aburrido y del calor insoportable, su mente no está muy clara. No le revela a su esposo el incidente del ataque, pero en su estado agitado le confiesa que no puede soportar ni el calor, ni la vida del país extranjero: "¡No lo soporto más! He intentado adaptarme, lo he hecho, pero ya no puedo más. Quiero irme. Quiero volver" (23).

Ella rechaza el esfuerzo de su esposo por tranquilizarla. Prefiere quedarse encarcelada dentro de su propia rigidez. La incomunicación que define la relación con su esposo, es paralela a su falta de interacción con otras personas, pues como apunta el narrador: "No tenía amigos, ..." (17). El relato cierra con una descripción del autor omnisciente del jardín de la señora Ebelmayer, que refleja su devoción al orden: "Era, sin duda, el jardín más cuidado de los alrededores: los setos recortados, los macizos simétricos, las macetas dispuestas ordenadamente. A la luz de la luna, parecía irreal" (24).

La descripción sugiere una crítica de la vida enajenada de la señora Ebelmayer: su soledad doméstica y su miedo a la aventura han convertido su vida en una pesadilla. Su inflexibilidad la atrapa en una situación que no tiene la capacidad de alterar, y su orden excesivo sirve, como una camisa de fuerza, para aislarla de una vida más satisfactoria.

Estructuralmente, Puértolas transmite, por medio del lenguaje sencillo y la presentación detallada de las actividades rutinarias de la señora Ebelmayer, la esencia de la vida monótona que vive. El tono melancólico, combinado con el énfasis en el calor magnifican el ambiente opresivo en el cual se mueve la mujer.

Su superioridad cultural la condena a encerrarse en un exilio doble. El ataque contra un muro, que simboliza el muro psicológico que ella ha construido contra el mundo, subraya su vulnerabilidad pasional de mujer.

Mientras Pauline en la novela *Burdeos*, escoge participar en la aventura y así anima su vida, la señora Ebelmayer rechaza cualquier oportunidad de entrar gozosamente en la vida: "...la propuesta del cambio de costumbres, que permitiese la transformación del 'rol paciente' en 'agente', no es aceptada, ..." (Camarero Arribas 142). Sólo mantiene su intimidad con la naturaleza, con el paisaje extranjero, y con su propio jardín. Su personalidad pasiva, rígida, y miedosa prefiguran una insatisfacción y soledad que continuarán.

"La indiferencia de Eva"

De la vida estéril de la señora Ebelmayer, entramos en el mundo emocionante del periodista Eva, cuya vida se llena de experiencias valiosas. Su dilema es su falta de atractivo: "Eva no era una mujer guapa" (25). Su calidad intelectual no la compensa por sus fracasos emocionales.

El relato en primera persona trata de un juego de poder entre el narrador masculino, autor egoísta, que es ofendido por la aparente indiferencia de Eva. El ajusta las cuentas por medio de una seducción vulgar. La desigualdad injusta entre los sexos se expresa por las palabras del novelista bombástico y narcisista. Para él, Eva simboliza un contraestereotipo y la caricaturiza así: "...me horrorizó. Cabello corto y mal cortado, rostro exageradamente pálido, inexpresivo, figura nada esbelta y, lo peor de todo para un hombre para quien las formas lo son todo pésimo gusto en la ropa" (25).

Esta percepción de la mujer como objeto sexual del hombre se evidencia por todo el relato. Se burla de la miopía de Eva, pero en realidad, el desarrollo de su carácter revela que él no ve más allá de sus propias necesidades. En la primera entrevista, Eva no muestra ningún interés en la exposición sobre el siglo XVII que el novelista ha montado. El comenta: "Lo miraba todo sin verlo" (27). La inescrutabilidad de la periodista, combinada con su percepción de su posible incompetencia, representan una afrenta a su orgullo. La batalla entre ellos comienza: "Y conforme su indiferencia se consolidaba, más crecía mi entusiasmo. Se había establecido una lucha. Me sentía superior a ella..." (27).

La estrategia de Eva, superinteligente y sensible, consiste en penetrar y desinflar su aire de superioridad. La reacción de él es de ufanarse: "...me presentó a dos compañeros que me acogieron con la mayor cordialidad, como si Eva les hubiera hablado mucho de mí" (28-29).

La segunda entrevista, en la radio, expone la brillantez y el profesionalismo de Eva. Ella se ha preparado bien, y el autor se queda asombrado y halagado por sus palabras. Pero la experiencia resulta vergonzosa para el novelista. Explica: "A través de su voz, mis dudas se magnificaban y yo era mucho menos aún de lo que era. Mediocre y quejumbroso. Pero la admiré. Había conocido a otros profesionales de la radio; ninguno como Eva" (30).

Ella gana poder y reconocimiento en la entrevista, mientras él pierde estatura a causa de su actuación poca satisfactoria. La dominación intelectual de ella provoca en él la admiración y rabia. Curiosamente, el novelista se ha desenmascarado enfrente del público sin querer hacerlo.

El autor tiene que reforzar su yo con una bebida alcohólica, que le ayuda a establecer su superioridad en el mundo. Afirma: "Yo tenía las claves que los demás ignoraban" (32). Cree que su papel de novelista justifica esta soberbia excesiva. Admite que no es el héroe que Eva presentó en la entrevista, sino una voz capaz de comunicar el "carácter heroico" (32) de la vida, "Yo sería capaz de transmitirlo. Era mi ventaja sobre Eva" (32). Suena como el verdadero Adán alabando su importancia en el patriarcado. Según Akiko Tsuchiya: "He is thus literally a preserver of the 'heroic' male discourse" (Tsuchiya 73).

Eva sufre, porque se da cuenta de que ha cruzado la línea que guarda intacta las reglas tradicionales que separan los sexos. En la entrevista inteligente, ella poseyó todas las armas, y ganó la batalla. Entiende que tendrá que pagar un precio alto por su competencia. La conversación que los dos tienen en el coche después de la entrevista se parece a un juego de ajedrez; la emoción que comparten es un odio mutuo. Cuando el novelista alaba su actuación, ella expresa su decepción: "Es el entrevistado quien debe hablar" (34). El reconoce en silencio la superioridad de Eva: "... hasta era más inteligente que yo. Todo era posible" (34). Ella lo descuenta con el comentario cínico: "—Ustedes, los novelistas, son todos iguales"(34).

El crescendo de desdén contra Eva sigue. El camarero en la barra manifiesta su censura hacia su apariencia nada atractiva. El novelista prepara su ataque al tomar una segunda copa. Piensa: "...ya tenía un objetivo ante el que no podía detenerme" (34). Es evidente que ella ha experimentado este tipo de encuentro y ritual antes, porque cuando ella le pregunta qué quiere, él contesta: "¿No lo sabes?" (35), y ella empieza a reiterar su frase despectiva en cuanto a los novelistas. Al fin y al cabo, ella sucumbe a sus avances.

Puértolas crea una ambigüedad en esta interacción. Piensa el hombre: "Era imposible saber si Eva me deseaba. Era imposible saber nada de Eva... seguía siendo un enigma" (36). Y entonces, abruptamente, anuncia el hombre su dominio sobre ella: "...el bar vacío, las copas de nuevo llenas, nuestros cuerpos anhelantes— mi importante papel en el mundo se desvaneció. El resto de la historia fue vulgar" (36). Jaque mate; él ha restaurado el *status quo* social. Su egoísmo triunfa cuando trivializa la aventura amorosa. Extratextualmente, podemos inferir momentos de crueldad y posible violencia en el ritual de amor.

Eva es la víctima; su emancipación profesional no es sino un espejismo. Sus lágrimas y sollozos después de la entrevista confirman su entendimiento de su papel subordinado. A pesar de los cambios sociales favorables a las mujeres, Adán y Eva siguen haciendo los papeles de siempre.

En cuanto a la construcción del relato, Puértolas emplea técnicas de la tradición picaresca: el testimonio del novelista nos hace aparente su insinceridad, y la ironía revela la duplicidad de su personalidad. Aunque Eva tenga su propio juego—utiliza la estrategia de la indiferencia—gana la simpatía del lector porque quedan al descubierto los obstáculos insuperables en esta lucha por el poder. Las implicaciones feministas de Puértolas que hemos notado en "A través de las ondas," son más fuertes en "La indiferencia de Eva."

Eva es prisionera de su fealdad, en un mundo obsesionado por el estilo, simbolizado por el autor. El novelista misógino, también vive una soledad, determinada en este caso, por su carácter narcisista. Akiko Tsuchiya interpreta este relato como "... a subtle critique of phallogocentrism through a self-conscious reflection on the discourse of masculine desire" (Tsuchiya 70). El comportamiento tradicional que le favorece al hombre persiste en este relato. Por eso, ninguno de los dos gana, en realidad.

"Koothar"

La acción del relato transcurre en la época contemporánea y probablemente en un país escandinavo, a juzgar por los nombres. La ciudad de Koothar, centro de tranquilidad y orden, amada por el inocente Domenico Vaslo, se transforma en un lugar que engendra la violencia.

Contento con sus planes de ir de pesca con sus amigos, gente profesional, el médico Fiejld y el ingeniero Ooalto, Domenico, comisario de Koothar, hace las preparaciones necesarias. Pero no puede salir por órdenes del comisario general, que hace una visita inesperada al pueblo.

Vaslo pasa el día caminando por los alrededores de la ciudad y esperándolo en la estación de trenes. Cuando llega el visitante, anuncia que espera la llegada en tren de dos espías, residentes de Koothar. El tren entra en la estación, y cuando la gente baja, se oyen tiros. Domenico ve que uno de los espías asesinados es su amigo Fiejld. Esta experiencia lo disgusta y destruye sus ilusiones. Camarero Arribas dice: "... sus mejores amigos, compañeros de pesca no son realmente las personas que él creía. Uno es un espía peligroso y el otro es un agente del contraespionaje" (Camarero Arribas 146).

Vaslo tiene que confrontarse con su ingenuidad social. Su complejo de inferioridad le llevó a situar al médico en un círculo especial de superioridad intelectual y moral. El relato trata de su decepción con las expectaciones altas que mantiene respecto a las amistades, y la fragilidad de las ilusiones que perpetúan su visión estrecha e inocente de la realidad social.

Un narrador omnisciente presenta los eventos directa y sencillamente. Comunica la perspectiva ingenua de Domenico, que ve el mundo por un prisma color rosa. Se siente privilegiado por asociarse con el médico y el ingeniero, y mantiene su reserva porque se siente marginado. Cree que: "Un comisario debe mantenerse siempre un poco al margen" (38). Vacila entre estos sentimientos de inferioridad hacia sus amigos y el comisario general, y una sensación de superioridad cuando observa a los campesinos visitantes, que vienen a pasar el domingo en su ciudad. Describe el narrador su reacción cuando observa la gente provinciana: "Domenico, que provenía de una familia campesina y era corpulento según la mejor tradición de la comarca, los miró con cierta superioridad, ..." (39).

Nos enteramos de que este funcionario es admirado por los habitantes de su ciudad: "Domenico Vaslo amaba Koothar ... El era una persona respetada y querida por todos los habitantes de la ciudad" (41). Pero cuando aprende quiénes son los traidores, "se sentía disminuido ... un simple observador. La visita del comisario, hasta el momento sólo inoportuna, se convertía ahora en un insulto. Herido y taciturno, Domenico caminaba junto al comisario, sin osar despegar los labios" (43). El hecho de que el espionaje internacional le haya escapado le da vergüenza.

Domenico sólo se interesa en sus necesidades y placeres sencillos. Anticipa con placer la cena en la casa del médico. Aprecia la belleza de su ciudad amada sin mirar bajo la superficie: "Allí se vivía en paz y en orden, lejos de las intrigas de la capital, ... una ciudad tranquila, habitada por hombres pacíficos" (41-42).

A diferencia de la pasividad de Vaslo, el comisario general posee todo el poder para llevar a cabo la presa. Domenico se queda a su lado, callado, porque aquél ha superado su educación humilde, mientras que éste está satisfecho con su puesto de oficial local. El comisario general se burla de Koothar: "—No debe de ser muy interesante la vida aquí ..." (43). Domenico sólo puede guardar el silencio. Después de ver al médico Fiejld asesinado, Domenico se vuelve triste y se siente vencido. El choque de lo que acaba de ver produce una reacción fuerte y desconocida: "Sintió un temblor en todo su cuerpo. Ni siquiera durante la guerra había temblado así" (47).

Puértolas crea un hombre maduro, sencillo y pasivo, un hombre que vivió más intensamente durante la guerra: "Por un momento, sintió nostalgia de la guerra y de las energías y las ilusiones que habían acompañado aquellos años" (45). Su perspectiva actual, limitada y enfocada en el disfrute de la vida, y su

LOS RELATOS 177

confianza excesiva en sus compatriotas lo han avergonzado y le han causado dolor.

El tema del espionaje se desarrolla más en la novela *Queda la noche*. Le ofrece a la autora un medio de examinar las arenas movedizas que son las estructuras sociales, arenas que amenazan nuestra seguridad y que crean un ambiente de desconfianza que intensifica nuestra enajenación. Este relato es un estudio de los problemas complejos inherentes en todo tejido social. "Koothar" capta el *zeitgeist* de una época violenta y un mundo caótico.

"Contra Fortinelli"

En "Contra Fortinelli," como en "La indiferencia de Eva," Puértolas subraya las interacciones espinosas entre el hombre y la mujer. Examina la ambigüedad, la cual, a menudo, está a la base de los abusos sexuales.[7] Habla de la vulnerabilidad, la victimización, y el aislamiento de la actriz secundaria Rosalyn Walls Empson y su acto de venganza contra Charles Fortinelli, que intenta violarla.

Recién casada con un inglés noble, rico, y correcto, la señora Empson se hace madrastra de su hijo que asiste a un colegio particular. El rector, Fortinelli, le invita a visitarlo con la intención de hablarle sobre el comportamiento del niño. En realidad, le habla como al "más testarudo alumno" (50), y Rosalyn se siente insultada.

Durante una fiesta de la escuela, Fortinelli se le acerca, y ella se pone intranquila porque las acciones del rector le parecen irrespetuosas. Cuando más tarde, ella lo encuentra cerca del río, su comportamiento es desastroso; la degrada y trata de violarla. Ella consigue escapar, pero le acusa a Fortinelli del crimen, mostrando la bofetada en la mejilla que le ha dado. A base de esta prueba, el rector está condenado, y pasa tres años en la cárcel. Cuando Rosalyn vuelve a encontrarse con el librado Fortinelli en la plaza de la ciudad, ella, con toda su fuerza, le da una bofetada en la ingle, mientras todo el mundo lo observa a él caerse al suelo. A causa de esta acción atrevida, ella se gana el respeto que nunca mereció antes: "De esta manera, Rosalyn Walls, con un

---

[7]En el "Prólogo a la segunda edición" de *Una enfermedad moral*, Puértolas comenta sobre "Contra Fortinelli": "Es un relato insolente y aparentemente frívolo que fue muy divertido escribir. Quería que el personaje central llegara hasta el final con todas las consecuencias. Me animó el resultado y, algo más tarde, me atreví a abordar temas nuevos" (13).

gesto aparentemente plebeyo, se elevó por encima de las inaccesibles alturas de la nobleza" (61).

En la entrevista inicial con el rector, la joven señora lo encuentra en un despacho oscuro. Esta penumbra, en la cual funciona Fortinelli, es simbólica de su comportamiento machista e irreflexivo. Ve a la mujer como objeto sexual, y su tratamiento indiferente y condesciente en ese momento se empeora con las interacciones subsiguientes. Había sido su intención de "cambiar impresiones" (49) con ella, pero el hijastro, John, indica correctamente que es posible que Fortinelli simplemente hubiera querido conocerla.

El narrador nos da un retrato conciso de Fortinelli, mimado por su madre viuda y adorado por el pueblo: "Todo el pueblo había participado en su educación y Charles había devuelto con creces la ayuda recibida y justificado la fe en él depositada" (53). Su atractivo y cultura lo hacen soltero deseable. Tal vez el peso excesivo de la admiración de la comunidad motiva su caída.

Cuando habla con Rosalyn en la fiesta, el tono de su voz es "perverso" (55). Piensa ella: "Era el diablo. Rosalyn lo sabía. Estaba allí, de espaldas a todo el mundo, apartándola de la fiesta, Dios sabe con que intención" (55). Las preguntas del rector de doble sentido le ofenden.

En el tercer encuentro, Fortinelli se aprovecha del terror que inspira en Rosalyn. La confusión y ambigüedad de la historia se encarnan en las palabras que pronuncia él: "—¡Puta! ...¿Por qué me buscas, qué te has creído?" (58). Manifiesta una violencia reprimida y furiosa. Pero el narrador se cuida de no barruntar siquiera si Rosalyn le ha provocado el acto violento de alguna manera. A juzgar por la narración textual, no hubo provocación.

Al principio del relato, Puértolas nos crea una heroína que no es precisamente fidedigna. Sus acciones son sugestivas. En la oficina del rector, cruza las piernas "para mirarse el pie" (49). Todo el mundo sabe que se ha casado con el viudo aristócrata para mejorar su estado social. El narrador está contento de enfocarse en una descripción de la belleza incomparable de la ex-actriz, a la vez que critica su inteligencia: "La boda de Rosalyn no se había ocupado de demostrar su inteligencia a nadie, de forma que sobre su inteligencia no hay mucho que opinar, lo que es una ventaja para este relato" (51). Sin embargo, el narrador, alaba su lenguaje "correctísimo." El habla refinado es parte de la máscara que lleva. Pero al final, Rosalyn no se salva por su discurso. Las palabras no le sirven bien; así que "cayeron en el vacío" (56). Es su acción lo que restaura su honor. Cuando les expresa su opinión de Fortinelli a su hijo y a su marido: "—El señor Fortinelli no me parece una persona muy de fiar" (56), no le escuchan, preocupados por sus propios pensamientos. Decide la señora Empson de callarse: "...recordó vagamente consejos escuchados en la infancia acerca de las cosas que las mujeres debían callar. A un marido no se le podía decir todo" (56). El lector duda de sus percepciones super-críticas de Fortinelli. Es como si ella buscara los incidentes desagradables con Fortinelli para evitar la monotonía de su vida, exenta de problemas y "bastante feliz" (53).

Pero antes del ataque desastroso, Puértolas revela su simpatía por la protagonista femenina: "Pero, fuese por azar o por voluntad de Fortinelli, el caso es que se produjo un nuevo encuentro" (57). En esta escena de intento de violación, vemos a un hombre despreciable. De nuevo, la intranquilidad que siente Rosalyn en la presencia de él crea la impresión de una vulnerabilidad sexual, cuya mera existencia posiblemente hubiera provocado el acoso. El rector pierde la máscara de su respetabilidad y su comportamiento desciende a nivel animal: "Fortinelli gritó, pegó, sacó de sí su ira, pero no consiguió nada más" (58).

Mientras él cae moralmente, ella asciende socialmente. Todas las dudas y ambigüedades que le han rodeado a Rosalyn desaparecen en la escena dramática y final. Aprendemos que: "La joven señora, con la huella de su ignominia a la vista de todos, aparecía dignificada a los ojos del pueblo" (59). Ella logra la autoridad moral de una santa. Ha planeado el evento: "No era un encuentro casual. Esta vez lo había preparado Rosalyn" (60). El cambio de papeles de ofensor a víctima, se subraya cuando el rector cae en "femenil desmayo" (61). El acto puro de insulto no sólo redime el pasado de la actriz, pero también establece sus derechos como mujer. Dentro del código de honor tradicional, ni cabe la posibilidad de que sea la mujer quien busque satisfacción tras una afrenta. Por este hecho, resulta doblemente dramática la escena: revisa el código para que la mujer tenga el honor debido, ante los ojos de los demás.

El acto mitificado que concluye el relato se presenta con toda la fuerza y sabiduría de una lección moral de una fábula. En contraste con la penumbra del principio del relato, a la luz del día, frente a la comunidad, el narrador nos informa: "Aquella soberbia patada todavía es comentada hoy, muchos años más tarde, como digno remate del suceso.... 'Y a partir de entonces la señora Empson reemprendió sus actividades sociales y sus hijos anduvieron por la vida con la cabeza bien alta'" (61). Esta última frase se puede leer como si fuera una cita de un libro de leyendas locales.

En "Contra Fortinelli," Puértolas, por medio de Rosalyn, parece librarse de los siglos de silencio y pasividad en los cuales la mujer se ha quedado dominado por el hombre y el patriarcado. Este melodrama, con su tono irónico, no sólo examina las percepciones tradicionales y limitadas hacia las mujeres, sino que expone la degradación sexual que han sufrido. La acción libre y sincera de la heroína es una afirmación activa de la necesidad de la igualdad en el comportamiento entre los sexos.

"La llamada nocturna"

Del examen de la violencia sexual en "Contra Fortinelli," pasamos a la consideración de la violencia social y la indiferencia hacia ella en el cuento negro, "La llamada nocturna."

En un viaje en taxi a la casa de su amigo Valerio, Enrico y el taxista son secuestrados y llevados a una casa de campo, donde pasan unas horas de la noche en compañía de un hombre herido, dos pandilleros y una mujer, que pertenece al grupo. Cuando las víctimas regresan a la ciudad y ganan su libertad de nuevo, Enrico deja al conductor de taxi, pegado por los pandilleros, en su coche. Toma una copa, y observa a su amigo Valerio, que sale en este momento de su casa, en busca de una aventura.

El cuento se caracteriza por la elipsis. Creo que el propósito de la autora consiste en representar la violencia omnipresente en la sociedad urbana. El ambiente pintado es vago, como si estuviéramos en un sueño. Puede ser que el relato sea simplemente el reportaje de una pesadilla. También, la autora hace hincapié en la actitud de indiferencia e inhumanidad del protagonista Enrico, que sólo piensa en su propia seguridad. Al final, cuando el taxista herido niega su ayuda, él no insiste en atenderlo. Ni Enrico ni el taxista denuncian el incidente, porque no tienen confianza en el sistema de justicia. El taxista la critica, y le dice a Enrico que informará a las autoridades de la "agresión nocturna" a la mañana siguiente porque: "No hacen mucho caso. Lo apuntan en un papel, para las estadísticas" (71).

El relato tiene lugar en un espacio nunca nombrado, que pudiera representar cualquier ciudad y entorno de hoy en día. Aunque Puértolas capte bien el ambiente violento, no pinta directamente ningún daño: el protagonista se queda ileso y apartado de su brutalidad. Es simplemente espectador; parece que hay un muro entre él y el mundo sórdido observado.

Esta separación social proviene de su condición de escritor solitario. Su vida se caracteriza por un vacío espiritual. Busca la tranquilidad en su soledad, pero no la consigue: "Si alguna aspiración tenía Enrico en la vida era alcanzar la serenidad, y a veces sentía que lo había conseguido. Pero inesperadamente, aparecía una vaga inquietud" (64). Se consuela con la idea de que la vida de su amigo Valerio también carece de dirección. Irónicamente, ha sido la meta de las investigaciones de Enrico de "... comprobar que la ausencia de emociones y vida social empobrecía y acobardaba el espíritu" (64).

El relato puede ser una prueba de la verdad de esta teoría. Su estado solitario se intensifica por los silencios. La voz omnisciente lo describe: "Enrico no era, y aquella noche menos que nunca, un interlocutor estimulante" (65). Un silencio profundo caracteriza las horas que pasa en la casa de campo. Aún le es difícil de entrar en conversación con la mujer misteriosa que encuentra atractiva. La palabra "silencio" se repite muchas veces, y caracteriza el ambiente violento y frío. La descripción de su salida de la casa donde han sido rehenes juxtapone los elementos de la violencia con los de la frialdad: "La puerta se abrió y apareció el hombre que había empuñado la pistola. —En marcha—dijo.... En el exterior, estaba helando. El silencio era absoluto" (70). El miedo en los ojos del taxista se transforma en frialdad, que se nota después de ser golpeado.

Enrico lucha con su consciencia; se da cuenta de su insensibilidad: "Se bebió un whisky de un trago, para borrar la creciente sensación de cobardía, traición y pérdida" (72). Al examinar la fuerza de su separación social, especialmente durante este episodio amenazador, Enrico, al final, observa a su amigo Valerio que sale para entregarse a las aventuras de la noche. Quiere que él encuentre la felicidad porque entiende que él mismo no tiene la capacidad de alcanzarla en su propia vida. Su pasividad y apatía lo condenan.

TomásCamarero Arribas concluye que: "La narración supone, entonces, ... un proceso de conocimiento" (Camarero Arribas 151). Creo que Enrico se confronta con su falta de valor moral, que está mezclado con su retiro del mundo. La soledad extrema al nivel personal tiene repercusiones sociales.

"El límite de la ciudad"

La anécdota de este relato es más bien pobre: Un hombre anónimo llamado "ocupante de la habitación 304" (75), solo y probablemente español, pasa dos días llevando a cabo una "gestión" (79). Desde su habitación del hotel, tiene una vista panorámica de la ciudad. "El límite de la ciudad" toma lugar en Marruecos:

> A la derecha, la ciudad se extinguía en las laderas de una serie de montes bajos donde se agrupaban, indiferenciadas entre sí, casas encaladas y azules. En la cima del monte más alto, sobre una torre, otra bandera ondeaba al viento. Y, al fondo, recortado contra el cielo, grande pero no impotente, el Gurugú. (76)

La ciudad no ha cambiado mucho desde su última visita. Recuerda los años de su juventud, que pasó en el mismo lugar. Tiene curiosidad por la pareja misteriosa que ocupa el cuarto contiguo. Los oye reñir, y la mujer parece ser prisionera del hombre. El trabajo del visitante exige un cruce de la frontera; lo hace en el coche de un chico, que luego lo acompaña en los mercados del país próximo. Aquí observa a la pareja desconocida que había escuchado a través de las paredes de su cuarto. La mujer resulta ser árabe, vestida de un sari amarillo, y el hombre es europeo; el habitante de 304 nunca llega a conocerlos. Cuando prepara su marcha del país, se da cuenta de que se está despidiendo de la ciudad para siempre.

Hay una evocación lírica del pasado dentro de este escenario exótico, y esto es lo que tiene de particular el cuento. El viajero anónimo está muy atento al paso del tiempo. La preocupación temporal se refuerza desde el principio por el uso de imágenes sugestivas como por ejemplo el sonido de las campanas, "que habían marcado el paso de las horas durante toda la noche" (75), y el reloj, que el ocupante de 304 compra de un vendedor ambulante, y la alusión al faro que "brilla con intermitencia" (80). La acción es mínima; la autora se preocupa más por el tema del tiempo. Un aire misterioso flota sobre los pocos incidentes que ocurren, y nunca se nos dice cuál es la misión del viajero.

Seguimos sus reflexiones sobre el pasado, pero no entendemos sus opiniones sobre la civilización que "había impreso su orgullo y su estilo" (77) en las fachadas de la ciudad. Así que la fragilidad de los momentos de la vida y nuestra percepción parcial de su paso, se comunica con una delicadeza sutil.

El relato se destaca por su énfasis en la descripción realista de la ciudad. Se implica que la sensación del lugar tiene más permanencia que la percepción del tiempo. Los tiempos pasados se evaporan, pero el arraigo a ciertos espacios se queda. Al hablar Camarero Arribas de este relato, indica: "Lo descriptivo también puede funcionar con un carácter narrativo... la acción narrativa queda relegada a un segundo plano para privilegiar el aspecto descriptivo" (Camarero Arribas 152).

El contacto con los otros personajes es o inexistente o limitado. El visitante siempre se queda aparte, estado frecuente de los protagonistas de Puértolas. Y al cerrar el relato nostálgicamente, se marca más aún esa soledad del personaje: se proyecta a la experiencia propia, pero ahora en el pasado. Cuando prepara para salir de la ciudad, contempla las pistas de aterrizaje y medita (el narrador interpreta sus pensamientos): "Probablemente, no volvería a aquella ciudad. Tiempo atrás, había hecho suyo su destino, pero ahora ya no la veía: sólo las pistas de aterrrizaje al otro lado del ventanal. El pasado, y tal vez el presente, se desvanecía en ellas" (85). El pasado y el presente vividos se esfumarán; ni se recuperan, ni se distinguen apenas si leemos bien el sentido de esta frase. Con estas observaciones filosóficas, experimenta el viajero una soledad temporal y personal. Como Puértolas explora las cualidades efímeras del tiempo más a fondo en obras posteriores, este relato sirve más como esbozo o preparación, que como retrato del tiempo humano. El carácter fragmentario de los incidentes, asimismo, deja borrosa nuestra impresión del tiempo en "El límite de la ciudad," cuyo título, irónicamente, marca ("límite") una separación espacial.

"La vida oculta"

Entramos en el siglo XVII en "La vida oculta." Puértolas expresa su interés en esta época en el prólogo a los relatos: "Si yo hubiera tenido la necesaria paciencia y vocación como para ser historiadora, me hubiera dedicado al estudio del siglo XVII. Es un siglo extraño. Es como una enfermedad moral" (13).

La trama de este cuento, que tiene el sabor lascivo de un relato de Boccaccio, está cuidadosamente delineada. El personaje principal, Jacomo Sandoval, soldado del Imperio, después de luchar en muchas batallas y al lograr el reconocimiento de sus esfuerzos, quiere olvidarse de su pasado. Cansado y enfermo con fiebre, pasa tiempo en la casa de su tío en Nápoles. Empieza a vivir fuera del tiempo: "Jacomo perdió la noción del tiempo" (89). Seducido por las canciones de una joven, que canta cerca de su ventana, recibe en su cuarto a un joven que se parece a ella. El parecido extraordinario se comenta: "Al cabo de un rato, Jacomo escuchó unos golpes en su puerta y como estaba seguro de ver aparecer a la muchacha tras ella, se quedó paralizado ante la vista de un joven extraordinariamente hermoso, cuyos ojos brillaban con la misma inocencia que los que acababan de mirarle" (90). Por la primera vez en su vida experimenta sentimientos homoeróticos; se describe: "el caso es que Jacomo hubo de echarse sobre el lecho, víctima de algo que no había experimentado jamás: la atracción hacia otro hombre" (91). Más tarde, Jacomo es testigo del acto sexual, probablemente incestuoso, entre este muchacho, Fabio y su hermana, Lucrecia. Se empeora su estado mental después de este incidente, y tiene que regresar a su familia en Palermo. A pesar de las largas ausencias del esposo, la mujer, María Sandoval, parece ahora más bella, tranquila, y contenta que nunca. La casa y la familia han cambiado durante su ausencia: "María Sandoval, glorificada por el pasado heroico de su esposo y por la nada despreciable renta que le habían asignado, había embellecido la casa y se había embellecido a sí misma" (96). Poco a poco, Jacomo sucumbe a la locura. Su mujer posee la capacidad de tolerar la condición desdichada de su marido con ecuanimidad.

Puértolas pone el estereotipo del esposo infiel en su cabeza. Aunque es posible que su mujer haya tomado amantes en su ausencia, Jacomo, y no su mujer, está castigado. Los efectos destructivos de las guerras han provocado su depresión, pero es probable que se empeore porque sospeche la infidelidad de su mujer. Incapaz de encontrar sentido a la vida, Jacomo se recluye en su locura.

Un aire fantástico caracteriza el cuento. No sabemos si los sucesos de la historia son verdaderos, o si forman parte del delirio que sufre el soldado enfermo. Al emplear la autora este recurso, la degeneración moral de los personajes es más fácil de aceptar.

Si examinamos las tres condiciones de la literatura fantástica, definidas por Tzvetan Todorov en *The Fantastic. A Structual Approach to a Literary Genre*:

> The fantastic requires the fulfillment of three conditions. First, the text must oblige the reader to consider the world of the characters as a world of living persons and to hesitate between a natural and a supernatural explanation of the events described. Second, this hesitation may also be experienced by a character; thus the reader's role is so to speak entrusted to a character, and at the same time the hesitation is represented, it becomes one of the themes of the work—in the case of naive reading, the actual reader identifies himself with the character. Third, the reader must adopt a certain attitude with regard to the text: he will reject allegorical as well as "poetic" interpretations ... most examples satisfy all three conditions. (Todorov 33)

Este cuento satisface todas las condiciones de lo fantástico, pero tengo que subrayar la importancia de la segunda condición. La vacilación de Jacomo en su percepción dudosa de lo inesperado dentro de la realidad se transmite al lector, que se siente inquieto en la frontera ambigua entre un mundo real e irreal.

Elizabeth Ordóñez habla de la marginación de la literatura fantástica que expresa lo prohibido, los tabús de la cultura:

> The fantastic therefore violates 'normal' or common perspectives as it insists on its discourse of transgressive desire. To achieve this disconcerting mode of articulation, practices such as sadism, incest, necrophilia, murder, and eroticism recur as themes structuring interrelationships and ultimately the text itself. (Ordóñez 176)

Este relato bien fantástico está dentro de estos parámetros.

Al principio, la esposa se ve como el "ángel del hogar" por los ojos de su marido. Ella es la "dulce esposa" (88) y la "mujer ejemplar" (88). El equilibrio notable de María hace que el lector dude la percepción positiva del esposo; ¿es posible que ella sea tan extraordinaria? Admiramos, además, la ironía sutil del narrador omnisciente, que insinúa la infidelidad de la mujer:

Tantos años de ausencia, de hijos, de esperas, en lugar de gastarla la habían embellecido.... Su Jacomo, a quien apenas había llegado a conocer en su juventud, ahora, callado, y ausente, cada vez estaba más lejos, pero María se encogía levemente de hombros y, casi sonriente, se decía para sí: '¡Cosas de las guerras!' Luego se alejaba cantando, porque Dios la había obsequiado con una dulce y melodiosa voz que inundaba la casa de forma casi imperceptible. (97-98)

"La vida oculta" del título se puede aplicar a todos los personajes del relato. Jacomo atribuye la vida lujosa de su tío a "su buena relación con el obispo" (89). Su propia vida de soldado en la que "nunca había tenido que suspirar por una mujer" (90), incluye ahora su probable aventura amorosa homosexual con Fabio. Lucrecia y Fabio esconden una relación incestuosa. Y la vida amorosa de María se queda a la sombra.

La desmoralización de Jacomo se acentúa al máximo cuando, rechazado por Lucrecia, observa el acto sexual entre los hermanos. Comenta el narrador sobre la reacción de Sandoval: "Aquella escena le perdió para siempre" (95).

Cuando regresa el soldado desdichado a Palermo y a su mujer, su actitud pasiva se intensifica: "...Jacomo se iba haciendo cada día más silencioso, más huraño" (96). Ya inconsciente del tiempo, pierde también su sensación de espacio, condenado a vivir entregado ya al vacío de una posible locura que lo encuadra. Su caída emocional sirve de contrapunto a la emancipación de María, que se describe de esta forma: "Era una mujer hermosa y empezaba a saberlo. Era feliz comprobando que la delicada tela de sus vestidos realzaba su figura. Estaba encantada con las variaciones de su peinado, que daban a su rostro una nueva expresión cada mañana" (97-98). Su aceptación fácil de la grave enfermedad de su esposo: "se encogía levemente de hombros, y casi sonriente, se decía para sí: '¡Cosas de las guerras!'" (98), la convierte en una figura sospechosa. Cuando aprendemos al final del relato que tiene una voz dulce, nos hace preguntarnos si María, al igual que Lucrecia, no será otro ejemplo de la dulzura femenina alcanzada mediante la secreta satisfacción erótica. En este sentido, aunque parezca por su condición de madre y esposa ser el contrario de la bella Lucrecia, quizás sea su doble. El relato consigue dejarnos en la duda, y con ello cumple muy bien el propósito fantástico.

"La orilla del Danubio"

La búsqueda de amor en "La vida oculta" se convierte en búsqueda espiritual en "La orilla del Danubio." Como el relato anterior, éste sucede en el siglo XVII, y cuenta la historia de un soldado del Imperio español. Un pobre castellano, Julio Torreno, se hace soldado para evitar el hambre. Entra en el territorio de los turcos después de una peligrosa travesía por el río Danubio. Mata a otro soldado de su batallón al defender el honor de una princesa extranjera. Su acción es castigada, y es encarcelado bajo la pena de muerte. Su capitán, convencido de la injusticia de esta acción, le ayuda a huir, y Torreno erra por el campo hasta que por fin empieza una vida nueva y crea una familia.

Después de veinte años de vida familiar, abandona su hogar para acompañar a su viejo compañero aragonés, que había dejado la profesión de soldado para ser médico. Pero cuando el aragonés se marcha, Torreno emprende la vida de ermitaño; vive en una cueva y aconseja a los vecinos con sus palabras mágicas:

> ...Torreno se fue convirtiendo en una leyenda para los habitantes de toda la comarca. Desde la cima del monte que le servía de vivienda se divisaba un buen trecho del Danubio y todos sabían que Torreno, allí en lo alto, se dedicaba muchas horas a pensar en Dios y en los hombres. Estos le consultaban. A la caída de la tarde, a unos pasos de la cueva, aguardaban la salida del ermitaño para pedirle consejo. Unas veces salía y otras no. Pero cuando salía, todos volvían a sus aldeas reconfortados. (112)

Al fin, enfermo y dispuesto a morir, regresa al Danubio, donde se ahoga. Los milagros que ocurren después, en los campos donde él ha caminado, aseguran su éxito con la posteridad y su fama de santo. El soldado impetuoso que buscó penitencia con la vida de ermitaño se transforma en su vejez, pues, en una figura mítica.

Hay un vaivén en este relato entre la atracción por la comunidad y la soledad. Parece que Torreno alcanza una paz interna en su papel de solitario cuando vive fuera del tiempo. El río Danubio sirve de motivo que marca la marcha del tiempo. Al principio, Torreno se bautiza en sus aguas; esta acción marca el rito de iniciación de su virilidad: "...rodeado de las aguas grises del Danubio, pasó los momentos más desagradables de su vida...de no haber sucumbido para siempre...su entendimiento se abrió un poco..." (101). Sólo reentra en las aguas cuando está a punto de morir, y así se purifica para el último viaje.

Indica Camarero Arribas que: "La segunda parte del relato supone el intento de comprensión del mundo desde la paradó[g]ica posición del olvido: 'Torreno era un hombre sin memoria, de modo que cuando los hombres le relataban sus penas, sus desgracias, sus pequeños contratiempos, él no podía entenderlos y daba la solución adecuada, iluminada por la luz de la imparcialidad'" (Camarero Arribas 154).

Varias ideas que Puértolas trata de explorar en este relato son: la volubilidad, que angustia al hombre durante toda la vida; la imposibilidad del hombre de entender el mundo; la relatividad de los valores; y la inescrutabilidad de los designios de Dios. El comienzo del relato revela estos temas:

> El hombre, la criatura más perfecta de la creación, que Dios moldeó en barro con sus propias manos, tiene una propiedad que es motivo de angustia para muchos de ellos: la volubilidad. Seguramente, fue una prueba que Dios quiso ponerle en el camino para que, al volver a Él al cabo de muchas vueltas, comprendiese que el último encuentro no es, al fin, tan fácil. Los [designos] divinos son, en cualquier caso, inescrutables, y habrá que suponer que si el hombre es un ser tan inquieto y vacilante es porque se ajusta así a los planes sublimes del Altísimo. (99)

Con la glorificación final del protagonista, deducimos que la autora estima la compasión verdadera que ha descubierto el soldado castellano en su aislamiento atemporal.[8]

La soledad se examina en este relato en sus dos aspectos, el positivo y el negativo. La necesidad de la comunidad es obvia en el comportamiento de Torreno y del aragonés. En el aislamiento de su primera huida, Torreno siente "...querencia hacia los pueblos, las aldeas, las agrupaciones de seres humanos" (108). Y añade: "Hasta los animales lo sienten" (108). Después de vivir en silencio por unos años, piensa filosóficamente el médico aragonés:

---

[8] Hay un paralelo aquí con lo que se expresa en *Journal of a Solitude*. May Sarton medita sobre el concepto hindú de la búsqueda de lo sagrado:

> We have to live as close as possible to all that leaves the door open to ...the 'holy.' More and more I see how true is the Hindu idea that a man may leave family and responsibilities and become a 'holy' man, a wanderer, in old age, in order to complete himself— a time for laying aside all that has pulled the soul away from nature, from pure contemplation. (117)

"...le entra a uno la nostalgia de los hombres" (109). Torreno abandona su hogar inesperadamente. ¿Tiene que redimirse del asesinato de su juventud? Sólo comenta el narrador: "Así empezó otra época de la vida de Torreno: ..." (111).

Su estado incomunicado facilita su compromiso a Dios y su atención a los hombres necesitados de consejos. Al final de su vida, sufre el dolor triste de un exilio doble, aislado de su familia y de su patria. La soledad voluntaria de la vida retirada no le ha aliviado ni el desengaño, ni la angustia. En esta última etapa de su vida, medita sobre las experiencias vividas y piensa en los sufrimientos de las personas que conocía; llega a entender que la liberación total y la paz vendrán sólo con la muerte.

Puértolas emplea la palabra "camino" mucho en esta narración. El camino junto a las aguas grises del río Danubio forma la metáfora para esta meditación sobre la vida. En su prólogo, dice la autora que: "'La orilla del Danubio', como ya he dicho, da forma a alguna de mis preocupaciones esenciales. Tal vez sea lo mejor que pueda dedicar" (14).

"Una enfermedad moral"

La soledad familiar se explora en éste, el relato titular de la colección.[9] La presentación de la trama es insólita y oblicua. Comenta Camarero Arribas que "Al primer vistazo las secuencias carecen de una necesaria relación lógica de sus funciones" (Camarero Arribas 155). Añade, certeramente, que la técnica consiste en una historia que engendra otra historia.

Durante un encuentro inesperado con su amigo Juan R., en un país extranjero, la narradora, que relata el cuento en primera persona, tiene la oportunidad de enterarse de la adolescencia de su amigo. La decepción que ha sufrido el joven resulta de su consciencia de la insinceridad de su hermano mayor: una mentira descarada de éste no sólo daña la relación hermano-hermano, sino que repercute desfavorablemente en las futuras interacciones sociales de Juan R. Así que, entendemos que "la enfermedad moral" empieza en la familia, y la insinceridad se filtra a la sociedad que la rodea.

---
[9]En el prólogo, menciona Puértolas que: "La idea de 'Una enfermedad moral' surgió casi como se cuenta en el relato: en un restaurante de un país extranjero" (14).

A la narradora le gusta Juan R. y quiere entenderlo: "No es muy expansivo, ...Pero yo creo que tiene razón, a pesar de sus dudas y tal vez a causa de ellas" (115). El relato es su intento de conocer mejor la personalidad de él, y no se queda defraudada, pues: "...me abrió su alma" (115). Después de tomar unas copas de vino, Juan R. le cuenta que sufre de la soledad personal y familiar. Años atrás, descubrió que su hermano mayor había escondido el pasaporte, para tapar de su familia el hecho de que había viajado por muchos países. Mintió; dijo que había perdido su pasaporte. Juan R. confiesa que no lo envidió "por sus misteriosos viajes.... Lo que me aterrorizó fue el silencio de mi hermano" (118). Es evidente que el padre también era una persona poca comunicativa. Juan R. explica: "A diferencia de mi madre, mi padre es una persona bastante silenciosa y poco comunicativa..." (116). La intuición de que su hermano "era distinto" (118) marcó un cambio en su percepción del hermano, y constituye un rito de paso para Juan R., ya que a partir de entonces, percibe su soledad en el mundo.

Al acompañar a su amigo en este viaje al pasado, la narradora comparte también la sombra melancólica que lo envuelve. En esa época, él cuenta, el universo ordenado de su niñez se transformó en un mundo caótico. La amiga lo entiende, y se identifica con él: "...el mundo carecía ya de unidad.... Y el abismo seguía bajo nuestros pies" (119). La desconfianza de Juan R. es tal, además, que le hace imposible triunfar en la vida. Se queda enajenado, cavilante sobre las dimensiones inmorales de la vida humana. Sólo puede concluir: "—Hay personas aquejadas de una profunda enfermedad moral" (119).

La narradora le da importancia a la perspectiva de Juan R. al principio del relato cuando señala: "Lo mejor, entonces, son sus conclusiones, exageradas y, en el fondo, exactas" (115). Su hermano simboliza una traición cruel de la confianza, traición que lo condena a un estado permanente de desengaño. Puértolas amplía el tema de la inautenticidad y la personalidad doble en la sociedad contemporánea en su novela, *Todos mienten*.[10]

---

[10] Al hablar de sus relatos favoritos de la colección, *Una enfermedad moral*, Puértolas indica que tiene dos: "Una enfermedad moral" y "La orilla del Danubio" (Conversación telefónica entre S.P. y la autora de este estudio, el 6 de junio de 1992).

"El origen del deseo"

"El origen del deseo" pinta autobiográficamente, una fase de la niñez de la narradora, y se recupera el frescor de ése por la focalización directa de la niña. En la última sección de la narración, sin embargo, hay un cambio de perspectiva: la narradora habla ya desde la madurez. Este cuento en primera persona es el más personal de la colección. En el prólogo, Puértolas hace varias observaciones sobre su uso del género autobiográfico dentro de una colección de relatos que se caracteriza más bien por la fantasía:

> Escogí "El origen del deseo" para cerrar esta colección porque es como una conclusión. Las confesiones se hacen al final. Después, ya no queda mucho que decir. Es el único cuento en el que estoy totalmente identificada con el narrador. En los otros relatos escritos en primera persona, "La indiferencia de Eva" y "Una enfermedad moral", el narrador es, obviamente, un personaje más. Es un cuento íntimo y todos sus personajes y todo cuando en él sucede es real. Escribir un cuento sobre la propia vida es algo que uno siempre quiere hacer, pero no siempre puede. Yo me he permitido, al fin, hacerlo, y se lo dedico a mi madre porque ella es la única persona capaz de entenderlo como deseo que sea entendido." (14)

La narradora describe los veranos de su juventud, pasados en la casa de su abuela. En sus descripciones de la casa y las actividades, comunica la intimidad de la familia. En el próximo piso viven tres hombres, los Arroyo, que salen todas las noches y se emborrachan. A la chica le fascinan los Arroyo, que representan un mundo desconocido y para ella entonces, el misterio de la vida. Con el paso de los años, la abuela y el tío, amigo de los Arroyo, y prisionero de sus propios vicios, se mueren. Al final de la historia, la narradora aprende de su madre que los Arroyo han muerto "locos y enfermos."

Encontramos en los Arroyo el germen de los personajes de los tíos enfermos, locos y borrachos de la novela, *Todos mienten*. Por otro lado, el retrato cuidadoso y cariñoso de la abuela evoca las descripciones de los abuelos del protagonista Javier de la misma novela.

Homenaje a su abuela, sobre todo, "El origen del deseo" evoca un mundo que gira en torno a esa figura. Viuda, formal, y austera, impecable en su manera de vestir, tolera a sus nietos que invadan su casa cada verano. Colecciona regalitos enviados de la China, recibidos de su hermana misionera, y guarda todo un mundo exótico en su armario, que abre para los niños. Es posible que la autora vea en esa imagen gustosa de lo atesorado compartido, "el origen del deseo," y que por tanto, lo asocie con su abuela: "En ese armario, dividido y ordenado, se guardaba el mundo. China era el mundo" (122).

El mundo silencioso de los Arroyo que la niña-protagonista nunca llega a conocer, se pinta con colores sombríos: "La auténtica zona oscura, misteriosa y profundamente atrayente para todos nosotros estaba al otro lado de la puerta. Al otro lado del descansillo. Allí, junto a nosotros, vivían los Arroyo" (123). Poseen una atracción para ella y para sus primas, que también son fascinados por su tío, que los favorece. Pero el idilio acaba repentinamente con la muerte de la abuela y el tío.

En los últimos párrafos, que corresponden a "muchos años más tarde" (125), la narradora se entera del alcoholismo de los Arroyo, y se da cuenta de que su curiosidad infantil sobre el misterio de la vida, se basó, en realidad, en el comportamiento sórdido de esos hermanos. Por medio del motivo de la mirilla, la autora expresa su concienciación al mundo y su búsqueda de los secretos de la vida:

> Y cuantas veces los busqué inútilmente a través de la mirilla de la puerta, sentía vibrar la vida en mi interior. Pero el descansillo siempre estuvo vacío para mí. Pasados tantos años tuve que preguntarme si el descansillo no estuvo también siempre vacío para ellos. Y supe que, lo que desde el interior del piso de mi abuela me arrastraba hacia ellos, era, en parte, ese temor." (126).

La soledad de la niña se intensifica con el miedo de la posibilidad de un vacío emocional y espiritual al otro lado de la puerta. Y comprende ahora que este vacío existía para los Arroyo. Sin embargo, ellos representaban el deseo de la joven autora de cruzar el umbral y entrar en la vida desconocida y secreta de los adultos.[11] La mirilla, símbolo de su curiosidad y miedo la ha iniciado en una búsqueda aventurera de tesoros que procura descubrir por medio de la escritura. Así que el armario, rico en cosas preciosas y exóticas que compartió su abuela, se recrea por la nieta en la producción literaria.

---

[11] Akiko Tsuchiya hace un paralelo entre "La indiferencia de Eva" y "El origen del deseo" en cuanto a su precupación por el problema del deseo. Del relato bajo discusión dice: "...the story concludes as the protagonist recognizes many years later that 'el misterio de la vida,' for which she has been searching in her neighbors all her life, is no more than the endless quest for the impossible object of her desire ..." (76).

Conclusión

Cada relato de *Una enfermedad moral* representa un mundo imaginario nuevo, y todos revelan que el arte narrativo de Puértolas es considerable. Se tratan temas que le han preocupado desde hace años, temas que desarrolla más adelante en sus novelas. Representan los relatos, pues un punto de arranque para el resto de su obra fictiva. En ellos examina una variedad de paisajes morales y espirituales. Enfoca con preferencia en las debilidades del hombre, y muestra la infelicidad que emana de la ceguera espiritual: de no reconocer las flaquezas propias. Cada relato explora una nueva dimensión de la problemática de una enfermedad moral. Después de leer la colección, en la cual casi todos los relatos exploran o hasta ponen al descubierto, el lado oscuro de la vida, la impresión cumulativa es pesimista. Y al ocupar tiempos diferentes (pienso en los cuentos del siglo XVII), se subraya el hecho de que el hombre no ha cambiado para mejor, moralmente, con el paso del tiempo.

El hilo que conecta los relatos es la propensidad del hombre de herir al otro—física, psicológica, y emocionalmente. Aunque los escenarios cambien de país a país, y haya una retrospectiva al siglo XVII en dos de ellos, la violencia interpersonal persiste.

El único personaje que parece triunfar sobre la violencia es el soldado Julio Torreno de "La orilla del Danubio." Su culpabilidad por el asesino de un soldado del Imperio lo pone en camino de una búsqueda espiritual. Su vida ejemplar de ermitaño tiene efectos positivos en los pueblos cercanos. Una paz y prosperidad milagrosas caracterizan los años después de su muerte. Creo que el mensaje esperanzador de este relato yace en el ejemplo de la capacidad del hombre de cambiar espiritualmente. Esta transformación espiritual del individuo, desde una posición solitaria, irradia positivamente hacia la comunidad.

Creo que el estilo literario de Puértolas ha desarrollado con los años. Articula mejor ahora, en sus novelas las preocupaciones tratadas en los relatos. Además, el género moroso que es la novela permite un estudio más hondo de esas preocupaciones. Sin embargo, en estos cuentos se muestra ya una versatilidad en la manipulación de voces diferentes. Otro éxito artístico suyo está en la creación de los ambientes irreales que presentan cierto aire misterioso y onírico a las narraciones, que reflejan la impenetrabilidad de la significación cabal de la vida. Por medio de una estética minimalista, (Tsuchiya 69), sus personajes exploran sutilezas sobre el tiempo, la violencia, el honor, el amor, el patriotismo, la sinceridad, y la soledad que exigen reflexión. En conjunto, los relatos iluminan por su estudio cuidadoso, varios vicios que parecen ser inherentes en la sociedad, vicios que bloquean el camino hacia la solidaridad entre los seres humanos.

La soledad queda como un tema central en *Una enfermedad moral*. La soledad de la señora Ebelmayer se experimenta en relación con la naturaleza, en la cual no tiene que interaccionar con otros. Eva representa la mujer de hoy, profesional e intelectual enajenada en una sociedad patriarcal, mientras la señora Empson, estereotipo de la *femme fatale* tampoco puede encontrar la tranquilidad en el patriarcado. La desigualdad entre los sexos no se supera; los problemas tradicionales han sido transformados en el presente, pero todavía persisten. Hay una ira profunda que subraya estos retratos de la soledad femenina. Los protagonistas masculinos en estos dos relatos, el novelista y Fortinelli, son víctimas de su propio egoísmo. Domenico Vaslo tiene una existencia solitaria y falsamente ilusionada; su vida se transforma en una pesadilla cuando se da cuenta de su ceguera social. Enrico se queda aislado por su frialdad emocional y su falta de compromiso social; vive una soledad silenciosa. El viajero de "El límite de la ciudad" se ausenta del mundo real enfocándose en sus memorias del pasado, comprendiendo tristemente su incapacidad de recuperarlas. Jacomo Sandoval se hunde en la soledad de la locura engendrada por las deviaciones sexuales que observa o imagina. Para Julio Torreno la soledad del ermitaño le proporciona la tranquilidad y la claridad de mente para ayudar a sus prójimos; se presenta como un valor deseable. Las inhibiciones de Juan R. se derivan de su miedo de confiarse a otras personas porque teme la inevitabilidad de la insinceridad. Para la autora-niña, su soledad consiste en una atracción-repulsión del mundo de los adultos. El miedo de lo desconocido relacionado con los sentimientos de la posible futilidad de su búsqueda indefinible, se mezcla con una curiosidad entusiástica por la aventura que es la vida.

"El reconocimiento"

El poeta Minch, personaje central de "El reconocimiento,"[12] busca la inspiración creativa después de un largo período estéril. La naturaleza le sirve de musa, e inspirado por la luz del amanecer, escribe una historia algo autobiográfica que considera digna de elogio. Ansioso de compartir el relato, le pide a su esposa su opinión; ella prefiere no dársela, ya que es negativa; y para proteger la autoestima frágil de su esposo, ella se culpa a sí misma: dice que no acaba de entender la historia. Un amigo íntimo tampoco le proporciona los esperados comentarios agradables. Cuando otro amigo expresa su incomprensión, el escritor pierde ya ánimos: abandona el esfuerzo literario por una vida degenerada. Sólo siente satisfacción cuando un viejo compañero escolar, Wapoo, grosero e infeliz, alaba el cuento que otros le habían rechazado, o bien con la indiferencia, o bien con las afirmaciones de su incomprensión. Aunque Wapoo no simbolice sino el público vulgar que aclama la obra artística, el autor parece conformarse con haber hallado este ansiado reconocimiento.

Observamos al protagonista Minch, marginado y atormentado por la falta de inspiración, pues la improductividad tiene consecuencias también en su vida familiar. La enajenación del poeta dolorido se proyecta a su esposa, que la comparte. El narrador omnisciente observa el sufrimiento de ésta: "Su soledad se hacía más y más profunda" (40). Finalmente la inspiración viene en forma de una luz misteriosa que el escritor acepta como regalo. Antes, como poeta, buscaba "lo bello encerrado en una serie de palabras bien dispuestas" (40). Ahora, la historia que se pone a escribir viene como una visión de una "sucesión de secuencias" (40). Reconoce la función terapéutica de la escritura, y su propósito consiste en expresar la verdad. Con esta meta, convierte el acto de escribir en actividad heroica. Con su nueva visión, el artista necesita de un público que pueda entender su obra. Pero cuando Minch sólo encuentra la incomprensión y la indiferencia ante su historia, se entristece; su melancolía se identifica con el atardecer, referente natural que, como hemos observado en otras obras de Puértolas, suele tener este significado.

---

[12]Las citas del relato vienen de "El reconocimiento" de Soledad Puértolas en *Las nuevas letras*. 8 (1988): 40-45.

En su auto-análisis de la vida del escritor, Minch justifica su egoísmo como parte constituyente de su creatividad, que tiene una dimensión altruista: la iluminación moral de sus lectores. Cuando su obra no alcanza el reconocimiento deseado, el escritor abandona su posición solitaria, y se entrega a una vida mediocre e imprudente. Pasa el tiempo alcahueteando una alabanza que no llega, hasta que logra la aprobación entusiasmada del asqueroso Wapoo que comenta: "—Es lo mejor que he leído en toda mi vida...Es fabuloso...es exactamente eso que uno quiere leer y nunca ha visto escrito" (45). Acepta Minch de buena gana el reconocimiento a cualquier precio.

Este relato trata de una preocupación central en muchos escritores: la de ser reconocido, y cuenta cómo nace la esclavitud a la crítica positiva. Minch pudiera ser una máscara de la autora para revelar una preocupación de su propia vida artística. A través del escritor inventado examina ésta el fondo poético de su propia obra; su identificación con la naturaleza como fuente de inspiración, la fragilidad del proceso creativo, su aislamiento de artista y la melancolía concomitante, y su probable deseo de ser reconocida. La historia de Minch presenta la pesadilla de todo autor: el ser aclamado por el vulgo en vez de un público más exigente y culto. Minch, ante la reacción positiva de Wapoo, se ve obligado a trocar la suya de él—negativa—en positiva. Proyecta lo que quiere ver en el rostro del viejo amigo que alaba su cuento: "Era difícil encontrar ninguna nobleza en aquel rostro deformado, pero había que reconocer que algo parecido a la nobleza y a la dignidad se alojaba ahora en la cabeza de Wapoo" (45).

Es posible que "El reconocimiento" constituya una crítica de los defectos del público de lectores en la España de la transición. Ignacio Soldevila Durante señala la falta de entusiasmo del público español por la lectura:

> In 1978, 80 percent of the Spanish population said they watched television daily, only 20 percent said they read newspapers and magazines, and 50 percent admitted they never read, not even newspapers. A poll by the Department of Culture in that same year revealed that 32.5 percent of the population would like to stay home more to watch television, whereas only 16.5 percent would like to read more books. (Soldevila Durante, trad. por A. Amell 55)

También existe la posibilidad de que Puértolas se esconda detrás de un escritor masculino para apuntar otra problemática: la falta de reconocimiento de la escritura femenina en su país. Elena Soriano, en una conversación con Concha Alborg, admite: "La crítica española de periódico de siempre muy buena conmigo, pero incomprensiva, sin entender nunca lo que yo había escrito" (Soriano en Alborg 116). Soriano es de la opinión que las mujeres se critican por una óptica más severa e incomprensiva, y añade: "No sólo la censura era más severa para las mujeres, sino que la opinión pública, los lectores y la crítica, ...(Soriano en Alborg 116).[13]

La búsqueda del lector que pueda entender el mensaje del escritor es de la mayor importancia en este relato, escrito en un estilo sencillo, como si fuera un reportaje. El artista solitario sólo logra la plenitud cuando encuentra a un lector auténtico con quien puede entenderse. El arte carece de sentido sin este encuentro. Al fin y al cabo, la interacción entre escritor y lector resulta en un reconocimiento mutuo. En una entrevista con Miguel Riera, Puértolas habla del lector:

> ...a mí nadie me contrata para escribir, nadie me obliga a hacerlo. Lo que yo pretendo es encontrar un interlocutor desconocido. No escribo pensando en la crítica, sino en ese lector al que no conozco y que me gustaría que encontrar satisfacciones en mis libros. (Riera 48)

Minch, tan obsesionado por el reconocimiento, no se da cuenta de las cosas bellas que le han proporcionado el proceso creativo. Primero, hay la llegada "providencial" de la historia: 'Yo, que nunca pensé que sería un hacedor de historias y así ha venido ésta a mis manos, providencial, extrañamente, como vienen todas las cosas buenas' (42). Segundo, vuelve su "antigua franqueza" después de una época improductiva. Su mujer focaliza este cambio positivo: "[Minch] le sonrió y su esposa se sobresaltó agradablemente porque vio en él la antigua franqueza" (42). Tercero, el regalo de la sinceridad le ayuda a percibir el disimulo de los demás. Minch cree en la hermosura de su historia pero duda que su mujer la entendiera nunca. Y cuarto, resulta que su "lector ideal" es un

---

[13]La frustración por la impotencia de la voz femenina se refuerza por lo que dice Linda Gould Levine:

> The critics have yet to confront the female consciousness.... Too often they have chosen to characterize the fiction written by women as "poetic," "lyrical," "sensitive," and "melodramatic" instead of delving into the social messages that the authors attempt to communicate or recognizing the literary values of the text. (315)

indefenso, Wapoo. Cuando Minch lo reconoce en la taberna, recuerda como era en los días estudiantiles: "Aquel hombre no era otro sino Wapoo, ese chico de nombre tan ridículo que había sido compañero de mesa en los años escolares. Un chico silencioso y retraído, a quien todo el mundo tomaba el pelo y que no era capaz de defenderse" (44). Es irónico que Wapoo exprese una admiración colmada por el cuento. ¿Será que él ha "dejado" de ser quien era, y con ello, la mayoría de la gente? Estos cuatro puntos sugieren un substrato idealista en el cuento de Puértolas: que el escritor, solitario, sin "reconocimiento" (del público), podrá llegar a conocerse mejor. En el prólogo de *Una enfermedad moral*, escribe Puértolas:

> Este libro, por muchas razones, está dedicado a mis hijos. Pero creo que a ellos les parecerá bien si, desde estas líneas, amplío la dedicatoria. Porque muchas veces, al escribir estos relatos, he pensado en todas esas personas desconocidas cuyas vidas han estado marcadas por la melancolía de lo inaccesible.
> A todas ellas van también dedicadas estas páginas, con el extraño y alentador afecto que sólo es posible mantener entre personas que no llegan a conocerse nunca. ("Prólogo ..." 14-15)

Creo que este cuento sobre el misterio del proceso de la creación literaria—su función social, y recepción pública—es una clave para la ficción de Soledad Puértolas. La autora en "El reconocimiento" sugiere que el poder del arte pueda ennoblecer aún la mediocridad y la vulgaridad humana.

Capítulo 8
Conclusión

Este estudio examina cómo el tema de la soledad reaparece de manera significativa en la ficción de Soledad Puértolas. A través de sus personajes inquietos, revela la autora aspectos de la complejidad de este estado humano. Es imprescindible notar que la trayectoria de su narrativa no sufra de ser unidimensional, y aunque la soledad es tema dominante en su obra creativa, no es exclusivo. Otros temas que reciben su atención incluyen: la desolación, el paso del tiempo, el miedo, la muerte, y la mujer en la sociedad contemporánea española.

Hemos observado los lazos que tiene la escritura de Puértolas con la tradición literaria española, especialmente con respecto al tema de la soledad. En los análisis de las novelas, nos centramos en la creación del personaje con preferencia sobre otros elementos novelescos.

También, clasificamos a los personajes como tipos versus individuos, relacionándolos siempre con el tema de la soledad. En las primeras novelas, *El bandido doblemente armado* y *Burdeos*, los personajes son tipos más que individuos (con excepción de Lilly en *Burdeos*), y no se conforman con su estado solitario. Llegan a la conclusión de que la soledad es un estado insuperable, un "compañero" permanente. En *Todos mienten* y *Queda la noche*, los personajes cobran más individualidad. Hay más consciencia, lucha, y deseo de entender los sentimientos de aislamiento que los afligen. En la última novela, *Días del Arenal*, parece que la autora ha creado personajes que nos ofrecen caminos definibles para aguantar la soledad.

Los relatos sirven de preludio al mundo novelesco de Puértolas, al presentar muchos ángulos del problema existencial de la soledad. Se puede hallar en los relatos, esbozadas ya, las preocupaciones que se desarrollan después en las novelas. La denigración y la represión de la mujer, aspecto íntegro de su soledad personal, ambientan varios de los cuentos: "A través de las ondas," "Un país extranjero," "La indiferencia de Eva," "Contra Fortinelli," y "El límite de la ciudad." La enajenación del hombre en la sociedad contemporánea importa en "Koothar," "La llamada nocturna," "La vida oculta," "La orilla del Danubio," "Una enfermedad moral," "El origen del deseo," y "El reconocimiento"; los últimos tres enfocan con énfasis especial, la marginación del escritor. En las novelas también, observamos en Puértolas esa fascinación especial por la figura del escritor, examinada en *El bandido doblemente armado* (el protagonista-autor) y en *Todos mienten* (Javier). La mujer escritora se representa en *Burdeos* (Lilly) y en *Días del Arenal* (Herminia).

Hallamos en la creación de Gracia, heroína de *Días del Arenal*, personaje inteligente, aunque no intelectual, una solución posible para la enajenación existencial del ser humano. Mediante el cultivo de la memoria, Gracia logra vivir tranquilamente consigo misma: lo que no se teje en el tiempo presente, con relaciones humanas actuales, se teje en la imaginación y el recuerdo.

Otras soluciones para vivir en estado solitario se manifiestan en la emoción de la aventura (Pauline, Terry), en las satisfacciones del amor erótico, sin compromiso (René, Guillermo), en la veneración por la belleza de la naturaleza (Lilly, Aurora, Herminia), en la lectura y escritura de la literatura, asociada con el cultivo de la imaginación y la sensibilidad (el autor-protagonista de *El bandido*, Javier, Herminia), en la entrega a las sorpresas del azar (Aurora), y en el cultivo del poder curativo de la memoria (Antonio).

El mundo ficcional de Puértolas, esencialmente realista, sirve de espejo de la sociedad de los años de la transición en España. En este sentido, se puede decir que su narrativa se vincula con el realismo social del medio siglo: hay crítica social en su obra, pero esto no informa la intención principal. Refleja las preocupaciones, los deseos, y las búsquedas del español en su actual libertad angustiosa. Nos da un cuadro moral de la época, pintado melancólicamente con trazos irónicos, nunca tajantes, ni condenatorios. Al contrario, muestra la escritora una propensión a la expresión lírica. Desenmascara el enmascarado (Fortinelli, el novelista de "La indiferencia de Eva," Chicho, Leonor), y deja que sus personajes marginados reevalúen la vida (el narrador-poeta de *El ban-*

dido, Javier de *Todos mienten*, Aurora de *Queda la noche*, Herminia, Gracia, Antonio de *Días del Arenal*).

Espectador de la violencia cotidiana, incorpora en su narrativa el miedo y la parálisis que esta realidad engendra en el hombre moderno. No sólo comenta la violencia social, sino que expone la indiferencia (esa violencia sutil), que gasta las relaciones interpersonales. Hay una repetición en su obra de matrimonios infelices y relaciones paternales insatisfactorias. El desamor y la incomunicación, procedentes de la familia, se evidencian en seres ficticios afligidos de una alienación inevitable que nunca se cura por completo.

Puértolas emplea un lenguaje similar al hablado por la burguesía española, creando cuadros lingüísticamente realistas con pocos toques. Pinta lo esencial, y esconde muchos aspectos de la vida de sus personajes, manteniéndolos a distancia del lector, para que queden siempre algo misteriosos. La escasez de detalles, característica de su estética, cabe perfectamente dentro de la problemática del tema que explora. Las correspondencias que establezco entre ella y artistas como Edward Hopper, Giorgio de Chirico, Remedios Varo, y René Magritte, indican la sensibilidad visual de su imaginación. Comparte la autora española con estos artistas, obras de arte que comunican el misterio y la ambigüedad de la sensación profunda de la soledad en panoramas que son casi "prosaicos," casi "normales," salvo por la omnipresencia de la soledad en la imagen pintada.

Un recurso narrativo que utiliza la narradora con frecuencia para reforzar la condición aislada de muchos de sus personajes es el de privarles de su nombre, o de negarles un nombre durante la mayor parte de la novela (*El bandido, Todos mienten, Queda la noche*). Los espacios geográficos, o no se nombran (*El bandido*, "La llamada nocturna"), o carecen de rasgos definitivos (*Burdeos, Todos mienten*). En *Días del Arenal*, novela en la cual la soledad se supera, los lugares están bien definidos.

La idea de un lugar adonde se va para refugiarse del mundo caótico y cruel, es otra temática en la ficción de Puértolas: El Rancho de la Esperanza para Javier en *El bandido*, "Nuestro Retiro" para Pauline en *Burdeos*, El Retiro para Aurora en *Queda la noche* y para Herminia en *Días del Arenal*, el jardín para la señora Ebelmayer, Koothar para Vaslo, la cueva a la orilla del Danubio para Torreno, Marruecos para el ocupante del hotel, y la Calle Manises para

Antonio en *Días del Arenal*, son unos ejemplos obvios. Aun cuando el espacio represente un lugar indefinido, posee cualidades sugestivas del refugio.

Voz femenina, directa y sutil a la vez, emplea Puértolas un lenguaje y estilo sin afectación. Escribe con una elocuencia sencilla y lacónica. Poseedora de una franqueza engañosa, penetra más allá de la superficie de la sociedad. Abundan en sus novelas y relatos observaciones intimistas sobre la realidad psíquica de sus personajes. La crítica, las dudas, las preguntas obsesionantes que preocupan a la autora, revelan una mente sensible al presente a la vez que atenta a las preocupaciones del pasado cercano de la dictadura. Este vaivén entre la actualidad y la tradición, a veces nostálgica, llega a ser una manera de entender y combatir la deshumanización del hombre contemporáneo. El corazón de la ficción de Puértolas no es un grito por un cambio social, sino un cuchicheo vigoroso, desprovisto de la ira, una tenue luz encendida en la oscuridad del desencanto, característico de un país que sufre cambios dramáticos. Parece que la escritora quiere indicar al lector, un camino hacia un futuro rehumanizado.

A sus personajes siempre solitarios, les falta la voluntad de cambiar. Ni siquiera son capaces de hacer cambios mínimos en sus vidas, con alguna excepción (Torreno, Lilly, Raquel, Gracia, Antonio). En cada obra, se examina el estado solitario de varios personajes; no se concentra la narración en un personaje. La soledad de los hombres se observa más como condición social y cultural, mientras que el aislamiento de las mujeres se presenta como un estado más personal, interpersonal, y cósmico. Esta exploración global del tema en ambos sexos le proporciona a la autora mayor credibilidad de la cual tuviera si hubiera insistido en propagar un mensaje feminista político.

La falta de solidaridad, hilo conductor en la narrativa de Puértolas, intensifica la condición enajenada. Representa la autora una realidad fragmentada y amenazadora, junto con los personajes que tienen que soportar esa fragmentación. El empleo de un estilo elíptico funciona miméticamente, por lo tanto, en algunas ocasiones: expresa la condición inarmónica del vivir fragmentado. Así como la oración está sin acabar, la relación del personaje con su entorno social queda a veces sin completar. Su afán de tejer relatos se marca por la tendencia a crear varios microcosmos dentro del macrocosmos de cada novela. Parece que quiere entender la variedad del panorama social, la universalidad de la experiencia, al insertar las historias particulares de múltiples seres en distintos lugares geográficos. Si el círculo fuera la forma geométrica utilizada para visualizar la obra creativa de Puértolas, se podría decir que cada novela se llena de una serie de círculos que caben dentro del círculo grande, que representa la obra misma, revelando la intención autorial de evitar ese vacío que teme, descrito en el relato, "El origen del deseo," por ejemplo; es el horror al vacío, de la tradición árabe.

Las mujeres de su narrativa resultan más fuertes que los hombres, aunque con frecuencia crean una impresión de pasividad y docilidad al principio. Muchas son contemplativas; lo que caracteriza la vida de ellas es la frustración personal. Están siempre en busca de algo que pueda redimirlas. La búsqueda del otro (Eileen, Lilly, Leonor), se transforma en una búsqueda interna, una concienciación personal (Lilly, Aurora, Herminia, Gracia), — buscan la esencia auténtica de sus vidas, encerradas en el silencio. La soledad les proporciona una razón para examinar la vida moderna y desmitificarla, a la vez que les descubre nuevas esferas dignas de ser exploradas, como el auto-conocimiento, la literatura, o la identificación con la naturaleza.

Hasta la fecha, la creación literaria de nuestra escritora continúa y evoluciona. Nos parece temerario, si no imposible, hablar ahora de una narrativa basada en el tema de la soledad. La obra se ha evolucionado, dejando atrás la vaguedad característica del ambiente y de los personajes de las primeras obras, creando cada vez con más detalle y mayor fluidez, una narrativa cabal.

La creación novelesca de Soledad Puértolas, sujetiva e íntima, se marca por una originalidad notable, revelada mediante la invención de una constelación de entes ficticios solitarios, habitantes de su universo ficticio. Una visión unificadora de la narrativa reside en el tema de la soledad, tema que la escritora afila, refina, clarifica, y ve en términos cada vez más filosóficos y poéticos. Aprecia esta experiencia humana con gran sensibilidad y comprensión, iluminando la belleza delicada, ambigua, efímera, e incomunicable hallada en las formas de la soledad exploradas.

Obras citadas

Alas, Leopoldo (Clarín). *La Regenta.* tomos I y II. Madrid: Castalia, 1981.

Alborg, Concha. "Conversación con Elena Soriano." *Revista de Estudios Hispánicos.* XXIII, 1 (enero 1989): 115-126.

Alloway, Lawrence. Introduction. *Audrey Flack on Painting.* New York: Harry N. Abrams, Inc., 1988.

Almodóvar, Pedro, director. *Matador.* Cinevista World Artists, 1986.

Alonso, Dámaso. *Poesía española.* 5ª ed. Madrid: Gredos, 1987.

Amell, Samuel. "Literatura e ideología: el caso de la novela negra en la España actual." *Monographic Review/Revista Monográfica* 3, 1-2 (1987): 192-201.

Anderson-Imbert, Enrique y Kiddle, Lawrence B., eds. *Veinte cuentos españoles del siglo XX.* New York: Appleton-Century-Crofts, Inc., 1961.

Anderson-Imbert, Enrique. "Formas en la novela contemporánea." en *Teoría de la novela.* Agnes y Germán Gullón, eds. Madrid: Taurus, 1974.

Asís Garrote, M.ª Dolores de. *Última hora de la novela en España.* Madrid: Eudema, 1990.

Baquero Goyanes, Mariano. *El cuento español en el siglo XIX.* Madrid: Talleres Gráficos ISELAN, 1949.

Baigell, Matthew. "The Silent Witness of Edward Hopper." *Arts Magazine* 49 (1) (September 1974): 29-33.

——————. *A Concise History of American Painting and Sculpture.* New York: Harper and Row Publishers, 1984.

Bécquer, Gustavo Adolfo. *Obras completas.* Joaquín y Serafín Alvarez Quintero, eds. Madrid: Aguilar, 1961.

Bellver, Catherine G. "Two New Women Writers from Spain." *Letras femeninas* v.8, 2 (1982): 3-7.

Bértolo, Constantino. "Introducción a la narrativa española actual." *Revista de Occidente* 98-99 (1989): 29-60.

Blecua, José Manuel, editor. *Poesía de la edad de oro. I Renacimiento.* 3ª ed. Madrid: Castalia, 1984.

Brontë, Emily. *Wuthering Heights.* Linda H. Peterson, ed. Boston: Bedford Books of St. Martin's Press, 1992.

Brown, Joan Lipman. "The Challenge of Martín Gaite's Woman Hero." en *Feminine Concerns in Contemporary Fiction by Women.* ed. Roberto C. Manteiga, Carolyn Galerstein and Kathleen McNerney. Maryland: Scripta Humanistica, 1988.

——————————. ed. *Women Writers of Contemporary Spain. Exiles in the Homeland.* Cranbury, New Jersey: Associated University Presses, Inc., 1991.

——————————. "Men by Women in the Contemporary Spanish Novel." *Hispanic Review* 60 (1) (winter 1992): 55-70.

Burchfield, Charles. "Hopper: career of silent poetry." *Art News* 49 (March 1950): 14-17.

Campbell, Joseph. *The Hero with a Thousand Faces.* New Jersey: Princeton University Press, third edition, 1973.

Camarero Arribas, Tomás. "Lógica de una narrativa en *Una enfermedad moral* de Soledad Puértolas." *Ventanal* 14 (1988): 133-157.

Canaday, John. *Mainstreams of Modern Art.* New York: Holt, Rinehart and Winston, 1959.

Castro, Rosalía de. "Ya no sé lo que busco eternamente." en *The Penguin Book of Spanish Verse.* J.M. Cohen, ed., Baltimore: Penguin Books, 1966.

Catelli, Nora. "Los rasgos de un mestizaje. (La actual novela en castellano)." *Revista de Occidente* 122-123 (1991): 135-147.

Cela, Camilo José. *La colmena.* 8ª ed. Barcelona: Noguer, 1967.

Cervantes Saavedra, Miguel de. *Don Quijote de la Mancha.* texto y notas de Martín de Riquer. New York: Las Américas Publishing Company, 1958.

Chandler, Raymond. *The Long Goodbye.* New York: Vintage Books, 1988.

Ciplijauskaité, Biruté. *La soledad y la poesía española contemporánea.* Madrid: Insula, 1962.

——————————. *La mujer insatisfecha. El adulterio en la novela realista.* Barcelona: Edhasa, 1984.

——————————. *La novela femenina contemporánea* (1970-1985). Hacia una tipología de la narración en primera persona. Barcelona: Editorial Anthropos, 1988.

Coles, Robert. "On Edward Hopper, Loneliness and Children." *New York Times* (3 March 1991): 33, 35.

Cruz, Juan. "Soledad Puértolas: *Queda la noche* es mi novela más reflexiva." *El País.* (17 de octubre 1989): 41.

Daemmrich, Horst S. and Ingrid. *Themes and Motifs in Western Literature. A Handbook.* Tubingen: A. Francke Verlag, 1987.

de Chirico, Giorgio. *Catologo General Giorgio de Chirico.* volume primo. *Opere dal 1908 al 1930.* Roma: Electra Editrice, 1971.

Delibes, Miguel. *Cinco horas con Mario.* 3ª ed. Barcelona: Destino, 1983.

Díaz, Janet W. "Origins, Aesthetics and the 'Nueva Novela Española.'" *Hispania.* 59 (March 1976): 109-117.

Díaz-Plaja, Guillermo. *Hacia un concepto de la literatura española.* 4ª ed. Madrid: Espasa Calpe, 1962.

Diego, Gerardo. *Poesía española contemporánea (1910-1934).* 9ª ed. Madrid: Taurus, 1962.

Eoff, Sherman H. *The Modern Spanish Novel.* New York: New York University Press, 1961.

Erro-Orthmann, Nora y Mendizábal, Juan Cruz, eds. *La escritora hispánica.* Miami, Florida: Ediciones Universal, 1990.

Galilea, Hernán. *La poesía superrealista de Vicente Aleixandre.* Santiago, Chile: 1971.

García Martín, José Luis. "La poesía." en *Historia y crítica de la literatura española.* vol. IX. *Los nuevos nombres: 1975-1990.* eds. Darío Villanueva y otros. Barcelona: Editorial Crítica, 1992.

Gimferrer, Pere. *Giorgio de Chirico.* translation by Anthony Curran. New York: Rizzoli International Publications, Inc., 1989.

González Arias, Francisca. "Soledad Puértolas: La ciudad de las almas." en *Historia y crítica de la literatura española.* vol. IX. *Los nuevos nombres: 1975-1990.* eds. Darío Villanueva y otros. Barcelona: Editorial Crítica, 1992.

Goodrich, Lloyd. *Edward Hopper.* New York: Henry N. Abrams, 1989.

Goytisolo, Juan. *Reivindicación del conde don Julián.* 3ª ed. Barcelona: Seix Barral, 1985.

Gullón, Agnes M. "Descifrando los silencios de ayer: *Cinco horas con Mario.*" *Insula* 396-397 (noviembre-diciembre 1979): 4.

Gullón, Ricardo. "La novela española del siglo XX." *Insula.* 396-397 (noviembre-diciembre 1979): 28.

_____. *La novela lírica.* Madrid: Ediciones Cátedra, S.A., 1984.

Halpern, Sue. *Migrations to Solitude.* New York: Pantheon Books, 1992.

Herzberger, David K. "Narrating the Past: History and the Novel of Memory in Postwar Spain." *PMLA* 106, 1 (January 1991): 34-45.

Herzog, Werner. *Fitzcarraldo.* New World Pictures Inc., 1982.

Hooper, John. *The Spaniards. A Portrait of the New Spain.* London: Penguin Books, 1987.

Hughes, Robert. *The Shock of the New.* New York: Alfred A. Knopf, 1981.

Ilie, Paul. *Literature and Inner Exile. Authoritarian Spain, 1939-1975.* Maryland: The Johns Hopkins University Press, 1980.

Jiménez, Juan Ramón. *Canción.* Madrid: Aguilar, 1961.

_____. *Segunda Antolojía Poética. (1898-1918).* Madrid: Espasa-Calpe, 1969.

Kaplan, Janet A. *Unexpected Journeys. The Art and Life of Remedios Varo.* New York: Abbeville Press, 1988.

Kundera, Milan. *The Art of the Novel,* translated by Linda Asher. New York: Grove Press, 1986.

Levin, Gail. *Edward Hopper. The Art and the Artist.* New York: W.W. Norton and Company, 1980.

Levine, Linda Gould. "The Censored Sex." "Woman as Author and Character in Franco's Spain." en *Women in Hispanic Literature. Icons and Fallen Idols.* ed. Beth Miller. Berkeley and Los Angeles: University of California Press, 1983.

Liesbrock, Heinz *Edward Hopper. Forty Masterworks.* translated by Anne Heritage and Paul Kremmel. New York and London: W.W. Norton and Company, 1988.

Luis, Leopoldo de. *Antonio Machado. Ejemplo y lección.* Madrid: Fundación Banco Exterior, 1988.

Machado, Antonio. *Poesías.* 11ª ed. Buenos Aires: Editorial Losada, 1973.

Mainer, José Carlos. "1975-1985: The Powers of the Past." en *Literature, the Arts, and Democracy: Spain in the Eighties.* Samuel Amell, ed., traducido por Alma Amell. Cranbury, New Jersey: Associated University Presses, Inc., 1990, 16-37.

Manteiga, Roberto C., Galerstein, Carolyn, and McNerney, Kathleen. *Feminine Concerns in Contemporary Spanish Fiction by Women.* Maryland: Scripta Humanistica, 1988.

Marín, Juan. "Pudoroso adagio. Soledad Puértolas, creadora de atmósferas." *El País*. (4 de abril 1992): sin página.

Martín Gaite, Carmen. *El cuarto de atrás*. Barcelona: Ediciones Destino, S.L., 2ª ed., 1982.

——————. *Usos amorosos de la postguerra española*. Barcelona: Editorial Anagrama, 8ª ed., septiembre, 1988.

Mattalía, Sonia. "Entre miradas: las novelas de Soledad Puértolas." *Ventanal* 14 (1988): 171-192.

——————. "Vidas morosas, la parodia de la aventura," *Insula* 526 (octubre 1990): 26-27.

McNeece, Lucy Stone. "The Reader in the Field of Rye: Marguerite Duras' *L'Amour*." *Modern Language Studies*. xxii: 1 (winter 1992): 3-16.

Moncy, Agnes. *La creación del personaje en las novelas de Unamuno*. Santander: La isla de los ratones, 1963.

Moreno Villa, J., editor. *Espronceda. Obras Poéticas*. Vol. I. Madrid: Espasa-Calpe, 1952.

Morón Arroyo, Ciriaco. "Imagen, teología, poesía." *Insula* 539 (1991): 13-14.

Navajas, Gonzalo. "Una estética para después del posmodernismo. La nostalgia asertiva y la reciente novela española." *Revista de Estudios Hispánicos*. xxv, 3 (octubre 1991): 129-151.

Noël, Bernard. *Magritte*. Traducido por Jeffrey Arsham. New York: Crown Publishers, Inc., 1977.

Novak, Barbara. *American Painting of the Nineteenth Century. Realism, Idealism and the American Experience*. New York: Harper and Row, 1979.

Ordóñez, Elizabeth J. *Voices of Their Own. Contemporary Spanish Narrative by Women*. Cranbury, New Jersey: Associated University Presses, Inc., 1991.

Parkinson, Thomas. "Loneliness of the Poet." in *The Anatomy of Loneliness*. Joseph Hartog, J. Ralph Audy and Yehudi A. Cohen, editors. New York: International Universities Press, 1980: (467-485).

Paz, Octavio. *Sombra de obras*. Barcelona: Seix Barral, 1983.

——————. *El laberinto de la soledad*. 17ª ed. México: Fondo de Cultura Económica, 1989.

——————. *La otra voz. Poesía y fin de siglo*. Barcelona: Editorial Seix Barral, S.A., 1990.

OBRAS CITADAS

Penas, Ermitas. "Soledad Puértolas, *Todos mienten*. Barcelona: Anagrama, 1988, 186 pp." reseña creativa.*Anales de la literatura española contemporánea*. 14, 1-3 (1989): 282-284.

Pérez, Janet. *Contemporary Women Wrtiers of Spain*. Boston: Twayne Publishers, 1988.

_____. "Contemporary Women's Brief Fiction in Catalan." *Hispanófila* 105, 3 (mayo 1992): 55-63.

Pratt, Annis. *Archetypal Patterns in Women's Fiction*. Bloomington: Indiana University Press, 1981.

Puértolas, Soledad. "A través de las ondas." en *Doce relatos de mujeres*. Ymelda Navajo, editor. 2ª ed. Madrid: Alianza, 1983.

_____. "La impostura de la narración." *Nuevas letras* 5 (1986): 39-42.

_____. *La sombra de una noche*. Madrid: E.G. Anaya, 1986.

_____. *El bandido doblemente armado*. Barcelona: Anagrama, mayo, 1987.

_____. "El reconocimiento." *Las nuevas letras* 8 (1988): 40-45.

_____. *El recorrido de los animales*. Madrid: Alfaguara, 1988.

_____. *Una enfermedad moral.* 4ª ed. Barcelona: Anagrama, mayo 1988.

_____. *Burdeos*. 3ª ed. Barcelona: Anagrama, 1988.

_____. *Todos mienten*. 6ª ed. Barcelona: Anagrama, 1989.

_____. *Queda la noche*. Barcelona: Planeta, 1989.

_____. "Fragmento de novela inédita. [Debería llamarse *El largo adiós*, pero ya no puede ser]." *Revista de Occidente*. 98-99 (julio-agosto 1989): 236-243.

_____. *Días del Arenal*. "Historias de amor perdido que sólo viven en el recuerdo." Barcelona: Planeta, marzo, 1992.

Rico, Francisco. *Historia y crítica de la literatura española. Romanticismo y realismo*. vol. V. Iris M. Zavala, editor. Barcelona: Editorial Crítica, 1982.

Riera, Miguel. "Entrevista con Soledad Puértolas." *Quimera* 72 (diciembre 1987): 42-48.

Rodgers, Eammon. "Realidad y realismo en Baroja: El tema de la soledad en *El mundo es ansí*." *Cuadernos Hispanoamericanos* 265-267 (1972): 575-590.

Rojas, Fernando. *La Celestina.* 6ª ed. Madrid: Espasa-Calpe, 1960.

Rueda, Ana. "Cristina Fernández Cubas: Una narrativa de voces extinguidas." *Monographic Review / Revista Monográfica.* Hispanic Short Story. IV (1988): 257-258.

Sadler, Jr. William A. "Dimensions in the Problem of Loneliness: A Phenomenological Approach in Social Psychology." *Journal of Phenomenological Psychology.* 9 (1-2) (1978): 157-187.

Sanz Villanueva, Santos. en *Letras españolas 1976-1986.* Andrés Amorós, ed. Madrid: Castalia y Ministerio de Cultura, 1987.

_____. "La novela." en *Historia crítica de la literatura española.* vol. IX. *Los nuevos nombres: 1975-1990.* eds. Darío Villanueva y otros. Barcelona: Editorial Crítica, 1992.

Sarton, May. *Journal of a Solitude.* New York: W.W. Norton, 1973.

Serafin, Tullio, cond. *Norma.* Vincenzo Bellini. With Maria Callas. La Scala Orchestra and Chorus. La Scala, Milan. Sept. 1960.

Sobejano, Gonzalo. *Novela española de nuestro tiempo.* Madrid: Editorial Prensa Española, 1975.

_____. "Ante la novela de los años 70." *Insula* 396-397 (noviembre-diciembre 1979): 1 y 22.

_____. "*Madame Bovary* en *La Regenta.*" en *La Regenta de Leopoldo Alas.* Frank Durand, ed. Madrid: Taurus, 1988: 223-233.

Soby, James Thrall. *The Early Chirico.* New York: Arno Press, 1969.

Soldevila Durante, Ignacio. "The Spanish Novel, 1975-1985." en *Literature, the Arts, and Democracy: Spain in the Eighties.* ed. Samuel Amell. traducción Alma Amell. Cranbury, New Jersey: Associated University Presses, Inc., 1990.

Solomon, Barbara Probst. "Spain's Lively Literary Revival." *The New York Times Book Review.* January 15, 1984: 3, 35.

Sotelo, Ignacio. "La cultura española actual: apunte para un diagnóstico." *Revista de Occidente* 122-123 (julio-agosto 1991): 5-14.

Storr, Anthony. *Solitude. A Return to the Self.* New York: Ballantine Books, 1988.

Talbot, Lynn K. "Entrevista con Soledad Puértolas." *Hispania* 71 (diciembre 1988): 882-883.

Thoreau, Henry David. *Walden and Civil Disobedience.* Owen Thomas, ed. New York: W.W. Norton and Company, 1966.

Todorov, Tzvetan. *The Fantastic. A Structural Approach to a Literary Genre.* traducido por Richard Howard. New York: Cornell University Press, 1975.

Tsuchiya, Akiko. "Language, Desire, and the Feminine Riddle in Soledad Puértolas's 'La indiferencia de Eva.'" *Revista de Estudios Hispánicos* XXV, 1 (enero 1991): 69-79.

Unamuno, Miguel de. *Vida de Don Quijote y Sancho.* 12ª ed. Madrid: Espasa Calpe, 1961.

Valencia, Antonio. "Un Sésamo bien abierto." *Blanco y negro* 3547 (1980): 49-50.

Villanueva, Darío. "La novela española en 1980." *Anales de la literatura española contemporánea.* 6 (1981): 219-240.

_____. *Letras españolas 1976-1986*, Andrés Amorós, ed. Madrid: Editorial Castalia, S.A., y Ministerio de Cultura, 1987.

_____. "Soledad Puértolas: La ciudad de las almas." en *Historia y crítica de la literatura española.* vol. IX. *Los nuevos nombres: 1975-1990.* eds. Darío Villanueva y otros. Barcelona: Editorial Crítica, 1992.

Vossler, Karl. *La soledad en la poesía española*, traducción del alemán por José Miguel Sacristán. Madrid: Revista de Occidente, 1941.

Wheaton, Kathleen. "The Feminine Spirit." *Town & Country.* (April 1990): 104-110.

Young, Howard T. *The Victorious Expression.* Wisconsin: University of Wisconsin Press, 1966.

Zatlin, Phyllis. "Eduardo Manet, Hispanic Playwright in French Clothing?" *Modern Language Studies* xxi (1) (winter 1992): 80-87.

Índice alfabético

"A través de las ondas", 33, 164-169, 174, 200
abandono, 63, 128, 131, 136, 150, 152
abismo, 67, 109, 149, 190
aburrimiento, 5, 111, 124
adolescencia, 39, 132, 147, 150, 189
adulterio, 129, 144
aislamiento, xvii
   de las mujeres, 202
   doloroso, 1, 154, 196
   doméstico, 61
   en el arte, xvii
   físico, 147n
   personal, interpersonal, social, cultural, y cósmico, 57, 67, 70, 76, 79, 103, 120, 132, 149, 169, 177, 188, 199
   positivo, 136
   y el autoconocimiento, 57n
   y la arquitectura, 64, 118, 123
   y la ausencia del padre, 55
   y la incomunicación, 40, 53, 54,
   y la luz, 49
Alarcón, Pedro de, 161
Alas, Leopoldo, "Clarín", 5, 162
Alborg, Concha, 197
Aldecoa, Ignacio, 162
alienación, 10, 104, 105, 201
   de la mujer, xv n, 68
Almodóvar, Pedro, 9n
Altolaguirre, Manuel, 1
amargura, 72, 134, 147, 149, 151
ambiente
   cálido, 78
   crepuscular, 72
   irreal, 193
ambigüedad
   de la soledad, 2, 201
   en la realidad, 156, 159
   en las interacciones interpersonales, 122, 174, 177, 178, 179

Amell, Samuel, 164, 168
amor
   atemporal, 140
   azaroso, 121
   clandestino, 143
   humano, 5, 33, 53, 74, 125, 157, 158, 159, 194
   idealizado, 125, 141
   imposible, 52, 53, 147
   inalcanzable, 5
   no correspondido, 38, 52, 60, 108, 118, 120
   perdido, 32, 127, 137
   sexual romántico, 5, 62, 68, 72, 73, 93, 94, 95, 109, 114, 116, 120, 122, 123, 127, 148, 149, 153, 158, 200
   sincero, 120, 129, 142
   violento, 174
análisis psicológico, 40, 135
ángel doméstico, 158, 185
angustia
   de Herminia, 132
   de Torreno, 189
   y la insinceridad, 93
   y la libertad, 109
   y la pasividad, 8
   y la sexualidad, 73
   y la volubilidad del hombre, 188
animales antropomórficos, xvii
anochecer, 149
anomie, 34, 103
anonimato, 45
ansiedad, 11, 42, 66, 72, 94
Antolín-Rato, Mariano, xvi n
Anxious Journey, 114
añoranza, 4, 12, 31, 133
Aparicio, Juan Pedro, xvi n
apariencias, 38
apartamento del mundo, 4
apatía, 45, 128, 137, 181

arquitectura, 25, 111
arte
    apreciación del, 62, 197
    de la soledad, 201
    y la ópera, 101
    mezclado con la realidad, 102
    poder del, 198
    surrealista, 28
atardecer, 12, 68, 74, 108, 122, 157, 171, 195
auto-análisis, 74, 196
auto-conocimiento, 19, 68, 109, 125, 132, 203
auto-consciencia, 34, 155
auto-definición, 94
auto-piedad, 82
auto-preocupación, 32
auto-realización, 31, 81, 92
autoestima, 195
Automat, 14
autor omnisciente, 165, 171
Ayala, Francisco, 162
Azaña, Manuel Martínez, xv
azar, 32, 52, 61, 99, 100, 105 y n, 122, 151
Azúa, Félix de, xvi n

Baigell, Matthew, 14n
bandido doblemente armado, El, xvi, 14, 37-56, 77, 79, 80, 92, 101, 151, 199, 200, 201
Baquero Goyanes, Mariano, 161n
Baroja, Pío, xvi, 6, 162
Bazán, Pardo, 162
Beauvoir, Simone de, 163
Bécquer, Gustavo Adolfo, 5, 161
bella figura, 87
belleza
    de la muerte, 134
    de la naturaleza, 200
    de la soledad, 203
    de las emociones, 157
    física, 178
    frágil, 63
    mundial, 176
    transitoria, 149
    y la memoria, 141
    y la sociedad, 159
Benet, Juan, 6
Bértolo, Constantino, 8
Blackwell's Island, 68
Boccaccio, Giovanni, 161, 184

"boom", en la literatura latinoamericana, 163
Borges, Jorge Luis, 163
Brontë, Emily, 102, 135
Brookner, Anita, 7n
Brown, Joan Lipman, xv n, 137n
Burchfield, Charles, 23
Burdeos, xvi, 19, 57-76, 78, 97, 109, 135n, 151, 172, 199, 200, 201
burguesía española, 9, 78, 80, 103, 201
búsqueda
    de amor, 187
    de Dios, 7
    de "el Otro", 131, 203
    de identidad, 44, 80, 91, 155, 158
    de la madre, 63
    de lo sagrado, 188n
    de los secretos de la vida, 192
    del lector ideal, 197
    espiritual, 7, 187, 193, 203
    indefinible, 194

Calderón de la Barca, Pedro, 93
calor, 111, 123, 171, 172
Camarero Arribas, Tomás, 175, 182, 183, 188, 189
Campbell, Joseph, 42n
Canaday, John, 25
cansancio, 155
cantigas galaico-portuguesas, 3
Cape Cod Evening, 19
Castellet, José María, xv n
Castro, Rosalía de, 146
Catelli, Nora, 7
ceguera
    espiritual, 193
    social, 81, 194
Cela, Camilo José, 6, 162
celebración de la vida, 156
Celestial Pablum, 28
Cervantes, Miguel de, 4, 161
cine, 100, 102
Ciplijauskaité, Biruté, 4, 38n, 131n, 144, 146n
claroscuro, 49
Clavería, Carlos, 5
Coles, Robert, 23
Compartment C, Car 293, 70
complejo
    de inferioridad, 91
    Edipo, 78, 90, 91

ÍNDICE ALFABÉTICO

comunidad, 56, 187, 188, 193
comunión, 156, 157
concienciación, 87, 118n, 192, 203
conformidad, 87
consuelo
    de dependencia, 122
    de la literatura y la naturaleza, 135 y n
    espiritual, 60, 143
    interpersonal, 9
    sexual, 43
"Contra Fortinelli", 33, 156n, 177-180, 200
corrupción, 45, 169
Cortázar, Julio, 163
creación del personaje, 199
crepúsculo, 13, 123
crítica
    cultural, 148
    moral, 10
    social, 200
    socio-política, 168
Cruz, Juan, xvi n
cuadro
    de la realidad, 80
    moral de la época, 95n, 200
cualidad teatral, 79
cualidades efímeras, 72
cuarto de atrás, El, 28, 81
cuento español en el siglo XIX, El, 161n
cuento policiaco, 33, 164, 169
Chair Car, 14
Chandler, Raymond, 40, 101, 165
Chejov, Antón, 102, 138
Chop Suey, 108

de Chirico, Giorgio, xvii, 11, 94, 114, 201
debilidad moral, 47, 88
decepción, xvii, 73
Delibes, Miguel, 6, 162
democracia, 130
depresión, 59, 85, 99, 128, 131, 148, 184
desamor, 51, 125, 131, 148, 152, 201
desconfianza, 9
desdoblamiento del personaje, 118 y n, 190
desencanto, 108, 109, 165, 202
desengaño, 42, 45, 62, 64, 68, 92, 189, 190
desesperación, 41, 52, 108
desesperanza, 14, 81
deshumanización, 202
desilusión, 34, 73
desmitificación, 34, 53
desolación, 57, 123, 199

desorientación, xvii
destino, 122, 125, 146, 168, 183
Días del Arenal, xvi, 23, 32, 127-159, 199, 200, 201
Díaz-Plaja, Guillermo, 12
Díez, Luis Mateo, xvi n
Dios, 3, 6, 34
disatisfacción, 99
disimulo, 197
distanciamiento, 55, 145
Doce relatos de mujeres, 33, 164 y n, 166n
Dolores of Córdoba, 83
Duras, Marguerite, 7n

eclecticismo, 90n
egoísmo, 60, 68, 75, 122, 123, 124, 148, 174, 194, 196
elipsis, 31, 100, 116, 180
enajenación, 5, 66, 87, 136, 145, 177, 195, 200
enclaustramiento, 33
enfermedad moral, Una, 33, 164 y n, 170-192, 177n, 190n, 193, 194, 198
"enfermedad moral, Una", 33, 189-190, 190n, 191, 200
ensimismamiento, 19, 59, 87, 171
Eoff, Sherman H., 5n, 95n
epifanía, 51, 108, 141
ermitaño, 187, 193
escape, 34
escritoras, xv
escritura, 53
    como función terapeútica, 195
    femenina española, xv, 197
    y la soledad, 200
    y la tradición literaria española, 199
    y salvación, 40, 53
espacio
    abstracto, 117
    de iluminación, 149n
    de la locura, 186
    de la soledad, xvii, 28, 110, 154
    de los sueños, 111
    de refugio, 183, 202
    en *Queda la noche*, 99, 114
    espiritual, 141
    geográfico, 201
    innominado, 181
    interior, 131
    metafórico del pasado, 136

España
  aislada, 46n
  cultura y literatura de, xv y n, 77, 90n, 161 y n, 162, 163, 164
  desmitificada, 88, 90
  época de la transición, xvii, 7, 78, 80n, 91, 95, 97, 130, 158, 164, 165, 167, 196, 200
  época franquista, 2, 9, 28, 78, 81, 102, 130, 132, 144, 146, 158
  guerra civil española, xv n, 6, 7, 162
  mitificada, 79, 86
  olvidada, 75
  país de, 70, 98, 103, 114, 116
  y la mujer, 156n, 157n, 169
espejo, 118 y n, 146
  de la sociedad española, 78, 93, 200
esperanza(s), 38, 43, 53, 73, 74, 75, 85, 93, 108, 141, 155, 156, 157
"espíritu de la mujer, el", 129, 142, 143, 157
Espronceda, José de, 37
estereotipo, 137n, 144, 158, 194
estética minimalista, 193
estilo, 193
  elíptico, 165, 202
  lacónico, 170
  sencillo, realista, y sugestiva, xvii, 99, 100, 197
estructura, 79, 91, 103, 130
evocación lírica del pasado, 54, 182
exilio doble, 170, 172, 189
exilio personal, 6, 109
extrañamiento, 8, 9, 148, 154

falta de solidaridad, 202
familia, 86, 106, 131, 141, 153, 184, 187, 189, 190, 191, 201
fantástico, lo, 185-186
Feminine Concerns in Contemporary Spanish Fiction by Women, xv n
feminismo, 109
ficción juvenil, xvi-xvii
filosofía solipsista, 9
Flack, Audrey, 82
fragilidad
  de la existencia, 72, 183
  de las ilusiones, 175
fragmentación en *Burdeos*, 58, 75n
Franco, Francisco, 2, 81, 162

futuro, 47, 53, 54, 55, 58, 154, 155, 167, 168
  destructivo, 136
  inseguro, 64, 78, 82, 85, 87, 96, 109, 138
  rehumanizado, 157n, 202

Gabriel y Galán, José Antonio, xvi n
Galerstein, Carolyn, xv n
Galilea, Hernán, ix, 11
Galvarriato, Eulalia, xv n
García Márquez, Gabriel, 163
García Morales, Adelaida, xv n, 7
generación del '98, 96, 162
generosidad, 129, 147, 159
Gimferrer, Pere, 25
González Arias, Francisca, 57n
Goodrich, Lloyd, 23
Goya y Lucientes, Francisco de, 9
Goytisolo, Juan, 6, 7
Goytisolo, Luis, xvi n, 6
green-world archetype, 149
Guelbenzu, José María, xvi n
Guerra Garrido, Raúl, xvi n
Gullón, Ricardo, 104, 149n

Halpern, Sue, 1, 28n
hastío, 5
Hernández, Ramón, xvi n
Herzberger, David K., 77n, 80
hipocresía, 80, 81, 87, 95
homenaje
  a Chandler, 41, 54
  a su abuela, 191
Hooper, John, 157n
Hopper, Edward
  cuadros realistas, xvii
  el aislamiento, 64, 82, 106
  el viaje, 70
  la luz, 49, 108, 118
  técnicas y temas, 13, 68, 111, 135, 201
Hotel by a Railroad, 14, 106
Hotel Room, 118, 120
House at Dusk, 111
huecos silenciosos, 23, 120, 170
huérfano, 91, 92, 151
Hughes, Robert, 25
humor, 165

Ilie, Paul, 8
iluminación
  intelectual, 103

moral, 196
personal, 28, 114, 149n
ilusiones, 63, 85, 139
imágenes
  sugestivas, 123, 182, 192
  visuales, 13, 39, 201
imaginación, 200, 201
Imbert, Anderson, 161n
impotencia
  ante la vida, 52, 106, 147
  de la voz femenina, 197n
incompatibilidad, 9
incomunicación, 6, 40, 48, 51, 53, 54, 63, 80, 121, 123, 132, 148, 171, 201
indiferencia, 48, 51, 57, 60, 66, 195, 201
"indiferencia de Eva, La", 33, 172-175, 177, 191, 192n, 200
individuos, 199
inercia, 25, 85, 106
inmoralidad, 40
inquietud, 11, 37, 61, 93, 94, 125, 147, 181
intelectuales, 86, 90, 94
interlocutor,(a), 101, 116, 117, 147, 154, 155, 181, 197
intertextualidad, 97, 100, 101, 135
introspección, 37, 95
ira, 194, 202
Irigaray, Luce, 110n
ironía, 40, 88, 100, 125, 146, 150, 155, 165, 168, 174, 185
irrealidad, 34, 136, 138

Jiménez, Juan Ramón, 8, 13
Jones, Margaret E.W., xv n
Juan de la Cruz, San, 3
Juan Manuel, Don, 161
juxtaposición, 102

"Koothar", 33, 175-177, 200, 201
Kundera, Milan, 2

laberinto de la soledad, El, 1n
laconismo, 40, 58
Laforet, Carmen, xv n, 163
Larra, Mariano José de, 161
lector, 197, 201
leit-motivo, 41n (Véase motivos.)
lenguaje, 40, 100, 132, 133, 201, 202
lente psicológica, xvii
Lessing, Doris, 163
Levin, Gail, 13
Levine, Linda Gould, 197

libertad, 56
libre albedrío, 124
Liesbrock, Heinz, 14n
"límite de la ciudad, El", 33, 182-183, 194, 200
lirismo, 62, 80, 122, 127
literatura, 33, 100, 102, 135 y n, 146, 149, 150, 200, 203
  hispanoamericana, xv, 163
  infantil, xvii
locura, 184, 186
loneliness, 95
Longares, Manuel, xvi n
Luis de León, Fray, 3
luz crepuscular, 63, 64, 93, 103, 105, 149
"llamada nocturna, La", 33, 180-182, 200, 201

MacCarthy, Mary, 163
Machado, Antonio, 2, 12
Madrid de "La lucha por la vida", El, xvi, 10n
Madrid, Juan, xvi n
Madrid
  la calle Manises, 136, 154
  la nueva, 128
  luz de, 93, 94
  ritmo de, 105
  vitalidad de, 147
Magritte, René, 28, 201
Mainer, José Carlos, 80n
malestar espiritual, 78
Manteiga, Roberto C., xv n
marginación social
  de la mujer, 33
  de los personajes, 137, 200
  del escritor, 6, 200
Marías, Javier, xvi n
Marín, Juan, 127n
Martín Gaite, Carmen, xv n, 2n, 81, 121n, 147n, 163
Martín-Santos, Luis, 6
Martínez Reverte, Jorge, xvi n
Martínez Ruiz, José, "Azorín", 6, 162
máscaras sociales, 9, 55, 74, 80, 81, 87, 88, 89, 178, 179
matices, 72, 142
matriarcados, 157n
Mattalía, Sonia, 53, 54, 58, 76, 95n, 114
Matute, Ana María, xv, 28, 79, 162, 163
Mayoral, Marina, xvi n

McNerney, Kathleen, xv n
Medio, Dolores, xv n
melancolía, xvii, 13, 72, 94, 103, 105, 123, 134, 141, 151, 170, 195, 196, 198
Melancholy and Mystery of a Street, 25, 94
memento mori, 63
memoria(s), 54, 61, 77, 91, 92, 94, 99, 106, 118, 123, 130, 131, 132, 141, 142, 188, 194, 200
Memory of a Voyage, 28
Mendoza, Eduardo, xvi n, 164
mentira, 81, 87, 88, 89
Merino, José María, xvi n, 7
mestizaje de influencias literarias, 7
metaficción, 6
metáfora, 42, 80 y n, 110, 158, 189
metamorfosis, xvii, 150
metas, 142
miedo, 5, 25, 45, 73, 85, 93, 100, 106, 114, 142, 145, 151, 152, 153, 154, 156, 172, 181, 192, 194, 199
Millás, Juan José, xvi n, 7
misterio, 82, 88, 94, 99, 104, 114, 122, 123, 198, 201
    de la existencia, 8, 76, 191, 192
mitificación de Gracia, 139
mito,(s), 46, 77n
    El bandido, 54
    Queda la noche, 109, 121
    Todos mienten, 81, 82
Molina Foix, Vicente, xvi n
Moncy, Agnes, ix, 105n
Moncy Gullón, Agnes, 6
monólogo interior, 58, 133, 149, 156
    indirecto, 134
monotonía, 61, 106, 107, 111, 171, 179
    de la vida, 55
Montero, Rosa, 163
Morning Sun, 82
Morón Arroyo, Ciriaco, 3n
motivo(s), 123, 145, 155, 192
muerte, 11, 58, 59, 61, 62, 63, 72, 74, 82, 92, 93, 128, 129, 134, 139, 141, 142, 143, 145, 149, 150, 189, 192, 199
mujer
    emancipada, 103, 108
    en la sociedad contemporánea española, 85, 86, 99, 163, 199
    esposa rechazada, 151

    estereotipada, 107, 155, 173, 178
    feminismo, 109, 10, 125, 144
    fuerte, 62, 67, 70, 72, 141, 142, 156, 179, 184
    como fuerza espiritual, 143, 158
    idealizada, 81, 185
    maternal trope, 158
    'mujer incomprendida', 146 y n
    pícara, 147
    solitaria, 166, 172
    y el patriarcado, 32, 165, 168, 169, 177, 180, 182, 194, 200
    y la vida oculta, 75
mujer insatisfecha, La. El adulterio en la novela realista, 144, 146n
mundo
    indiferente, 70
    onírico, 11, 25
muro
    de silencio, 51, 62
    psicológico, 172
música, 48, 100, 101, 102, 105, 121, 123, 125 (Véase ópera.)

narcisismo, 49, 88
narrador
    omnisciente, 58, 165, 166, 175, 185, 195
    solitario, 39, 46
naturaleza, 3, 60, 63, 64, 68, 74, 100, 105, 123, 135 y n, 146, 149, 195, 196, 200, 203
Navajas, Gonzalo, 124, 125
Navajo, Ymelda, 163, 164, 166n
New York Movie, 19
New York Office, 14
Night Windows, 111
Nighthawks, 23
noche, 12, 110, 114, 118, 122, 123, 124, 181
nostalgia, 12, 25, 58, 107, 116, 133, 136, 155, 157, 189
Nostalgia of the Infinite, 25
Novak, Barbara, 25
novela
    circular, 39, 131, 203
    de intriga, 97
    de memoria, 40, 77n
    existencial, 6, 67
    policiaca, 87, 165, 168
    romántica, 138

social, 6
novela femenina contemporánea (1970-1985), La, 38n, 131n
novísimos, xv y n, 102
nueva narrativa española, xv
nuevas letras, Las, 34, 164, 195n

Office in a Small City, 64
olvido, 188
Onetti, Juan Carlos, 163
ópera, 100, 101, 121, 123
optimismo, 38
Ordóñez, Elizabeth J., xv n, 158n, 185
"origen del deseo, El", 33, 73, 191-192, 192n, 200, 203
"orilla del Danubio, La", 33, 187-189, 190n, 193, 200, 201
Ortega y Gasset, José, 162
Ortiz, Lourdes, xvi n
otra realidad, 23, 25

País, El, 97, 125, 127n
"país extranjero, Un", 33, 170-172, 200
paisajes morales y espirituales, 131, 193
palimpsesto, 102
paradojas, 133
Parkinson, Thomas, 35
parodia, 138, 165
pasado
    autobiográfico, 55
    como fuerza poderosa, 39, 52, 62, 77, 92, 94, 133, 169
    cultura del, 102
    evocación lírica del, 182
    perdido, 25, 85, 106, 123, 132, 183, 194
    recreación del, 158, 202
    reflexiones sobre el, xvii, 40, 78, 82, 95, 131, 136, 142, 154
    triste, 58, 63, 74, 81, 92, 151, 152, 184, 190
    valores del, 159
    y el aislamiento, 54, 106
pasividad, 38, 46, 47, 80, 92, 180, 181, 203
paso del tiempo, 58, 70, 123, 182, 193, 199
paz, 60, 74
Paz, Octavio, 1, 91
Penas, Ermitas, 77n
People in the Sun, 49
Pérez, Janet, xv n, 46, 59, 76
persecución, 100

perspectiva andrógina, 79
pesimismo, 34
peso de la libertad, 103
pittura metafisica, xvii, 25
placer sexual, 66
poder, juego de, 172
poesía, 128, 147, 149n
Pombo, Álvaro, xvi n
Premio Anagrama, xviii
Premio Planeta, xv, 97
Premio Sésamo, xvi, 37
presente
    confuso, 64, 82, 85, 131, 132, 141, 142
    valorización del, 133, 159, 183, 194, 202
    y el cuerpo enfermo, 80
    y el futuro, 96
    y el peso del pasado, 62, 136
problemas emocionales, 130
proceso creativo, 196, 197, 198
Puértolas, Soledad, xvi, 165
    autora universal, 75, 156, 157, 159, 202
    como narrador omnisciente, 62, 67, 70, 75
    estilo literario de, 31, 40, 45, 47, 49, 58, 66, 77, 103, 125, 138, 165, 170 y n, 172, 189, 193, 201, 202
    identificación con el narrador solitario, 54, 196, 200
    producción literaria de, xvi, xvii, 95n, 151, 188, 190, 200, 203
    y
    descripciones ambientales, 28, 39, 127n, 132, 195, 201
    el afán de tejer relatos, 133
    el arte, xvii, 13, 19, 25, 68, 111, 201
    el cine, 19
    el exilio, 56
    el femenismo, 32, 85, 107 y n, 130, 154, 156n, 157n 158, 169, 177, 178, 179, 180, 184
    el género autobiográfico, 191
    el lector, 32, 62, 80, 197, 198
    el lirismo, 13, 49, 62, 127, 200
    el mensaje moral, 23, 32
    el Premio Anagrama, xviii
    el Premio Planeta, xv, 97
    el Premio Sésamo, 37
    el teatro, 93
    el tiempo, 58, 183

ÍNDICE ALFABÉTICO

el vacío, 73
la búsqueda de la identidad, 158
la cultura de España, 90n
la ficción juvenil, xvi-xvii
la importancia de los personajes, 33, 55, 199
la intertextualidad, 32, 101, 135
la literatura de los novísimos, 102
la nueva narrativa, xv, xvi n
la soledad, xvii, 8, 9, 23, 31, 34, 47, 48, 49, 57, 58, 61, 62, 68, 76, 132, 169, 188, 199, 202, 203
la subconsciencia, 11
la tradición literaria española, 10, 105n, 117, 120, 174, 199
la violencia cotidiana, 181, 201
los relatos, 33, 164 y n, 190n, 193, 195n, 199
punto de vista, 134

Queda la noche, xv, xvi, 14, 97-126, 127, 131, 135 y n, 154n, 177, 199, 201
Quevedo, Francisco de, 9
Quiroga, Elena, xv n, 163

realidad
 fragmentada, 202
 psíquica, 202
realismo, 54, 161
reclusión, 6
"reconocimiento, El", 34, 164, 195-198, 195n, 200
recorrido de los animales, El, xvi
reforma social, 159
refugio,(s), xvii, 25, 38, 46, 66, 73, 105, 124, 141, 202
rehumanización del hombre, 157
relatos, Los, "Prólogo a la segunda edición", 177n
relatos, Los, xvii, 33, 161-198
religión de la familia, 106
renovación espiritual, 80
resignación, 25
retrato,(s) de personajes, 40, 60, 98, 106, 118, 140, 151, 178, 183, 191, 194
Rhys, Jean, 7n
Riera, Carmen, 163, 197
Riera, Miguel, 79n, 102
Rodgers, Eammon, 10
Roig, Montserrat, 7, 163
Rojas, Fernando de, 103

romanticismo, 161
Room in New York, 19, 121
Rueda, Ana, 163

Sadler, Jr., William A., 8n
salvación en la escritura, 40
Sanz Villanueva, Santos, 7
Sarton, May, 188n
sátira, 40
Saúco, El, 99, 105, 100, 110, 120, 127, 128, 131, 135, 139, 143, 145, 146, 147, 149
saudade, 3
Schaefer, Claudia, xv n
Second Story Sunlight, 49
sensibilidad visual, 201
sentimiento trágico de la vida, 10
sentimientos homoeróticos, 184
ser auténtico, 81
siglo XVII, 173, 183, 187, 193
silencio,(s), 25, 40, 54, 66, 67, 72, 121, 139, 144, 152, 156, 167, 169, 174, 176, 180, 181, 188, 190, 203
símbolo, 67, 122, 192
Sobejano, Gonzalo, 6, 53, 162
Soby, James Thrall, 25
sociedad
 actual española, 34, 93, 168, 169, 200
 contemporánea, 45, 53, 190, 200
 patriarcal, 32, 167
Soldevila Durante, Ignacio, 196
soledad
 acompañada, 54, 95, 150, 159
 activa y rebelde, 42
 afirmativa, 62, 74, 188, 199
 atemporal, 153
 consoladora, 60, 72, 135, 167, 181
 contexto histórico-literario, 2-7, 199
 cósmica, 76, 103, 105, 146, 147, 149
 cultural, 68, 76, 81, 103, 104, 146
 de la inautenticidad, 89, 90
 de la incomunicación, 40, 51
 de la locura, 194
 de la niña, 192
 de la noche, 67, 123
 de la vejez, 68
 definición de, 1-2
 definitiva, 53, 147
 del ermitaño, 187, 194
 del intelectual, 62, 90, 147n
 doméstica, 61, 172

en la ficción juvenil, xvi-xvii
en los relatos, 164
espantosa, 82
existencial, 57 y n, 105n, 126, 194, 199
familiar, 151, 189, 190
femenina, 169, 194, 202, 203
infantil, 152, 153, 194
inquieta, 72, 99, 114, 124
interpersonal, 76, 103, 104, 146, 151, 190
Introducción, 1-35
involuntaria, 63, 75 y n, 76, 106n
lírica, 105, 203
masculina, 202
melancólica, 47, 49, 64, 86, 103, 116, 139, 157, 158
narcisista, 175, 182
negativa, xvii, 59, 63, 66, 82, 188
pasiva y escapista, 44, 75
personal, xv, 70, 76, 80, 82, 91, 92, 94, 103, 139, 140, 146, 166, 170, 182, 183, 190, 200
profunda, 37, 67, 73, 104, 195, 201
sentimental, 48, 107
silenciosa, 194
simbolizada, 85, 123
social, 76, 80, 103, 146
tema eterno y universal, xv, xvii, 1
temerosa, 153
temporal, 58, 132, 183
voluntaria, 75n, 145, 189
y el desamor, 131
y el éxito económico, 86
y el orden, 121 y n
y la aventura, 121
y la mentira, 81, 87, 89
solidaridad, 157, 158, 194
Solitude. A Return to the Self, 3, 68
Solomon, Barbara Probst, 90n
sombra de una noche, La, xvi
sonámbulo, 74
Soriano, Elena, xv n, 197
Sotelo, Ignacio, 95n
Storr, Anthony, 3, 68
Study for Solitude #56, 14
subconsciencia, 11
sueño,(s), 25, 111, 114, 137, 147, 148, 150, 156
sugerencias, 55, 76
suicidio, 38, 43, 48, 49, 128, 149

Summer Evening, 23
superficialidad, 78, 95
técnica cinematográfica, 48
tecnología y el aislamiento, 7
The Anguish of Departure, 11
Thoreau, Henry David, 28
tiempo
    cronológico, 39, 132
    del siglo XVII, 193
    efecto del paso del, 38, 54, 58, 182
    olvidado, 136, 140, 153, 184, 186, 187
    pasado, xvii, 91, 99, 183
    presente, 200
    psicológico, 132
    saltos de, 75
    tema del, 182, 183, 194
    tipos, 199
Todorov, Tzvetan, 185
Todos mienten, xvi, 9, 14, 77-96, 103, 104, 151, 152, 190, 191, 199, 200, 201
tono, 99, 100, 172, 180
tradición, 81, 94, 202
tradición literaria española, 161-164, 174, 199
traición, 181, 190
tranquilidad, 60, 105, 111, 136, 145, 194
transformación, 172
    de papel, 150
    espiritual, 140, 158, 193
transición, 34, 78, 80n, 158
tristeza, xvii, 60, 64, 72, 73, 74, 106, 128, 132, 135n, 137, 140, 144
Tsuchiya, Akiko, 170 y n, 173, 175, 192n, 193
Tusquets, Esther, 7, 163
Twain, Mark, 101
Two Comedians, 19

Unamuno, Miguel de, 95n, 105n, 162
Universidad de California, Santa Bárbara, xvi
Urbina, Pedro Antonio, xvi n

vacío,(s), 34, 54, 55, 61, 64, 67, 73, 85, 92, 105n, 108, 124, 151, 179, 181, 186, 192, 203
Valera, Juan de, 161
valores, 10, 87, 136, 159, 194
Valle Inclán, Ramón del, 162
vanguardistas, 162
vanitas, 61

Varo, Remedios, xvii, 28, 201
Vaz de Soto, José María, xvi n
Vázquez Montalbán, Manuel, xvi n, 164
Vega, Garcilaso de la, 12
vejez, 106, 140
ventana, 14, 111, 123
viaje, 11, 14, 63, 68, 70, 72, 74, 75, 98,
   103, 111, 114, 118, 120, 124, 190
vida moderna, 203
vida oculta, La, xviii
"vida oculta, La", 33, 183-186, 187, 200
Villanueva, Darío, 7, 57n
violencia, 32, 129, 140, 164, 169, 174, 175,
   178, 180, 181, 193, 194, 201
visión
   existencial, 124
   moral, 95
   paralela, xvii
   personal, 73
voluntad, 202
Vossler, Karl, viii, 3
voyeur, (s), 14, 67
voz femenina, 97, 197n, 202
voz narrativa, 133, 134, 136, 137, 141, 142,
   144, 146, 148, 150, 151, 155, 165
voz omnisciente, 133, 134, 181
vulnerabilidad, 47

Women Writers of Contemporary Spain.
   Exiles in the Homeland, xv n
Woolf, Virginia, 7n. 163

yin y yang, 110
Young, Howard T., 12

Zaragoza, xvi